高等职业教育教学改革特色教材

文秘类

公关
心理学（第五版）

朱吉玉 朱丹 编著

Gongguan
Xinlixue

东北财经大学出版社
Dongbei University of Finance & Economics Press
大连

图书在版编目（CIP）数据

公关心理学 / 朱吉玉，朱丹编著. —5 版. —大连：东北财经大学出版社，2021.5

（高等职业教育教学改革特色教材·文秘类）

ISBN 978-7-5654-4160-8

Ⅰ．公… Ⅱ．①朱… ②朱… Ⅲ．公共关系学–关系心理学–高等职业教育–教材 Ⅳ．C912.3

中国版本图书馆 CIP 数据核字（2021）第 057050 号

东北财经大学出版社出版

（大连市黑石礁尖山街 217 号 邮政编码 116025）

网 址：http：//www.dufep.cn

读者信箱：dufep@dufe.edu.cn

大连日升彩色印刷有限公司印刷 东北财经大学出版社发行

幅面尺寸：185mm×260mm 字数：362 千字 印张：17 插页：1

2021 年 5 月第 5 版 2021 年 5 月第 1 次印刷

责任编辑：魏 巍 张爱华 责任校对：徐 群

封面设计：冀贵收 版式设计：原 皓

定价：38.00 元

第五版前言

《公关心理学》(第五版)是东北财经大学出版社按照教育部有关高职高专人才培养精神,以立德树人为根本,以提高学生的整体素质为主旨,以培养学生的专业基本技能为主线组织编写的"高等职业教育教学改革特色教材·文秘类"系列教材之一。本书在编写过程中,充分吸收了国内外同类学科、同类教材的研究成果,并与我国国情和专业实际相结合。为此,本书在内容和体例的设计上,设置了"学习目标""小知识""小思考""案例窗"等栏目,同时在每章章后设置"知识掌握""知识应用""实践训练""心理小测验"等,形式多样,内容丰富,能够有效提高学生的学习兴趣,增强学习效果。

本书在第四版的基础上,结合当前形势和教学实践改革的需要,对教材中的"引例"进行了增删,增加或替换了部分"小知识""小思考""案例窗"等栏目内容,使教材内容更新、更丰富,知识性、趣味性更强。

本书共有12章内容,分为四个部分:第一部分是公关心理学概述;第二部分是公共关系的客体——公众心理,内容包括公众的心理特征、公众的心理倾向和公众的心理定式;第三部分是公关活动过程心理,主要包括组织对公众心理的影响、组织与公众的心理沟通、组织外部的公众形象、组织内部的心理氛围、公关策划心理与公关活动形式、大众传播心理等内容;第四部分是公共关系的主体——组织团体心理,内容包括公关人员的人际交往和人际关系、公关人员的心理素质等。

本书由安徽商贸职业技术学院朱吉玉教授和朱丹老师共同修订。其中,朱吉玉负责第1~8章,朱丹负责第9~12章。

本书在编写过程中参阅了大量文献,并得到了有关部门领导和专家的支持,以及东北财经大学出版社各位编辑的大力协助和指导,在此一并致谢。

由于作者水平有限,书中不妥与疏漏之处在所难免,敬请同行专家和读者批评指正。

编　者

2021年2月

目录

第1章
公关心理学概述

【学习目标】

在学习完本章以后，你应该能够：
- 了解公共关系的含义和公关心理学的研究对象；
- 认识公关心理学的含义和特点；
- 明确公关心理学的研究任务与意义；
- 掌握公关心理学的研究原则和方法。

思维导图

引例　　　　　　　　　　　　　国家开启"中国梦"公关活动

2013年十二届全国人大一次会议闭幕会上，习近平第一次以国家主席身份阐释中国梦主张，中国梦归根到底是人民的梦，必须紧紧依靠人民来实现，必须不断为人民造福，生活在我们伟大祖国和伟大时代的中国人民，共同享有人生出彩的机会。有梦想，有机会，有奋斗，一切美好的东西都能够创造出来，2012年，"梦想"话题贯穿在内政外交的各个领域。无论是各地开展的"我与中国梦""我的中国梦"的征文、表演等公共关系活动，还是以中央电视台为代表的"你的梦想是什么"的系列报道，再到国家有关部门和领导在各种场合阐释中国梦与人民梦的关系，中国梦与人民梦的对话沟通是2012年梦想公关的最大亮点。与此同时，中国梦与美国梦、非洲梦及世界梦的对话则成为国际社会上"梦想外交"的一大亮点。2013年3月25日，习近平在坦桑尼亚发表演讲，他以"真、实、亲、诚"四字概括中非关系，并强调要相互支持实现中国梦、非洲梦与世界梦。2013年6月7日，习近平在美国同奥巴马总统举行中美元首会晤时指出，中国梦要实现国家富强、民族复兴、人民幸福，是和平、发展、合作、共赢的梦，与包括美国梦在内的世界各国人民的美好梦想相通。"梦想"话题从个人到家庭，从国家到世界，一场"家国天下"的梦想对话成为2013年国家公共关系的重要亮点。

资料来源　中国公共关系协会，华中科技大学新闻与信息传播学院. 中国公共关系年度报告（2014）[M].武汉：华中科技大学出版社，2015.

分析提示：组织以情感为纽带，积极开展公共关系活动，可以有效地增强组织的凝聚力，树立良好的组织外部形象，并对实现组织的目标有重要的促进作用。

公共关系是社会组织向公众传递信息、施加影响的过程，以现代传播沟通方式为手段，以建立互利合作的公众关系为重点，以塑造良好的组织形象为目标。要建立良好的公众关系，组织必须了解公众的需要，掌握公众的心理。知己知彼，才能百战百胜。因此，对公众心态的了解程度、对公众心理规律的掌握程度直接影响公关活动的效果，关系到公关活动的成败。

1.1　公共关系概述

1.1.1　公共关系的含义

我们研究公关心理学，首先必须了解公共关系的内涵和功能，掌握公共关系的特点。这样才能使我们明确公关心理学的研究方向，更好地将心理学原理运用到公关活动中，更有效地指导公关实践活动。

公共关系，简称"公关"，源自英文的"public relations"一词。对于公共关系的定义，有许多观点，其中比较权威的有：

美国的R.哈罗博士提出："公共关系是一种独特的管理职能，它帮助一个组织建立并维持与公众之间的交流、理解、认可及合作；它参与处理各种事件；它帮助管理部门了解民意，并对之做出反应；它确定并强调企业为公众利益服务的责任。"

英国《不列颠百科全书》定义公共关系为："旨在传递有关个人、公司、政府机构或其他组织的信息，并改善公众对其态度的种种政策与行动。"

《韦伯斯特辞典》对公共关系下的定义是："通过传播大量有说服力的材料，发展邻里的相互交往和估价公众的反映，从而促进个人、公司或机构同他人、各种公众以及社区之间的亲善友好关系。"

小知识1-1

　　北欧联合公司一位公关经理曾经用形象的比喻说明什么是公共关系："好比一名男青年追求伴侣，可以用很多办法，大献殷勤就是一种，但这不算公共关系，而是推销；努力修饰自己的外貌和风度，讲究谈吐举止，这也是一种吸引人的办法，不过，这也不是公共关系，而是广告。如果这名男青年经过缜密的研究思考，并制订出计划，而且埋头苦干，以成绩来获得他人的称赞，然后通过他人将自己的优良评价传递出去，最终赢得姑娘的青睐，这就是公共关系了。"

　　资料来源　方光罗. 公共关系理论与实务［M］. 北京：中国财政经济出版社，2008.

小思考1-1

小思考1-1

分析提示

　　有人说：公共关系90%靠自己做得对，10%靠宣传。这句话对吗？

　　可见，公共关系是一种内求团结、外求发展的经营管理艺术。它运用科学合理的原则和方法，通过有计划而持久的努力，协调和改善组织机构的对内、对外关系，使本组织机构的各项政策和活动符合广大公众的需求，在公众中树立良好的形象，以谋求公众对本组织机构的了解、信任、好感和合作，并获得共同利益。

　　所以，我们可以把公共关系简单地定义为：社会组织通过向公众传播信息、协调关系、塑造自身形象而进行调查、咨询、策划和实施的社会管理活动。

1.1.2　公共关系工作的基本职能

　　公共关系工作的基本职能可以概括为：

　　（1）公共关系工作主要通过有组织、有计划、有步骤的公共关系活动，树立良好的组织形象，包括产品、人物、建筑物等的良好形象。

　　（2）内求团结，协助领导搞好组织内部的管理，如建立统一的规范，增强凝聚力，形成良好的舆论，建立沟通渠道等。

　　（3）外求发展，寻求组织与公众的共同点，贯彻分利则兴、合作共赢的原则，倾听公众的意见和建议，处理组织与公众的纠纷，协调组织与公众的关系等。

　　简言之，公共关系工作的职能就是树立良好的组织形象，内求团结，外求发展。

小知识1-2　　　　　　　　　　公共关系的通俗理解

　　公共关系是博取好感的技术；公共关系是走向世界的名片；公共关系是事业成功的学问；公共关系是争取对你有用的朋友；公共关系是讨公众喜欢；公共关系是广结人缘的艺术。

小思考 1-2

有人说：广告是要大家买"我"，公共关系是要大家爱"我"。这句话准确吗？

分析提示

1.1.3 公共关系的特点

公共关系的特点可以概括为六个方面：

（1）客观性。公共关系是不以人的意志为转移的客观存在，普遍存在于社会组织的环境中。任何社会组织的生存与发展，都离不开公共关系的影响和制约，也都毫不例外的有意或无意地进行公共关系工作，以维持和改善现有的公共关系状态，塑造良好的社会组织形象。

（2）公开性。现代公共关系从产生的那一天起，就主张社会组织与社会公众的双向沟通，即通过提高社会组织的透明度来增进社会公众对社会组织的了解、理解、支持与合作。因此，公开性是公共关系重要的基本特征之一。其主要表现在：公共关系活动是在法律、法令和政策允许的范围内进行的，以公开的手段、方式和渠道阐述社会组织的方针、政策和行为，以实现公共关系目标。

（3）艺术性。社会组织所面临的社会公众复杂多变，拘泥于一种公共关系模式将无法适应复杂多变的公众需求，即使同一公众在不同的时期，其需求也不尽相同。因此，有效的公共关系活动必然渗透着创造性的思维、针对性的模式和技巧性的方式、方法。我们应该在科学的理论和原则指导下，讲究具体方式、方法和策略技巧，以艺术的形式和手段达到最佳的实际效果。

（4）情感性。从本质上来说，公共关系是社会组织与社会公众之间关系的综合表现，但又在一定程度上表现为人与人之间的关系。由此决定情感因素渗透于公共关系活动的全过程，甚至影响公共关系活动的进程与效果。两个组织的法人代表之间关系亲密，可能带来两个组织之间的友谊与合作。热情、诚挚地对待公众，必然换来公众相应的回报。只有带有情感的公共关系活动，才能真正地拨动公众的心弦，激起公众的热情投入。正是如此，公共关系强调以尊重他人、关心他人为宗旨，重视情感上的沟通、融合。

（5）普遍性。普遍性是指公共关系存在于一切社会组织的形成与发展中，每一个社会组织自始至终都存在着公共关系状态和公共关系活动。因为在市场经济条件下，任何社会组织都不能孤立地存在，其作为相对独立的系统，置于社会大系统之中，受到大系统的制约。追求社会组织与社会环境的协调，正是公共关系的工作内容。

（6）战略性。公共关系的基本方针是着眼于长期打算，着手于平时努力。任何社会组织建立和巩固的良好的社会形象，都不是一蹴而就的事情，必须付出诸多努力。试图以一次活动就能产生立竿见影的效果，是不符合实际的。同时，公共关系要求理顺长远利益与眼前利益、整体利益与局部利益、大利益与小利益的关系，以实实在在的一系列的公共关系活动和公共关系过程，达到社会组织建立良好的社会形象的目的。

1.2　公关心理学的研究对象

公关心理学是一门年轻的综合性的应用学科。相关资料显示，在国外，公关心理学并非作为一门专门学科而存在。在我国，20世纪80年代后期，许多专家、学者开始尝试将公关学与其他学科进行交叉研究，公关心理学便应运而生。

公关心理学是研究在市场经济条件下，参与公关活动的主体、客体在交往过程中相互影响的心理现象及其规律的科学。这一定义至少有三种含义：

（1）公关心理学产生的社会背景应是市场经济。首先，公关心理学是在现代公关学基础上产生的，而现代公关学是在商品经济高度发达的市场经济条件下应运而生的。虽然公关活动和公关思想古已有之，但是社会组织具有自觉的公关意识。公关作为广泛的社会活动与专门的职业和研究工作，则产生于高度发达的市场经济条件下。因为在市场经济条件下，生产力高度发达，市场竞争越来越激烈，人们的交往方式也发生了巨大变革。从原来较封闭、人与人之间交往频率较低，到现代社会较开放、人与人之间有着千丝万缕的联系，公关活动成为社会自觉的、普遍的行动。由此，研究公关心理学才成为必要和可能。

（2）这里所说的"公关活动"是指运动着的公共关系状态。一般来说，公共关系表现为动和静两种状态。"静态"是指组织与公众之间客观存在的关系状态；"动态"是指组织通过开展公关活动来改善或改变原有的关系状态。也就是说，当一个组织自觉地采取措施去改善原有的关系状态时，它就是在从事公关活动了。

（3）公关心理学的研究对象是公关活动中主体和客体相互影响的心理现象及其规律。这里的主体是企业及其他社会组织，客体是组织内部的员工和外部的社会公众。在公关活动中，主体和客体之间是相互影响、相互依存的。这种影响不仅体现在行为上，也表现在心理上，形成心理互动和情绪感染，并形成一定的心理规律。

1.2.1　公关心理学的学科性质

公关心理学既是心理学的一个分支，又是公共关系学的重要组成部分。它服务于公关活动。

首先，公关心理学是心理学的一个分支。它是心理学的基本原理在公关实践中的运用，属于应用心理学范畴。

自1879年心理学诞生以来，其不断丰富和发展，不仅学术流派林立，而且分支学科迭出，相继产生了教育心理学、管理心理学、军事心理学、社会心理学、商业心理学等。心理学分支学科的繁荣，根植于社会实践呼唤下的应用心理学。公关心理学就是现代公关活动和心理学相结合的产物。

其次，公关心理学又是公关学科体系中的一个重要组成部分，并服务于公关活动。公关心理学与公关策划、公关传播、公关管理等学科有着密切的联系，并相互交叉。它们都以公关活动作为研究的对象。只不过公关心理学侧重从心理学的角度研究公关现象，揭示公关活动中的心理现象及其规律。

1.2.2   公关心理学的特点

公关心理学的特点主要体现在以下方面：

（1）综合性。公关心理学的综合性是由其跨学科研究的交叉性质决定的。它不仅包括普通心理学、公共关系学的内容，还涉及组织行为学、企业管理学、社会学等的内容。可见，它是一门综合性很强的应用学科。

（2）广泛性。公关心理学的广泛性是指公关心理学的应用范围相当广泛，适合于社会生活中的各类组织、各种类型的公关活动。从公共关系主体的角度来看，可以是企业等营利性组织，也可以是政府、学校、协会等非营利性机构，特别是在当前市场经济条件下，各类企业更是把公共关系作为参与市场竞争、树立良好企业形象的重要手段。从公共关系客体的角度来看，公关活动不仅针对组织外部的公众，还针对组织内部的公众。一般来说，公关活动都比较关注外部公众，实际上，从企业管理的角度来看，关注内部公众的心理感受，有助于提高员工的团队意识、增强组织的凝聚力，培养整体的公关意识。这对企业来讲，同样是一笔不可缺少的精神财富。

（3）灵活性。公关心理学立足于公共关系，而公共关系面对的公众复杂多样，遇到的问题和困难也是千变万化、难以预料的。这就需要公关人员根据具体的对象、具体的问题随机应变，灵活机动地开展公关活动，善于处理突发事件，把理论和实际结合起来。在生活中那些被认为是"会公关"的人，往往是消息灵通、八面玲珑、关系网十分广阔而又十分灵活的人。

（4）情感性。公关活动是情感色彩很浓的活动。公关活动要广结人缘、获得公众的好感，就必须以情感为先导，迎合公众的心理需求。它不仅要"以理服人"，更要"以情动人"，以情感为纽带，用真情来感染公众，这也是公关活动的要旨。

案例窗 1-1

德国西门子公司的创始人在晚年谈到自己的创业史时，曾经说过一句很是耐人寻味的话："我的一生中，所选择的研究总是以大众利益为前提，但到了最后，最大的受益者却总是我自己……"

案例窗 1-1

案例点评

1.3   公关心理学的研究内容与意义

1.3.1   公关心理学的研究内容

公关心理学主要研究在公关活动中主体、客体在交往中相互影响的心理现象及其规律，其内容主要包括以下三个部分：

（1）公共关系的客体——公众心理。公关活动的对象是公众，既有个体公众，也有群体公众；既有组织外部的公众，也有组织内部的公众；既有意识到的公众，也有未意识到的公众。这些公众既具有一般人共有的心理规律，又具有和某一具体公关活动相联系的特有的个体心理特征。公众心理研究的内容包括公众的心理特征、公众的角色心理、公众的心理倾向和公众的心理定式等。

（2）公共关系的主体——组织团体心理。公共关系的主体是组织团体，包括组织团体中从事公关活动的成员。在许多情况下，组织中的董事长、经理或公关人员代表组织参与公关活动，因而他们也就成了公关活动的主体。组织团体心理研究的内容主要包括公关人员的人际交往和人际关系、公关人员的心理素质等。

（3）公关活动过程心理。公关活动过程就是组织通过向公众传播信息、协调关系塑造自身形象的一系列社会管理活动。公共关系的结构由组织、公众、传播三要素组成。公共关系的功能是沟通与协调内外关系，目标是塑造组织的良好形象。因此，公关活动过程心理研究的内容包括组织对公众心理的影响、组织与公众的心理沟通、组织外部的公众形象、组织内部的心理氛围等。

1.3.2　公关心理学的研究意义

公关心理学是一门服务于组织团体、指导公关实践的实用性很强的学科。概括地讲，学习公关心理学，对组织团体外求发展、内求团结、提高公关人员素质和公关活动效率等都有着十分重要的意义。

（1）塑造组织良好形象。公关心理学是服务于公关活动的，而公共关系的目标就是塑造组织的良好形象。社会组织通过公关活动协调关系、减少摩擦、化解矛盾、增强团结，建立组织与公众的相互了解与信任，建立合作双赢的伙伴关系，以提高组织的知名度、美誉度和信任度，从而在公众心目中树立良好的组织形象。

在当前市场经济条件下，市场竞争尤其激烈，不管是什么性质的组织，处于竞争的大环境下，要想求生存、谋发展，仅靠自身的努力是不够的，还需要社会各界的大力支持和协作，这就必须依靠积极、主动地开展公关活动来实现。学习公关心理学，可以帮助我们更好地开展公关活动，以实现组织的发展目标。

小思考1-3

　　组织开展公关活动，就是为了扩大知名度。这句话对吗？

小思考1-3

分析提示

（2）增强组织内部的凝聚力。组织内部的管理水平和凝聚力，是组织赖以存在并发挥其整体功能的保证，是组织形象的基础。一个组织作为公关主体存在，其组织形象不仅包括其产品、服务的水平，组织的美誉度和信任度，还包括组织内成员的心理氛围、凝聚力、团体精神等内容。一个组织的管理模式和管理水平，不仅直接表现为组织内部公众的关系，而且会影响组织与外部公众的关系。试想，一个组织内部没有很好的工作氛围和群体凝聚力，连自己的员工都不喜欢，怎么能让别人喜欢和信任。

公关心理学通过对组织内部公众的心理分析，可以帮助领导者和公关人员有效地引导内部成员形成与组织目标相符的观念和行为模式，从而增强组织的内在凝聚力，形成强有力的团队，提高组织内部的管理水平。

（3）培养公关人员的专业素质。公关人员专业素质的高低是影响公关活动成效的重要因素。公关人员的专业素质包括思想素质、能力素质、知识素质和心理素质等内容。通过对公关心理学的学习，公关人员可以提高职业道德水平，培养爱岗敬业、团结协作的精神，提高人际交往和人际沟通的水平，培养良好的心理素质，自觉调控自己的心理状态，提高专业知识水平，认识公关活动中的心理现象及其规律，以便更好地开展公关活动。

案例窗 1-2

　　吉姆原本是一家石膏公司的推销员，后来身居要职。卡耐基曾问吉姆成功的秘诀，他简单地回答："勤奋。"卡耐基忍不住地说："别开玩笑。"吉姆发问道："那么你认为是什么呢？"卡耐基说："听说你记得 1 万个人的姓名。"吉姆纠正说："不，不止，我大概可以说出 5 万个人的姓名。"原来，吉姆在当推销员的时候，发明了牢记别人名字的方法，与人初次见面的时候，就把对方的姓名、家庭情况，甚至政治见解都牢牢记在心中。下次见面时，不论相隔多久，都能说出他的名字，问问对方家里人的情况。因此，他获得了许多人的喜爱。

案例窗 1-2

案例点评

　　资料来源　苗向东. 请记住客户的名字［EB/OL］.［2015-04-01］. http：//www.doc88.com/p-8478524417857.html.

　　（4）提高公关活动的效率。一项公关活动的开展，往往需要经过调查了解、确定目标、制订计划、组织实施等一系列环节，并要付出一定的人力、物力和财力。要提高公关活动的效率，就要提高公关活动的准确性、有效性。学习了公关心理学，就能够充分了解和掌握特定公众的心理需求和心理规律，运用最有效的沟通方法和技巧，有的放矢地开展公关活动，从而以尽量少的投入获得最满意的公关效果。

小思考 1-4

　　组织开展公共关系的主要目标是什么？

小思考 1-4

分析提示

1.4　公关心理学研究的基本原则与方法

1.4.1　公关心理学研究的基本原则

　　（1）理论联系实际原则。理论联系实际原则就是要从公关实践活动与公众的实际行为和反应中总结及概括公关心理学的基本理论、程序和方法，来指导人们的实际行动，坚持在实践中检验、丰富和发展公关心理学理论。这就要求在公关实践中不能照搬理论成果，要尊重客观实际的变化，找到一条既符合我国国情，又能与国际接轨的行之有效的方法和途径，建立有中国特色的公关心理学体系。比如，中国传统文化中有拉关系、走"后门"、讲人情的现象，生活中有许多合法不合情、合情不合法的事例存在，公关心理学要予以关注。

　　（2）客观性原则。客观性原则就是要密切联系公关活动的实际情况，依据人们可以观察并加以检验的客观事实，客观、全面地分析社会主义市场经济条件下公众心理的特点，揭示公众心理产生、发展、变化的规律，而不能凭主观臆测，把公关心理当作脱离客观存在的抽象理论，想当然地进行逻辑推理。那样，必然会使公关心理研究进入死胡同。这就需要广泛地运用市场调查，掌握第一手资料，或对成功的公关案例进行分析，总结经验，指导实践活动。

（3）联系性原则。唯物辩证法认为，世界是普遍联系的。自然环境与社会诸因素之间相互制约、相互作用的客观存在，必然直接或间接地影响社会公众心理的形成和发展。社会的发展、变革，观念的更新，也必将给社会公众心理带来巨大的变化。因此，研究公关心理学时，要结合研究我国经济环境、社会环境、自然环境、社会意识、思想观念的变化和影响作用。此外，还要研究不同社会群体个性心理的相互作用，以及不同国家和地区公众心理的相互影响等。只有坚持用联系的观点去分析公关活动中的心理现象，才能认识公关心理的全貌，揭示公关心理的内在本质。

（4）发展性原则。客观事物有一个永恒的发展过程，反映客观事物的人们的心理也必将伴随着客观事物的发展而发展。公关心理学是一门年轻的学科，还处于初创阶段，无论在理论体系方面还是在实际运用方面，都还很不完善，其理论体系、结构和内容都有待于进一步在实践中摸索，并随着社会经济、思想观念和客观实际的变化而不断发展、创新。因此，要用发展的眼光、开拓创新的精神来研究和探索公关心理学理论。

1.4.2　公关心理学研究的基本方法

人的心理变化是复杂多样的。我们对人的心理的研究不能像研究物理、化学等自然科学那样，可以借助望远镜、显微镜等工具。我们对公关心理学的研究，只能在马克思主义唯物辩证法的指导下，运用调查了解、分析比较、观察实验的方法来进行，一般包括以下两个方面的内容：

1）理论的研究方法

理论的研究方法主要包括系统分析方法、动态研究方法和比较研究方法。

（1）系统分析方法。按照系统科学的观点，各种组织团体都是一个开放的，并由许多相互联系、相互作用的要素组合而成的系统。每个系统又存在于一定的环境之中，它的生存和发展不可避免地受到环境和条件的制约。

根据系统分析方法，我们在研究公关心理学时，就要把特定的组织和特定的公众看作一个复杂的系统。它由多种要素构成，又受到社会、政治、经济、文化等条件的影响和制约。组织与社会的其他部分、其他系统（如社区系统、媒介系统）之间存在各种各样的信息交流和错综复杂的联系。因此，我们在研究组织与公众的心理现象及其规律时，必须坚持系统论的观点，从组织、公众与其他系统的相互联系、交互作用中去把握公关心理学的规律。

（2）动态研究方法。由于社会客观环境总是处于不断发展变化之中，组织和公众的关系也处在不断发展和变化之中，因此要客观地反映公众的心理变化规律，就必须采取动态研究的方法，用发展、变化的眼光去观察事物。显然，一个团体组织由小到大，由弱到强，其对公众的影响力和辐射面也不相同。随着组织规模的扩大、产品的延伸，公众的数量、范围和性质都会发生相应变化，公众的心理状态也会不一致。只有借助动态研究方法，才能准确把握公众的心理活动规律。

（3）比较研究方法。所谓比较，就是把两种或两种以上的同类事物放在一起，对比分析，辨别其异同和优劣，寻找其共性和个性。比如，公关心理学与公共关系学、普通心理学、社会学、组织管理学等，都有着密切的联系，既相互区别又相互渗透，可以借鉴和吸取这些学科的研究成果，来丰富和促进公关心理学的研究。又如，对不同类型的公众、不同类型的传播媒介，也都有一个选择比较的问题。

2）实证的研究方法

公关心理学是一个实用性很强的应用学科。除了运用理论的研究方法外，公关心理学要特别注重实证的研究方法，主要包括观察法、调查法、案例分析法、实验法等。

（1）观察法。观察法是心理学、社会学中常用的、最简单的方法，是指观察者通过感官对公众的言行和表情进行有计划、有目的的实际考察，并把考察的结果按时间顺序系统地记录下来，分析其内在联系，以便揭示公众心理活动规律。

观察法的优点在于简便易行，被观察者的心理和行为表露比较自然，所获得的资料比较真实可靠，且观察过程无需被观察者合作，不会干扰被观察者的行为，观察的结果有直接意义。但是，这种方法也有缺点，观察者处于被动地位，仅能了解大量的一般现象和表面现象，对所取得的材料难以区别哪些是偶然的，哪些是本质特征的。所以，观察法与其他方法配合使用效果较好。

（2）调查法。调查法是根据事先拟定的调查提纲、问题或问卷，直接访问公众，并将结果进行处理和总结而进行心理分析的方法。

具体来说，调查法又分重点调查、抽样调查、访谈和问卷调查等多种形式。比如，企业选择一部分重点客户进行追踪调查；随机选择一部分顾客征求意见；通过产品试销、展览来了解消费者的兴趣、爱好；通过问卷调查、民意测验的形式了解公众对组织的认知度、信任度和关注度；通过座谈、电话访问等形式了解公众的心理反应等。

调查法的优点是能够按照调查目的要求较为系统地取得各个方面的第一手资料，从而了解社会公众的各种心理倾向。调查法的缺点是从制订计划到最后整理分析材料需要经过一系列的环节，投入一定的人力、物力等，是一项十分艰苦细致的工作。

案例窗 1-3

重庆涪陵榨菜享誉全国。产品刚上市时，生产厂家对包装容量的大小无法确定，于是就采用多种不同容量的包装，在市场上试销。通过试销发现，每袋容量 70～80 克的包装销量最大，最受欢迎。此后，该厂家便以此容量为主导包装进行大量生产。

案例窗 1-3
案例点评

（3）案例分析法。它是借助收集和剖析公关活动的案例，达到学习和理解公关心理理论的目的，并对心理现象和行为进行深入研究的方法。

公关心理学是一门实践性很强的学科。通过总结和借鉴古今中外的公关案例，探索公关活动成功的秘诀，寻找公关心理学的一般规律，是一个非常有效的理论研究和学习方法。这些案例的取得有两种途径：一种是研究者通过对某一个群体或组织在较长时间（几个月、几年或更长时间）内的连续调查、了解，收集全面的资料，然后进行归纳、总结和深入分析；另一种是直接学习相关书籍资料、了解网络信息中的公关心理案例等。

案例分析法的优点是能够吸取别人成功的经验和总结其失败的教训，增强学习研究的兴趣，迅速提高分析和解决问题的能力，弥补实践有限的不足。案例分析法的缺点是分析研究可能会带有个人情感和认识的局限性，不一定能得到具有普遍性和规律性的结论。

（4）实验法。实验法是研究者有目的地在严格控制或创造一定环境的条件下给被试者一定的刺激，以引发其某种心理反应，从而揭示其心理规律的一种方法。实验法一般可分为自然实验法和实验室实验法两种。

自然实验法是指在日常组织行为和公关活动中，有目的地创造或变更某些条件，给公众一定的刺激或诱导，以观察公众心理活动的表现。自然实验法与日常工作结合起来，具有直接的现实意义，能够按照一定的目的获得比较准确的材料，因此具有广泛的应用性和很强的适用性。

实验室实验法是在专门的实验室内借助心理仪器，严格控制实验条件来研究人的心理活动的一种方法。实验室实验法在研究公众个别的或较简单的心理现象方面具有优越性，而在研究复杂的心理现象方面较为困难，且其结果与实际生活有一定的差距。因此，在实际生活中较少运用。

小知识1-3　　　　　　　　决定成功的十种积极心态

（1）决心。请随时随地地问自己：我到底想要什么？是想要，还是一定要？如果是想要，我们可能什么都得不到；如果是一定要，我们一定能够有方法得到。人生就决定于你做决定的那一刻。

（2）企图心。一个顶尖的推销员最优秀的素质是要有强烈的成交欲望；一个优秀的足球前锋最可贵的素质是强烈的射门意识。要成功，你必须先有强烈的成功欲望，就像你有强烈的求生欲望一样。

（3）主动。中国有一句古话：枪打出头鸟。这句话保护了一大批精明人士免遭"枪打"，但也造就了无数的弱者和懦夫。市场经济的本性就是竞争，竞争的本性就是积极地去获取主动权。

（4）热情。一事无成的人往往表现为前三分钟很有热情，而成功往往属于最后三分钟还有热情的人。

（5）爱心。内心深处的爱是你一切行动的源泉。缺乏爱心的人，不太可能得到别人的支持；失去别人的支持，离失败就不会太远了。你有多大的爱心，决定了你有多大的成功。

（6）学习。信息社会下信息更新周期已经缩短到不足五年，危机每天都会伴随你左右。所谓逆水行舟，不进则退，唯有知道得比对手更多，学习的速度比对手更快，才可能立于不败之地。

（7）自信。一个主妇，当她进入厨房的时候就感觉很自信；一个老板，当他坐在办公桌前的时候就感觉很自信；一个老师，当他走上讲台的时候就感觉很自信；每当我开始演讲前发现自己找不着状态，我就会想我以前无数次走上讲台的那一瞬间所见到的台下听众兴奋的表情，这给我带来了信心。

厨房就是那个主妇的卓越圈；办公桌就是那个老板的卓越圈；讲台就是那个老师的卓越圈；听众的兴奋场景就是我的卓越圈。卓越圈一旦牢固建立，当有需要的时候，你就可以轻松地移植，成为你自信的源泉。

（8）自律。别人在看电视、看电影的时候，你能否去工作、去学习？别人在睡懒觉的时候，你能不能早点起来？别人"老婆孩子热炕头"的时候，你是否能忍受与家人暂时分开，去外地推销产品？这一切，就是你必须"强迫"自己付出的成功代价。

自律，是人生的另一种快乐。

（9）顽强。人生有两杯水一定要喝，一杯是苦水，一杯是甜水。只不过不同的人喝甜水和苦水的顺序不同。成功者常常是先喝苦水，再喝甜水。

不愿吃苦、不能吃苦、不敢吃苦的人，往往吃苦一辈子。

（10）坚持。一次我采访一家公司的老板黄先生，我问他："假如成功只有一个秘诀，请问那会是什么？"他几乎毫不犹豫地说："那应该是坚持。"

选定你的目标，放弃所有与你目标无关的东西，接下来就是按丘吉尔的话去做：坚持到底，永不放弃，直至成功。

资料来源　易发久. 成功一定有方法［M］. 北京：世界图书出版公司，2001.

知识掌握

1. 什么是公共关系？公共关系工作的基本职能有哪些？
2. 公关心理学的研究对象是什么？
3. 公关心理学有什么特点？
4. 结合实际，谈谈学习公关心理学的意义。
5. 公关心理学的研究方法有哪些？
6. 试分析公关心理学与公共关系的关系。

知识掌握1-1

答案提示

知识应用

案例分析1　　　　　　　　　经商的秘诀

据说有个沙石老板，没有文化，也绝对没有背景，但生意却好得出奇，而且历经多年长盛不衰。说起来他的秘诀也很简单，就是与每个合作者分利的时候，他都只拿小头，把大头让给对方。

如此一来，凡是与他合作过一次的人，都愿意与他继续合作，而且还会介绍一些朋友给他，再扩大到朋友的朋友，也都成了他的客户。人人都说他好，因为他只拿小头，但所有的小头集中起来，就成了最大的大头，他才是真正的赢家。

吃亏是福，因为人都有趋利的本性，你吃点亏，让别人得利，就能最大限度地调动别人的积极性，使你的事业兴旺发达。

但现实生活中，能够主动吃亏的人实在太少，因为人性的弱点（人很难拒绝摆在面前本来就该自己拿的那一份），也因为大多数人缺乏高瞻远瞩的战略眼光，不能舍眼前小利而争取长远大利。

问题：这个案例体现了公关的什么原则？

分析提示：与人合作，分利则兴，合作共赢。

案例分析2　　　　　　　　　　　　　"压给你看"与"转给你看"

江苏射阳县某厂生产的"苏鹤"牌席梦思床垫面临市场滞销的局面，怎样打开市场、赢得消费者的信任成了摆在厂领导面前的难题。经过市场调查和精心策划，该厂决定在安徽省马鞍山市做一次现场试验。该厂把"苏鹤"牌席梦思床垫放在马路上，开来一台10吨重的压路机，在床垫上往返10次，床垫依旧如初。在场的数千观众赞不绝口，"苏鹤"牌席梦思床垫由此声誉大振，销量一路上升。

南京某厂的"蝙蝠"牌电扇问世时，面临全国3 400家电扇厂激烈竞争的形势，广大用户对它还很陌生。该厂为了提高产品的知名度，证明产品质量可靠，把"蝙蝠"牌电扇摆到南京新街口百货商店的橱窗里，旁边用醒目的文字说明"从1984年4月1日起，昼夜运转，请你计算一下至今已连续运转了多少小时"。前来观看的消费者从早到晚川流不息，看电扇是否还在正常运转。由于电扇质量确实过硬，从而赢得了广大消费者的信赖，很快在市场上打开了销路，成为畅销品。

资料来源　方光罗. 市场营销学［M］. 大连：东北财经大学出版社，2008.

问题：这两家企业运用了什么策略赢得了消费者的信赖？

分析提示：这两家企业主要运用心理策略，准确地把握消费者的心理需求，赢得了消费者的信赖。

实践训练

选择一个大学生普遍关注的问题，如实习、创业、谈恋爱等，在班级开展一次心理调查实践。

心理小测验

一、心理健康测查表

心理健康测查表（见表1-1）是广州中山三院心理咨询室集多年对中国人心理状态的研究经验首创的，现已在全国范围内使用。请认真回答本表问题。如回答"是"，便加入题后分数，将每题分数累加计算出各项指标的总分，填入测查报告单（见表1-2）。

表1-1　　　　　　　　　　　　　　心理健康测查表

1. 我感觉我的身体很好，精力旺盛（5分）
2. 我很少有头痛、头晕、心慌等现象（3分）
3. 我的食欲正常（2分）
4. 我很容易入睡，也不会早醒（3分）
5. 有时我生病，但很快就能治好（2分）
6. 我的精神较好，很少有什么忧虑（3分）
7. 我的家庭是和睦的家庭（2分）
8. 我能胜任学习或工作，有自己的奋斗目标（3分）
9. 我对人诚恳，有不少好朋友经常往来（2分）
10. 我与周围大多数人的关系都不错（3分）
11. 我是一个有同情心的人（2分）

12. 我认为我是一个较乐观的人（3分）

13. 如果有机会去风景优美的地方玩，我一定玩得很开心（2分）

14. 我有时也有不愉快或伤心事，但不久我就能想开或忘掉它（2分）

15. 我的心情总是抑郁和悲伤（4分）

16. 我感到处处不如意，对过去喜欢做的事情也提不起兴趣（3分）

17. 我感觉生活得很凄凉、很痛苦（5分）

18. 即使在风景优美的环境中，我也毫无欣赏的心情（4分）

19. 遇到亲友、同事我不想打招呼（3分）

20. 我经常觉得什么都不如人（2分）

21. 我曾失去生活的勇气，甚至想到过死（5分）

22. 我经常失眠、易早醒（4分）

23. 我常头痛、头晕、全身不适（2分）

24. 我的命运不好，生活道路上有许多挫折和困难（5分）

25. 我总感到全身乏力，难以胜任日常的学习或工作（2分）

26. 我性欲减退（或月经不调）（2分）

27. 我是一个内向、孤僻、多愁善感的人（3分）

28. 我做过检查，医生说没有大毛病（1分）

我不知为什么，在下列情况下会产生强烈的恐惧感和紧张不安，极大地影响了我的学习、工作或生活。我明知没有必要害怕，但无法控制（29～42题）

29. 在与人谈话，特别是我的目光与人对峙时，就会心跳、心慌、紧张，有时脸马上发红（5分）

30. 在公共场合讲话时特别紧张和恐惧（5分）

31. 在登高时出现异常恐惧症状（4分）

32. 在过桥时出现异常恐惧症状（4分）

33. 在见到刀、剪、针等尖锐物时出现异常恐惧症状（5分）

34. 当自己被人注视或自己注视别人时出现异常恐惧症状（4分）

35. 在接触或想到某些疾病，如麻风病、癌症等时出现异常恐惧症状（5分）

36. 在见到血液时出现异常恐惧症状（4分）

37. 在见到不干净的东西时出现异常恐惧症状（4分）

38. 在想到可怕或可能发生的不祥之事时出现异常恐惧症状（4分）

39. 我到空旷的地方时，如无树木、无房子的地方，恐惧到要绕行（5分）

40. 遇到害怕的对象时，我尽量避免接触它，因而妨碍了学习和工作（5分）

41. 由于恐惧症状无法克服，我有时抑郁，甚至绝望（3分）

42. 我内向害羞，胆小怕事（5分）

43. 我出门后常想门或抽屉是否锁好，总要反复检查才放心（4分）

44. 我把信寄出后，总怀疑地址写错而惶惶不安（4分）

45. 我经常反复思考一些无实际意义的问题，明知无必要，但无法控制（4分）

46. 我总担心在某一场合丧失自我控制能力，会做出荒唐或不道德的事来（4分）

47. 我在某些场合总会产生与自己内心相反的意向（4分）

48. 我总要反复洗手或换衣服，不洗或不换就感觉不舒服（3分）

49.我总是强迫自己计算一些无意义的数字（5分）

50.为了自己内心的安宁我总是刻板地重复一些动作（4分）

51.我总强迫自己回忆一些事情，自己无法控制（4分）

52.当我见到、听到某些事情时，总会联想到别的事情（3分）

53.对一些无关紧要的事情或一些现象，我总要追问到底或反复询问（3分）

54.我常失眠，一上床就想三想四，难以入睡（3分）

55.我怕得精神病，怕治不好病，因此常常悲观失望（2分）

56.我的性格倾向于好思虑、喜幻想，做事总是过分认真，较固执刻板（5分）

57.我有时会感到莫名其妙的紧张（5分）

58.我有时会突然产生惊恐，常感到"气不够用了"或"马上要死去了"，但过后一切如常（5分）

59.我常处于紧张、焦虑的心境之中，甚至惶惶不安（5分）

60.我常有阵发性的心律不齐、胸痛，但心电图检查又正常（5分）

61.我经常失眠，常常是莫名的焦虑（5分）

62.我常感到疲乏无力，即使休息了也无明显好转（5分）

63.我神经过敏，常因小事而大发脾气，但事后又后悔（5分）

64.我怕声音、怕光线、怕拥挤，因此怕上街（5分）

65.我经常头昏脑涨，口周或手指、脚趾发麻（2分）

66.我经常想哭（2分）

67.我担心我的病治不好，因此渐渐失去信心，心情抑郁（5分）

68.我的性格偏向于胆小、怕事（怕得罪人）、敏感多疑、小气（5分）

69.我与周围人的关系尚好，生活道路也较平坦（4分）

70.为自己的病，我或亲人曾去"求神问鬼"，但也不能解决问题（2分）

71.我坚信我有严重疾病，但不知为什么许多医院都无法确诊（3分）

72.我常感到喉部有东西阻塞，很不舒服（3分）

73.我觉得我的肠子扭曲了（5分）

74.我感到我的血液在皮下流动，有时直冲脑部（3分）

75.我感到身体某些部位总不舒服或疼痛（2分）

76.我的下腹部经常痛，怀疑有内脏器官的疾病（2分）

77.我感觉有病的部位症状明显，甚至可用图描绘出来（5分）

78.当我听医生说我有什么病后，我的症状越来越明显（5分）

79.我对我的病非常烦恼，四处求医，花了不少钱（3分）

80.我的病历一大堆，每次我均详细给医生介绍病情，但每次检查又没有病（4分）

81.个别医生说我有病，个别医生说我没大病，我认为说我有病的医生的意见较正确（4分）

82.我常为自己的病而紧张、焦虑、忧郁，但别人不理解（4分）

83.尽管医生一再向我保证我的身体没有大问题，但我总怕有（2分）

84.我承认我是个较敏感多疑的人，人家说我较主观、固执（4分）

85.我的注意力难以集中，记忆力降低（4分）

86.我经常一看书就头痛、头晕，头痛位置不固定，与情绪好坏有关（4分）

87.我有时易兴奋，兴奋时回忆及联想增多，控制不住（2分）

88.我易烦恼，为精力不足而焦虑（2分）

89.我早上起床就感到疲劳，晚上症状反而减轻（3分）

90.我常感到紧张（2分）

91.我常失眠，主要是入睡困难和浅睡多梦（3分）

92.我对一些声音和强光很敏感，有一点声音就不能入睡（2分）

93.我常怀疑我得了严重的疾病，并为此担心、恐惧（2分）

94.我有时遗精（或月经不调）（2分）

95.我有时觉得全身肌肉酸痛，肢体有麻木感（2分）

96.我的病时轻时重，用脑工作后加重，但休息后减轻（2分）

97.我的工作或学习过度紧张，压得我喘不过气来（2分）

98.我的性格大致是较敏感、多疑、急躁（3分）

99.几个月来我经常失眠，有时整晚都睡不着（5分）

100.我一出门就很恐惧，觉得许多人都在注视着我（4分）

101.我的学习成绩明显下降或工作无法完成，因此我索性不上学或不上班（4分）

102.我最近很烦，动不动就发脾气、骂人，甚至打人、砸东西（3分）

103.有时我一个人想到好笑的事就笑，自己无法控制（4分）

104.当我心烦时，喜欢一个人外出散心，无目的地到处走（4分）

105.我现在什么都懒得干，如洗澡、洗衣、理发等（3分）

106.有时只有我一个人在时，耳边却能听到有人讲话的声音（5分）

107.有时我在白天会见到死去的人或其他图像（5分）

108.我感到周围的人对我不怀好意，怕有人跟踪或投毒害我，很不放心（5分）

109.我怀疑有人用窃听器、无线电或其他仪器控制我（5分）

110.我脑子里想的事似乎别人都知道（3分）

111.我的性格倾向于内向、孤僻、离群、较小气（5分）

112.家里人怀疑我有病，但我认为我没病，所以不想找医生看病（3分）

表1-2 测查报告单

1	2	3	4	5	6	7	8
H分	D分	P分	O分	A分	HS分	N分	SP分
健康分	抑郁分	恐怖分	强迫分	焦虑分	疑病分	神衰分	精分分
1～14（共37分）	15～28（共45分）	29～42（共62分）	43～56（共52分）	57～70（共60分）	71～84（共49分）	85～98（共35分）	99～112（共58分）

心理医生忠告：

如果H分超过30分，其他分低于15分，则心理健康或基本健康；如果H分低于25分，其他分有一项超过H分20分，则可能有某种神经症倾向，需要找心理医生咨询。除H分外，哪种疾病的分最高，判断有哪种疾病倾向。

二、你是个受欢迎的人吗？

每个人都希望自己成为一个受欢迎的人，通过下面这个心理测试，可以帮助你了解自己，在生活中扬长避短。下面有九个问题，各有A、B、C三个答案，请你从中选择一个与你性格或行为最相符或最相近的答案，打上记号。

1.如果别人说你是个温和的人，你会

A.认为："我的胆子实在太小了。"（3分）

B.暗暗地下决心："从今以后要更温和些。"（5分）

C.认为："别人怎么说，我无所谓。"（1分）

2.在公共汽车上，如果旁边的小孩子又哭又闹，你会

A.认为："真烦人，家长有办法制止小孩子哭闹就好了。"（1分）

B.认为："小孩子真没办法，什么也不懂。"（3分）

C.认为："教育孩子真不容易啊！"（5分）

3.和朋友争论之后，一个人独处时，你会

A.高兴地认为："人的想法真是各不相同，很高兴有机会能谈论自己的想法。"（5分）

B.遗憾地认为："当初我如果那样说就能驳倒他了。"（1分）

C.后悔地认为："当时没有充分说明自己的想法。"（3分）

4.当你遇到一个很会打扮的人时，你会

A.说道："服装有什么必要去讲究呢，随便一点不是更好吗？"（1分）

B.羡慕地说："我也要那样打扮。"（3分）

C.认为："装束能体现人的内心，那人内心世界一定很丰富吧！"（5分）

5.如果不是你的错，但结果却给对方添了麻烦，你会

A.真诚地道歉："因为没办法，对不起。"（3分）

B.诚恳地赔礼："不管怎样，是我给你添麻烦了。"（5分）

C.认为："因为不是我的错，不道歉也可以。"（1分）

6.如果别人说你是个别具一格的人，你会

A.认为："我究竟哪里别具一格呢？"在考虑这个问题的同时，心中颇有些兴奋。（5分）

B.生气地认为："一定是在讽刺我。"（1分）

C.认为："不管怎样，别具一格是好事。"（3分）

7."人类只有相互帮助才能生存"，对于这个观点，你会

A.认为："道理上是这么说，但人往往是自私的。"（3分）

B.认为："如果都为别人着想，那就不能生存了。"（1分）

C.认为："要认真做到这一点也许很难，但我一定努力去做。"（5分）

8.如果在谈话时，你朋友的优点受到别人赞扬，你会

A.一起赞扬道："我也这么认为。"（5分）

B.问道："我该怎么说才好呢？"（3分）

C.说道："他果真这样吗？"然后强调朋友的缺点。（1分）

9.如果别人问你："你是受欢迎的人还是不受欢迎的人？"你会

A.不高兴地回答："不知道受欢迎还是不受欢迎。"（1分）

B.沉思片刻后说道："我究竟属于哪一种人呢？"（3分）

C.笑着说道："还算是受欢迎的。"（5分）

记分与评价：

将你选择的九个问题的答案按括号内的分数累积计分得出你的总分值，然后对照下列评价方法。

9～12分：属于没人接近、惹人讨厌的人。

13～19分：属于幼稚、虚荣心强、不受欢迎的人。

20～35分：属于志趣向上的、平凡的人。

36～45分：属于深受欢迎的人。

第2章
公众的心理特征

【学习目标】

在学习完本章以后，你应该能够：
- 了解公众心理特征的基本内涵；
- 明确公众气质、性格和能力的含义、分类及其对公关活动的影响；
- 认识不同性别、不同年龄、不同职业公众的心理特征；
- 掌握公众的群体心理和群体行为。

第2章

思维导图

引例   **看电影迟到的人**

　　苏联心理学家以去电影院看电影迟到为例，对人的几种典型的气质做了说明。假如电影已经放映了，门卫又不让迟到的人进去，不同气质类型的人会有不同的表现。

　　第一种人匆匆赶来之后，对自己的迟到很恼火，想进电影院的心情十分迫切，便和门卫大声吵闹，而且不顾阻拦往里闯。

　　第二种人赶来之后，对门卫十分热情，又是问好又是感谢，想出许多令人同情的理由，并急中生智找熟人或找别的途径进去，最后进不去也会爽快地离开。

　　第三种人来了之后，犹犹豫豫地想进去又怕门卫不让进，微笑而平静地向门卫解释迟到的原因，规规矩矩地站在门口等，看着其他迟到的人和门卫争取，进不去就平静地走开。

　　第四种人来了之后，不愿意解释迟到的原因，只是唉声叹气地说："真不走运，太倒霉了。"说完便默默地走开，最多只是责怪自己为什么不早点来。

资料来源　方光罗，朱吉玉. 消费心理学基础［M］. 北京：中国财政经济出版社，2005.

　　分析提示：不同的人具有不同的个性心理特征。不同个性的人的行为反应有一定的差别，公关人员要善于判断和区别，并采取不同的公关策略。

　　公众的心理特征是指公众心理特点的具体表现。它一般表现为公众的个性心理特征、角色心理特征和群体心理特征三个层次。公众的个性心理特征是角色心理特征和群体心理特征的基础，显示的是个体在心理特征上的个别差异；角色心理特征显示的是不同角色公众共同心理特征的抽象概括；群体心理特征反映了公众群体在互动中形成的共同心理特征。这三个层次既相互独立，又相互影响、相互交叉，共同构成了公众的心理特征。

2.1　公众的个性心理特征

　　公关心理学研究的客体是公众，具体来讲，是形形色色的人。每个个体公众的心理是各具特色、千差万别的。这些差异就是个性心理特征的反映。其具体表现为个体在气质、性格、能力等方面的个人特点和相对差异。它们贯穿于人的心理活动的全过程，制约着人的各种心理活动。因此，了解和研究公众的个性心理特征，可以准确把握公众的个性心理，预测公众行为的变化趋势和行为特点，为有针对性地开展公关活动服务。

2.1.1　公众的气质特征

　　1）气质的含义

　　气质是指一个人与生俱来的、典型的、稳定的心理特征，具体表现为人的心理活动的动力特征。心理活动的动力特征是指心理活动的强度、速度、稳定性、灵活性和指向性等。心理活动的强度是指情绪的强弱、意志努力的程度、耐受力的大小等；心理活动的速度是指知觉的快慢、思维的敏捷性等；心理活动的稳定性是指情绪的稳定性、注意力集中时间的长短等；心理活动的灵活性是指兴奋与抑制转换速度的快慢、注意力转移的难易等。例如，有的人心理活动迅速、敏捷，有的人迟钝、缓慢；有的人的心理活动稳健有序，有的人动摇不定；有的人心理活动强而有力，有的人软弱无力等。人的气质特征不以活动动机、目的内容为转移，往往以同样的方式表现在各种各样的活动之中。也就是说，具有某种气质特征的人，常常在内容完全不同的活动中表露出同样的动力特征。例如，情绪容易激动的人，不仅在应该兴奋的场合表现出情绪激动，而且在不值得或不应该激动的场合也表现出情绪激动，甚至有时为了一点小事会和他人无休止地争吵，所以气质往往给一个人的心理活动涂上个人独特的色彩。

　　一般来说，人的气质基本受遗传因素的影响，是与生俱来的，具有较大的稳定性，变化缓慢，气质的许多特点甚至可保持终生，但在后天教育环境和生活条件的影响下也会发生一些变化。

小思考2-1

小思考 2-1

分析提示

　　人们常说"江山易改，本性难移"，这里的本性是指什么？

　　2）气质的类型

　　气质是个古老的概念。心理学家对气质这一心理特征进行过多方面的研究，自从公元前5世纪古希腊医生希波克拉底首先提出气质体液学说以后，相继产生了各种气质学说，如体形学说、血型学说、倾向学说、激素学说、高级神经活动类型学说等，其中最具代表性的是希波克拉底的体液学说和巴甫洛夫的高级神经活动类型学说。

　　（1）体液学说。公元前5世纪，古希腊医生希波克拉底在自己的临床实践中，首先提出人体内有血液、黄胆汁、黑胆汁、黏液四种体液，这四种体液所占比例不同，就会形成不同的气质类型。在体液的混合比例中，血液占优势的属于多血质，黄胆汁占优势的是胆汁质，黑胆汁占优势的是抑郁质，而黏液占优势的是黏液质。这四种分类的生理基础带有朴素的唯物主义性质，但缺乏科学性。然而，这四种类型又符合人的现实表现，因而一直沿用至今。其在行为上的典型表现如下：①多血质。其典型特征是活泼、好动、反应迅速，喜欢交往、兴趣广泛，注意力容易转移，情绪多起伏、波动，善于适应变化了的环境等。②胆汁质。其典型特征是直率、热情、精力旺盛，易冲动，性情急躁，心境变化强烈、难以克制等。③抑郁质。其典型特征是行动迟缓，感情体验深刻，感受力强，情感细腻、乐于独处，不善交际、孤僻多疑等。④黏液质。其典型特征是安静、稳重、反应慢，沉默寡言、善于忍耐，注意力难以转移，情绪不易外露，交际适度等。

　　以上是四种气质类型的典型表现，而在现实生活中，绝对属于某种气质类型的人并不多，大多数人是以某一种气质类型为主，兼有其他气质特征。

　　（2）高级神经活动类型学说。俄国著名心理学家巴甫洛夫利用条件反射学说所揭示的高级神经活动的规律性和神经过程的基本特征，对气质做了科学的阐述，使气质理论建立在了科学的基础之上。他把气质分为：①兴奋型（强而不平衡型）：这类人的神经素质反应较强，但不平衡，容易兴奋而难以抑制，所以在很强的刺激下，容易产生精神分裂。②活泼型（强平衡灵活型）：这类人的神经素质反应较强且平衡，既容易形成条件反射，也容易改变条件反射。其行动迅速活泼，一旦缺乏刺激就很快无精打采。③安静型（强平衡而不灵活型）：这类人的神经素质反应迟钝，但较平衡，容易形成条件反射，但难以改变，是一种行动迟缓而有惰性的类型。④抑制型（弱型）：这类人的神经素质反应较弱，但较为平衡，兴奋速度较慢，容易形成条件反射，但难以改变，也是一种行为迟缓而有惰性的类型。

高级神经活动类型学说和气质体液学说二者具有一一对应的关系。巴甫洛夫指出，兴奋型相当于胆汁质，活泼型相当于多血质，安静型相当于黏液质，抑制型相当于抑郁质。

小知识 2-1　　　　　　　　　　　气质类型的行为特征

（一）胆汁质

1.日常活动带有强烈的情绪色彩。情绪高时，学习、工作热情高涨，肯出大力；反之，对什么事都不感兴趣。

2.是各项活动的积极参加者。喜欢每一项新的活动，甚至喜欢倡导一些别出心裁的活动，尤其喜欢运动量大和场面强烈的活动。

3.完成作业（工作）比谁都快，考试交卷争第一。

4.工作效率高，想干的事未完成，饭可不吃，觉可不睡。

5.学习的理解能力和接受能力很强，但不求甚解，总是未想好答案就先举手。

6.说话快，喜欢与同学争辩，总想抢先发表自己的意见。

7.容易激动，经常出口伤人而自己不觉得。

8.喜欢在公开场合表现自己，坚信自己的见解。

9.姿态强而有力，眼光锐利而富有生气，表情丰富而敏捷。

10.喜欢看情节起伏、激动人心的小说和电影，不喜欢看表现日常生活题材的作品。

（二）多血质

1.内心的体验一般会在面部表情和眼神中明显地表现出来。

2.是一切活动的积极参加者，但表现散漫，有始无终。

3.学习新知识容易产生兴趣，但也会很快厌烦，觉得枯燥无味。

4.学习（工作）疲劳时，只要休息一下，便能立刻焕发精神，重新投入。

5.理解问题总比别人快，但学习（工作）上常会见异思迁，注意力不容易集中。

6.希望做难度大、内容复杂的工作，但不够耐心细致，总希望尽快地完成工作。

7.容易产生骄傲情绪，觉得自己比别人机智和灵敏。

8.容易激动，但情绪表现不强烈。

9.情感变化迅速，稍遇到不如意的事就情绪低落，稍得到安慰或遇到使其高兴的事，马上就会无比喜悦。

10.善于交际，待人亲切，容易交上朋友，但友谊常不巩固，没有知心朋友。

（三）黏液质

1.不容易激动，很少发脾气，情感很少外露，面部表情单一。

2.工作守纪律，静坐不打扰别人，生活有规律，很少违反作息时间。

3.理解问题总比别人慢些，希望他人能多重复几遍。

4.工作认真严谨，始终如一，希望做有条不紊、不太难的工作。

5.能集中注意力做某一项事情，但不能很快把注意力从一件事转移到另一件事上。

6.喜欢安静的环境，否则就做不下去。

7.埋头苦干，有耐久力，能承担长时间的工作。

8.平时沉默寡言，说话没有感情渲染。

9.善于克制忍让，心胸较宽，不计较小事，能忍受委屈。

10.动作迟缓，反应较慢，办事力求稳妥，不做没有把握的事。

（四）抑郁质

1.情感不易变化，在别人看来缺乏情感。

2.工作时不愿和很多人在一起。

3.工作容易感到疲倦。

4.工作总比别人花费的时间多，怕他人提问，人多时讲话常表现得惊慌失措。

5.喜欢复习过去学过的知识。

6.对新知识接受能力差，但是弄懂之后就很难忘记。

7.不爱表现自己，对抛头露面的工作尽量推脱，在陌生人面前害羞。

8.感情比较脆弱，因为一点小事就会情绪波动，容易神经过敏，患得患失。

9.当工作或学习失误时，会感到很大的痛苦，甚至痛哭流涕。

10.爱看感情细腻、富有心理活动的小说和电影。

资料来源　陈红. 管理心理学〔M〕. 上海：华东师范大学出版社，2014.

小思考 2-2

小思考 2-2

在生活中，人们常说："某某人的气质较佳。"这和心理学中讨论的"气质"是一样的吗？

分析提示

3）公众气质对公关活动的影响

人的气质特征对人的行为活动和情感变化都有一定的影响。因此，了解人的气质类型，对于有效地开展公关工作，以及公关人员的选拔和任用都具有重要的指导意义。

首先，区别组织外部公众的气质类型，可以有针对性地开展公关工作。我们知道，气质作为心理活动的动力特征，使人的活动具有一定独特的风格，使其行为表现和情绪反应有不同的特征，而且具有稳定的、不易改变的特点。所以，在公关活动中，对不同气质的公众要采取不同的公关策略。比如，胆汁质类型的公众对外界各种信息的刺激反应迅速，易于冲动，喜欢新颖奇特、标新立异的事物，易受广告宣传的影响；多血质类型的公众善于表达自己的愿望，反应灵敏，信息来源多而广，喜欢接受新事物，善于交际，易于沟通，对这类公众施加影响比较容易起作用；而黏液质类型的公众沉默冷静，喜欢与否都不露声色，情绪稳定，不易受广告宣传、公关活动的影响，遇事会冷静思考，对这类公众要避免过多的语言和过分的热情；抑郁质类型的公众不善于表达个人的思想和要求，不愿与他人沟通，小心多疑，对各种宣传信息心存戒备，但观察仔细，对这类公众要设法取得其信任，以诚相见，要有耐心。

其次，了解组织内部公众的气质类型，对选拔任用人才有指导意义。不同的工作和岗位，对人的心理素质和气质特征有不同的要求。同样是文秘工作，对公关文秘和文书档案工作者就有不同的要求。公关文秘工作需要选拔热情开朗、反应灵敏、善于交际、具有多血质气质的人；而文书档案工作者则需要安静、稳重、耐心细致，具有黏液质气质的人较合适。

2.1.2　公众的性格特征

1）性格的含义

（1）性格的概念。性格是人们对待客观事物的态度和在社会行为方式中经常表现出来的稳定的倾向。它是人的个性中最鲜明、最主要的心理特征，决定着人活动的内容和方向。如果一个人对现实的态度在类似的情况下经常出现，并逐渐得到巩固，而且成为习惯的行为方式，这就是性格。例如，勤奋、懒惰、诚实、虚伪、正直、自私、慷慨、吝啬、谦虚、骄傲等，都属于性格特征。

人的性格是在生理素质的基础上，通过社会实践活动，逐渐形成和发展起来的。性格作为一种稳定的态度和与其相适应的习惯化的行为方式是在主观和客观的相互作用下，伴随着人的世界观、信念、道德品质等社会理念的确定而形成的。性格是一个人本质属性的结合，是具有核心意义的个性特征。性格一旦形成，就会在人的行为中留下痕迹，打上烙印。它贯穿于人的全部行为之中。因此，人们可以根据社会道德标准来评价性格的优劣和好坏。这就决定了性格具有直接的社会意义。例如，诚实、正直、认真负责是优良的性格特征，对社会有积极的影响；而虚伪、狡诈、马虎、草率是不良的性格特征，对社会有消极的影响。

（2）性格与气质的关系。性格与气质同属于人的个性心理特征，二者在许多方面十分近似，以至于人们常把它们混淆起来，其实二者既有联系又有区别。

性格与气质的区别主要表现在：①形成的客观基础不同。气质的形成直接取决于人的高级神经活动类型，具有自然的性质；虽然性格的形成受先天生理素质的影响，但是主要受社会环境、教育背景等后天因素的影响。②稳定程度不同。气质具有先天性，主要受遗传因素影响，后天影响极为缓慢，具有较强的稳定性；性格是后天形成的，是在人与外界环境的相互作用下逐渐形成和发展的。虽然性格也具有稳定性的特点，但与气质相比，具有较强的可塑性。③气质类型无所谓好坏，而性格有好坏之分。气质反映的是人在情绪和行为活动中的动力特征，不受活动内容的影响，也不具有社会评价意义；而性格反映的是人对客观事物的态度和行为方式，会对他人和社会产生影响，因而有好坏之分。比如，抑郁质气质的人可以表现出爱思考的优良性格特征，也可表现出敏感多疑的不良性格特征。

性格与气质的相互联系主要表现在：①气质可以按照每种类型的动力特征影响性格的表现方式，从而使性格带有一种独特的色彩。例如，同样是对人友善的性格，胆汁质表现为热情豪爽，多血质气质的人表现为亲切关怀，黏液质气质的人表现为诚恳，而抑郁质气质的人则表现为温柔。②气质可以影响性格形成和发展的速度。例如，自制力的形成，对胆汁质气质的人来说比较困难，而对抑郁质气质的人来说就比较容易。③性格可以制约气质的表现，也可以影响气质的改变。例如，顽强坚定的性格可以克服气质的某些消极方面，使积极方面得到充分发展。

2）性格的特征

（1）性格的态度特征。它是指人对现实的态度所表现出来的性格特征。人对现实的态度主要体现在三个方面：一是对社会、集体和他人的态度，如大公无私或自私自利、热情或冷漠、诚实或虚伪等；二是对事业、工作、劳动和生活的态度，如勤奋或懒惰、认真负责或粗心大意、节俭朴素或奢侈浮华等；三是对自己的态度，如自信或自卑、严于律己或放任自流等。

（2）性格的意志特征。它是指人对自己的行为调节方式和控制程度所表现出来的性格特征。这种特征体现在四个方面：一是行为目标明确程度的特征，如是有计划的还是盲目的；二是行为自觉控制水平的特征，如是一时冲动还是自制力强；三是在紧急或困难条件下表现出来的意志特征，如是镇定还是惊慌失措；四是对待长期工作的意志特征，如有无恒心、毅力等。

（3）性格的情绪特征。它是指个人对情绪的控制或情绪对个人活动的影响等方面的性格特征。这种特征主要体现在情绪活动的强度、稳定性、持久性等方面。例如，有的人情绪激动，有的人较平静；有的人时而激动、时而平静，有的人则很少起伏变化；有的人情绪活动的持续时间较长，留下的印象较深刻，有些人情绪活动的持续时间较短，几乎不留痕迹；有的人心境总是振奋、乐观，有的人心境则显得抑郁和沉闷。

（4）性格的理智特征。它是指人在对事物的认识过程中表现出来的个体差异方面的性格特征。例如，在感知方面有主动观察与被动知觉的性格差异；在记忆方面有形象记忆与抽象记忆的性格差异；在想象方面有富于创造想象和依赖模仿想象的性格差异；在思维方面存在敏捷性、独创性、逻辑性、深刻性等的性格差异。

小知识 2-2　　　　　　　　　　　　　　　性格分类

①喜爱炫耀的孔雀性格；②满身是刺的刺猬性格；③爱贪便宜的狐狸性格；④反复无常的变色龙性格；⑤自欺欺人的鸵鸟性格；⑥慢吞吞的蜗牛性格；⑦暴怒无常的老虎性格；⑧屁股沉重的懒牛性格；⑨喜爱学舌的鹦鹉性格；⑩温顺可亲的绵羊性格。

3）性格的类型

（1）按心理机能分类，性格可分为理智型、情绪型和意志型三类。理智型的人常理智地评价一切，并用理智来控制自己的行为；情绪型的人往往感情用事，不善于冷静思考，但情绪体验深刻；意志型的人则表现为目标明确、行为主动、不怕困难、意志坚强。

（2）按倾向性分类，性格可分为外倾型和内倾型两类。外倾型又称外向型，外倾型的人心理活动倾向于外部，一般表现为活泼、开朗，善于交际，善于适应环境等；内倾型又称内向型，内倾型的人心理活动倾向于内部，一般表现为沉静、孤僻，不善交际，心理活动不外露，适应环境困难，但耐力和容忍力较强。

（3）按独立程度分类，性格可分为独立型和顺从型两类。独立型的人独立性和自信心较强，不易受暗示和干扰，善于独立地发现问题和解决问题，有时甚至把自己的见解强加于人；顺从型的人独立性较差，易受暗示和干扰，少有主见，从众倾向较强。

（4）按社会适应性分类，性格可分为摩擦型、平常型、平衡型、领导型、逃避型五类。摩擦型和逃避型的人社会适应性最差，前者表现为性格外露，人际关系紧张，容易造成摩擦；后者表现为性格内向，不善交际，与世无争。平常型的人态度、意志、情绪等表现一般，属于中间型。平衡型和领导型的人社会适应性较好，但平衡型的人较多地表现为被动适应、善结人缘；而领导型的人较多地表现为自主能动、有影响力。这种分类在国际上较为通用。

4）公众性格对公关活动的影响

性格是一个人个性品质的核心内容，在个性心理特征中带有的社会性色彩最多。恩格斯说："人物的性格不仅表现在他做什么，而且表现在他怎么做。"这说明性格与行为有着密切的联系。此外，性格还具有一贯性与一致性的特点。当我们对某人性格的某些方面有所了解时，就可以推测出此人性格的其他方面，并能预测他在某种情况与环境下将会做什么和怎么做。因此，了解公众性格，对公关人员预测、控制和掌握公众的行为具有非常重要的意义。其具体表现为：

第一，了解公众性格，有助于预测公众的行为。因为公众的性格具有稳定性、一贯性等特点，掌握了公众的性格，就可以预测在未来的公关活动中公众将采取怎样的行为，从而使组织在策划公关活动时目标明确、计划周全，避免工作的盲目性和被动性。

第二，了解公众性格，有助于对不同公众采取不同的公关方法。例如，对感情易冲动的公众，要心平气和地与其交往；对自尊心强的公众，不要在大庭广众之下让他丢面子，而要采取婉转、含蓄的方法解决问题。

第三，了解公众性格，对协助领导做好内部员工管理工作有指导意义，可以帮助组织对不同的员工采取不同的工作方法，以调动员工的主动性、积极性和创造性，并在岗位分配和工作安排上扬长避短，充分发挥每位员工的个性特长。

2.1.3　公众的能力特征

1）能力的含义和发展

（1）能力的含义。所谓能力，是指人们能够顺利地完成某项活动，并直接影响活动效果的本领。比如，在学习活动中，人们要具有观察能力、记忆能力、思维能力、想象能力、分析和解决问题能力等。对能力的理解还要注意两点：

首先，能力是顺利完成某项活动的主观条件。人们从事任何一项活动都需要一定的条件，这些条件既有客观方面的，也有主观方面的。能力就是人们成功地完成一项活动的主观条件。例如，消费者只有具备了基本的观察能力、记忆能力和思维能力等，才能保证购买活动的顺利进行。

其次，能力总是与人的活动相联系，并直接影响人的活动效果。因为人的能力总是存在于人的活动之中，并通过活动表现出来。只有从一个人所从事的某项活动中，才能看出他具有的某种能力，并从活动的效果中看出其能力的大小、强弱。

人的实践活动是复杂多样的，当人们进行某项具体活动时，单一的能力是无法胜任的，必须多种能力相结合。为了完成活动任务将各种能力独特地组合起来，心理学上称其为才能。例如，营销人员需要有出色的表达能力、敏锐的观察力、良好的服务技能、自我调节情感的能力和随机应变的能力等。

（2）能力的发展。能力是在遗传因素的基础上，通过环境与教育的作用，在实践活动中逐步形成和发展的。能力的发展离不开知识和技能的学习。能力是在掌握和运用知识、技能的过程中发展起来的，离开知识、技能的学习和训练，是无法发展一个人的能力的。同时，能力是掌握知识和技能的必要前提，能力的大小往往制约着掌握知识和技能的快慢与巩固程度。比如，不具备感知能力的人，是无法获得感性认识的；而缺乏抽象思维能力的人，也难以获得理性认识。所以，能力与知识、技能是密切联系的。不过，它们又是有区别的。一个人知识的多少，不能完全表明其能力的大小。也就是说，能力与知识、技能的发展并不是完全同步的。

人的能力除与知识、技能有着密切联系外，还受遗传、环境、社会实践以及心理等因素的影响。

①遗传因素。遗传就是父母把自己的性状结构和机能特点遗传给子女的现象。遗传因素是能力发展的自然前提，著名科学家高尔顿调查了1786—1868年英国的首相、将军、科学家、音乐家和画家等977人的家谱，发现他们的亲属中成名的有322人，而在对977名普通人的家谱调查中发现，成名的只有1人。

②环境因素。环境即人生存的客观现实条件，包括自然环境和社会环境。一般认为，遗传提供了能力发展的可能性，而可能性转化为现实要受环境因素的影响和制约，其中家庭和教育环境对人的能力的形成与发展起着很重要的作用。

③社会实践因素。人的能力是人在改造客观世界的实践中形成和发展起来的。不同的社会实践活动制约着能力的发展方向和水平。例如，有经验的染色工人能分辨出40种以上色调的黑色。古人云：“读万卷书，行万里路。”这也是强调实践活动的重要性。

④心理因素。人的主观能动性与人的能力发展也有密切联系。具有相近的先天素质与环境条件，又从事同样的实践活动的人，其能力的提高与发展也不一定相同。这主要取决于个人的心理因素，特别是性格特征对一个人能力的发展常常起到促进或制约的作用。例如，良好的性格特征（如远大的理想、浓厚的兴趣、顽强的意志等）不仅能够促进个人能力的发展，还能够弥补某些能力的不足；而不良的性格特征或性格上的弱点，往往成为个人能力发展的障碍。例如，软弱而缺乏自信的性格，常常是一个人无所作为的主观因素。

小思考 2-3

人的学历越高，掌握的知识越多，能力就越强。这句话对吗？

小思考 2-3

分析提示

2）能力的种类

（1）按照能力的倾向性分类，可分为一般能力和特殊能力。

一般能力是指人们从事各种活动所必须具备的，并在各种活动中表现出来的基本能力。一般能力主要包括观察能力、注意能力、记忆能力、想象能力、抽象思维能力五种。这五种基本能力的有机结合，称为智力。这五种基本能力在智力结构中相互联系、相互渗透，以抽象思维能力为核心有机结合为一个整体。

特殊能力是指人们为完成某种专业活动而具备的专门能力，如绘画能力、音乐能力、计算机操作能力等。这些特殊能力的有机结合，称为专业才能，是人们从事某种专业活动所需要具备的能力。

（2）按照能力的功能分类，可分为认知能力、操作能力和社交能力。

认知能力是指人们在工作、生活、学习、研究中对客观事物进行观察、分析、概括、理解的能力，如观察能力、分析能力、理解能力等。认知能力是人们成功地完成活动过程最重要的能力条件。

操作能力是指操作、制作和运动的能力，如在电器修理、计算机操作或驾驶等方面的能力。操作能力是人们进行日常工作和生活的重要能力。

社交能力是指人们在社会交往活动中所表现出来的能力，如组织能力、管理能力、公关能力、言语表达能力等。社交能力是人们在社会生活中不可缺少的重要能力。

（3）按照能力的创造性程序分类，可分为模仿能力和创造能力。

模仿能力又称再造能力，是指仿效他人的言行举止而引起与之相类似的行为活动的能力，也就是依样画葫芦，善于按照原有模式进行活动和解决问题的能力。

创造能力是指人们产生新思想、发现和创造新事物的能力。它是人们超越已有模式进行思考和解决问题的能力，是人的主观能动性的体现。创造能力一般具有独特性、变通性、创新性等特点，是成功完成某种创造性活动所必备的条件。

（4）按照能力的表现分类，可分为现实能力和潜在能力。

现实能力是指在现实中已经表现出来的、可以被认知的能力，如学生的学习能力。

潜在能力是指在现实中无法表现或未完全表现出来的、潜在的、可能的能力素质，如学生的推理能力、社交能力等。

小思考2-4

古人云：“千里马常有，而伯乐不常有。”这是何道理？

小思考2-4

分析提示

3）能力的差异

人的能力差异是客观存在的。这是由于人们的先天因素和后天环境的影响不同而形成的，其中最主要的是家庭、教育环境和社会实践活动的影响。

（1）能力类型的差异。它是指人的能力在类别上、方向上存在不同而形成的差异，主要是指人与人之间具有不同的优势能力。例如，有的人认知能力较强，而操作能力较弱；有的人专业能力较强，而社交能力较弱；有的人善于抽象思维，而有的人善于形象思维；还有许多人各种能力较平衡，属于混合型或中间型等。

（2）能力发展水平的差异。它是指不同的人在同种能力的发展水平上存在高低的差别。如果在相同条件下，一个人从事某项活动的顺利程度和取得的成绩高于别人，在一定程度上表明了这个人的某些能力比其他人强。比如，从小在一起练习打乒乓球，有的人成绩好，进了省队或国家队，而有的人则成绩平平，这是运动能力的差异；大家同去推销某种商品，有的人推销业绩很好，有的人则推销业绩很差，这是推销能力的差异。

（3）能力表现是早晚的差异。它是指不同的人在同种能力的发展上，表现出时间早晚的差别。例如，有的人是"年轻有为"，有的人则是"大器晚成"。导致能力表现早晚差异的原因是多方面的，除了自身条件和教育背景外，与参与活动的机遇和社会实践的早晚、多少都有很大关系。只要有坚忍的意志和毅力，在明确的人生理想和目标的引导下，经过勤奋努力，差异是可以逐渐缩小的。

（4）能力在性别上的差异。美国心理学家桑代克曾做过试验，发现女性在语言表达、短时记忆方面优于男性，而男性在综合分析能力以及观察、推理和历史知识的掌握方面优于女性。此外，在感知、记忆、思维及创造性等方面，男性与女性之间也存在差异。

4）公众能力对公关活动的影响

首先，从公关职业来讲，它主要是与个人、组织、社会沟通的一系列活动，需要公关人员具备相应的职业能力。公关能力主要包括灵活反应、语言表达和社会交际能力等。公关工作说到底就是和人打交道的工作，公关人员交际能力的高低决定了其给公众的第一印象，也直接影响公关活动的水平和效果。因此，公关人员要了解和培养自己的职业能力。

其次，就社会公众而言，人的能力存在差异性。公关人员对不同能力的公众要区别对待，要能使公关活动适应不同对象的能力层次。只有充分考虑到对象的能力特征，才能使公关活动取得实效。试想一下，如不考虑成人和儿童的认知能力，不考虑农民和知识分子的知识层次与接受能力，随意安排公关活动，结果可想而知。

最后，从组织内部的管理角度来看，任何组织都存在能力高低不等、类型不同的员工，因此组织要对员工进行合理调配和使用。不同的组织和岗位，有不同的人才能力标准，组织要根据个人的能力特点，注意用人之长，人尽其才、量才录用。领导班子也要讲究"T"形知识结构和老、中、青相结合，从而使能力搭配更科学合理。

2.2　公众的角色心理

公众在社会生活中扮演的角色是多种多样的。不同性别、年龄、职业、社会阶层的公众，由于各自的社会阅历、社会分工和心理成熟程度的差别，形成了各具特色的角色心理。

2.2.1　不同性别公众的心理特征

性别角色是指由于人们的性别不同而产生的符合一定社会期待的品质特征。不同性别的公众，其生理过程和心理特征不同，对社会所持的态度和行为模式也存在差异。这些差异主要表现在以下方面：

1）记忆差异

记忆是一个人所经历过的事在人脑中的反映，是人脑积累经验的功能表现。一般来说，女性特别是年轻女性擅长以词语为中心的第二信号的记忆，而男性侧重于逻辑思维过程的记忆。女性相对于男性来说，多数采用机械识记，且有较强的情绪记忆能力，比较容易触景生情，男性则多采用意义识记而少采用机械识记。

2）思维差异

思维是人脑对客观现实的概括和间接的反映，反映的是事物的本质及其规律性。一般来说，女性对问题和材料的综合分析能力、逻辑推理能力、抽象思维能力、理论思维能力、创造思维能力等都逊色于男性，是社会高层领导决策机构、自然科学研究领域、高技术研究领域中女性占较小比例的重要原因；相反，由于女性有较好的形象思维能力、具体思维能力、直觉思维能力、常规思维能力等，因此在文艺研究领域，教师、记者等职业中女性占有较大比重。

3）情绪差异

情绪是客观事物是否符合人的需要、愿望与观点而产生的主观体验。男女两性由于其生理机制存在差异，决定了其在情绪产生过程中存在明显的差异。

（1）与男性（特别与年轻男性）相比，女性（特别是年轻女性）显得胆小、怯懦和多虑。

（2）女性比男性更容易产生移情作用（即将自己置身于他人的情绪空间之中感受他人正在感受的情绪）。

（3）与男性相比，女性情绪的稳定性较差，容易受外界的影响。

（4）女性的情绪易受暗示，富有遵从性，而男性不容易被说服，富有独立性。

4）个性差异

个性是人在长期的生活实践中逐步形成并表现出来的心理特征和具有一定倾向性的、比较稳定的、本质的心理特征的总和。

男女两性的个性差异主要包括三个方面：

（1）男性比女性更具有攻击性，包括身体的攻击、言语的攻击和幻想的攻击等。

（2）男性比女性更具有支配性。支配是与人的社会地位、职位、职业等相联系的社会行为。这种差异在不同性别的人的相互交往中发挥着重要而微妙的作用。

（3）男性比女性更富有自信心。一般来说，男性接受新事物往往比女性快，对自己的估计往往偏高，因而愿意承担并积极完成富有挑战性的工作任务；相反，女性往往比较保守地估计自己，愿意承担有惯性且比较规范的工作任务，在富有挑战性的工作任务面前，经常显得胆怯、谨慎，甚至不敢也不愿意接受。

小思考 2-5

有人说：男人喜欢好看的，女人喜欢好听的。这句话对吗？

小思考 2-5

分析提示

2.2.2　不同年龄公众的心理特征

我们知道，人的心理是伴随着生理的发育和社会认知的变化，逐步发展成熟直至稳定的。年龄的不同，不仅体现为生理状况的不同，反映出的社会阅历也不一样，因而心理特征也有较大的差异。所谓初生牛犊不畏虎、四十而不惑，就是这种心理特征的反映。

1）少年儿童的心理特征

少年儿童，一般是指 1～17 岁的未成年人。这一阶段是一个人成长发育最重要，也是变化最快的阶段。随着年龄的增长，少年儿童的心理由本能需要逐步发展为自我意识；由模仿转变为有个性；由受家庭影响转变为受社会群体影响等。少年儿童的主要心理特征表现为天真、活泼、好动、好奇心强、求知欲旺盛、情绪易变、容易受感染、易冲动、独立性差等。同时，独生子女在家庭和父母心目中的地位越来越重要，这也给少年儿童带来一些心理变化，值得关注。

小思考 2-6

儿童消费易受广告影响。这句话对吗？

小思考 2-6

分析提示

2）青年人的心理特征

青年人，一般是指 18～35 岁的年轻人。在这一时期，随着身体的生长发育，青年人的个性也基本形成，智力发展达到高峰期，情感日益丰富，自我意识基本成熟，成家立业，社会适应能力增强，是人一生中非常重要的时期。其心理特征主要表现为：

（1）热情奔放的个性。青年人正处于朝气蓬勃、精力旺盛的时期，内心体验丰富；热情奔放、感觉敏锐、富于幻想、好奇心强。

（2）自我独立的意识。青年人喜欢表现自我独立的个性意识，自觉、自立、自控能力不断增强。随着经验的积累、社会交往范围的扩大，青年人逐渐走向自立，同时有大量的现实问题需要独立面对。

（3）未成熟和成熟心理共存。在青年人的前期，情绪的不稳定性比较突出，恋爱、婚姻等问题必须面对，由于缺乏经验，可能会引起青年人心理的剧烈动荡，或苦闷、自卑，或彷徨不安；在青年人的中期，其经验增多，社会适应能力变强；在青年人的后期，其工作、生活基本定型，心理渐趋成熟、稳定，责任感和使命感增强。

（4）引领时代潮流的先锋。青年人具有旺盛的创造力和强烈的参与意识；易于接受新事物，富有时代的敏感性；追求时尚，超前的意识和行为使得他们始终是引领时代潮流的先锋。

3）中年人的心理特征

中年人，一般是指 36 岁至退休年龄阶段的人。目前，在我国中年人人数众多，其心理特征主要表现在：

（1）理智性强、冲动性小。中年人一般阅历广，生活经验丰富，生理和心理都达到了稳定的状态，情绪反应比较平稳；做事有计划，少盲目，沉着、坚毅、中庸。

（2）社会角色基本确定。中年人经历社会磨炼，社会化基本完成，有固定的职位和相应的社会地位，成为社会的中坚力量。

（3）负担重、压力大。中年人肩负家庭、社会重任：从家庭角度来看，赡养老人、抚养子女、礼尚往来等，负担重；从社会角度来看，中年人一般事业有成，身担重任，竞争意识强，要面子，工作压力大。

（4）成熟稳重，创新性小。中年人处于不惑之年，青年人的朝气逐渐退化，表现为成熟、稳重和富有涵养，思想观念上开始注重习惯性，创新性变少。

4）老年人的心理特征

老年人，一般是指退休后或60岁以上的人，其心理特征为：

（1）生理机能衰退，导致心理功能老化。人到老年，生理机能逐渐衰退，如失眠、记忆力减退、心理平衡力减弱、情绪不稳定等。

（2）角色改变，导致心理变化。老年人一旦退休，从熟悉、繁忙的工作岗位上退下来，心理会不适应，有失落感。经过一段适应期后，老年人又会改变观点，产生较强的补偿心理，对营养、健身、娱乐产生较大兴趣。

（3）怀旧心理浓厚，习惯性强。老年人喜欢追忆往事，回顾人生，眷恋故土，许多习惯不会轻易改变，总觉得一切都是过去的好。

（4）自尊心强，小心谨慎，防范意识明显。老年人在家庭和社会中都属于长者，希望得到别人的尊重，害怕孤独；多数老年人刻板、固执、小心多疑、思想保守。

2.2.3 不同职业公众的心理特征

由于受长期的工作习惯和心理定式的影响，不同职业的人会有不同的心理特点。由于职业类型繁多，这里只对大众化职业心理做简要分析。

1）工人的心理特征

（1）群体性。工人一般在组织严密、分工协作的企业中工作，这使他们较之农民、商人等有较强的组织性、群体性，表现为乐于合群、互相信赖。

（2）娱乐性。工人特别是从事体力劳动的工人，由于工作劳累，往往需要通过一定的娱乐活动来缓解疲劳。同时，他们喜欢参加一些体育活动或棋牌类游戏等。

（3）外露性。工人往往心直口快、胸怀坦荡，行为外露、不拘小节，重感情、讲义气，也喜欢发牢骚，爱打抱不平。

2）农民的心理特征

农民一般朴实勤劳，心地善良；生活比较俭朴，为人实在，讲究经济实惠；乡土观念较重，热情好客，乐于助人；重邻里关系，重眼前利益，有小农经济意识。

3）知识分子的心理特征

知识分子因长期接受正统教育，有一定的文化修养，讲究仪表风度，爱面子，注意自己的言行；为人处世较细心、谨慎，爱挑剔，内心体验较复杂；有超前意识，愿意接受新事物；考虑问题易瞻前顾后，畏首畏尾，缺乏果断性。

4）军人的心理特征

军人一般有较强的组织纪律性，做事雷厉风行、果断有力；服从命令，有良好的意志品质、勇于克服困难；坚持原则，为人正直果断，但有时也过于武断，不够灵活机动，为人直率。

5）商人的心理特征

一般来说，商人十分精明、反应机敏，头脑灵活、消息灵通，善于观察、了解人，善于和各种各样的人打交道，精于算计，有狡诈的一面。

2.2.4　不同社会阶层公众的心理特征

社会阶层是指所有社会成员按照一定的等级标准，被分为许多相互区别的、地位不等的社会集团。其中，每个社会集团中所有社会成员的态度、行为模式和价值观有许多相似性，而不同社会集团成员之间在这些方面则存在较大的差异性。

社会阶层一般按职业、收入、受教育程度等标准来划分，也有按财富、权力和地位等标准来划分。比如，按社会地位，人们常把社会成员分为金领、白领、蓝领等阶层；按财富和收入，人们把社会成员分为贫困、温饱、小康、富裕、富豪等阶层。

不同社会阶层的人，由于受教育程度、经济收入、社会地位等因素的不同，表现在价值标准、消费习惯和行为方式等方面均有较大差异，且有相互排斥的心理。同时，低层次公众对高层次公众存在模仿和向往的心理。同一社会阶层的人，在上述诸多方面表现为趋向一致，并把同阶层的人视作平等人，且容易沟通和相处，心理认同度高。

公关人员在开展公关活动时，要区别不同层次的公众，了解他们的特点，遵从他们的价值标准、消费习惯和行为方式，以提高认同度和同群感。

案例窗 2-1

有甲、乙两个素不相识的人在公园里相遇，通过攀谈双方对彼此都有好感，但经过深谈之后，甲得知乙是大学教授，因而肃然起敬，乙得知甲是工厂工人，因而大失所望。此时，由于职业的不同和层次的差距，二者出现了自我角色意识障碍：甲可能觉得自己与大学教授相比显得渺小；乙可能自命不凡而拒绝与甲继续深谈。由此，双方交流产生了距离，达不到深层次的沟通。

案例窗 2-1

案例点评

2.3　公众的群体心理

群体是人类存在的基本形式，个体不能离开群体而存在。俗话说："物以类聚，人以群分。"了解和掌握群体的形态、规范、交往、竞争、合作、利益、需要等，对个体自身及与其相联系的组织都将产生深远的影响。

2.3.1　群体心理和群体行为

1）公众群体及其分类

（1）公众群体的含义。公众群体是相对于公众个体而言的，通常是指具有共同利益、共同需要的公众个体在一定的社会活动中组合而成的共同体。他们一般在心理上、利益上有一定的联系，经常发生交往并相互影响，并且存在某种整体的观念和群体的行为规范。除此之外，公关心理学所研究的群体还包括行动群体和社会角色群体。

所谓行动群体，是指在一定时间内，暂时集合于某一空间的特殊群体，如电影院和体育场的观众、在某一商店购物的顾客等。这些群体往往是临时的、松散的，在其他学科中，一般不作为群体来研究，但他们的行动，在一定程度上存在共同利益与共同的需要。因此，公关心理学也把他们作为群体来研究。

　　所谓社会角色群体，是指由具有共同身份或共同特征的一群人构成的群体。比如，女性群体是按性别划分的，儿童群体是按年龄划分的。这类群体中的社会成员相当广泛，成员之间不一定都能相互接触，他们往往只存在于人们的意识之中。但他们也是组织潜在的公关对象，必须加以重视。

　　（2）公众群体的分类。

　　①按群体是否存在，可分为实际群体和假设群体。实际群体是指实际存在的、个体参与其中的群体。其群体成员之间存在联系，相互作用，如一个实际存在的公司，某企业的车间、班组等。假设群体是指只存在于人们的意识之中的群体，如女性群体、儿童群体等。这类群体是为了研究和分析的需要而划分的。

　　②按群体构成原则，可分为正式群体和非正式群体。正式群体又称组织团体，是指有正式文件规定的、有固定的编制和确定的组织地位的群体，如工厂的车间、班组，学校的院系、班级等。正式群体有公开的身份、合法的地位和明确的隶属关系，一般来说，组织结构严密、纪律严明。

　　非正式群体是指人们在相互交往中自发组织起来的群体。这类群体一般以感情为纽带，多由性格相投、志趣相近、信念一致、关系密切的个体聚合而成，如同学、老乡、亲朋好友、球迷协会等。这类群体没有正式群体那样明确的组织结构，比较松散，也不太稳定。但他们也有自己不成文的群体规范，也有自己的中心人物，对个体行为也有较强的约束力。非正式群体成员间有一条比较灵敏的信息渠道，他们有较强的自卫性和排外性。非正式群体的存在可以弥补正式群体无法满足的需要，在公关活动中所起的作用不亚于正式群体。

　　③按群体的结合程度，可分为松散群体、联合群体和集体。松散群体是指人们仅在特定的时间和空间上结成的群体，成员关系不密切、交往不深，甚至是陌生的、短暂的相处，如同一病房的病人、同一车厢的乘客等。联合群体是松散群体的进一步发展，成员间的关系进一步密切、时空上进一步延伸，群体意识逐渐增强，如一起排练的演员、长途旅游的游客等。集体是群体发展的高级阶段，是为了达到一定的目的而组成的群体，具有明确的目标、成员间关系密切、团结协作，组织结构严密、纪律严明，相当于正式组织的群体。

　　④按群体的规模，可分为大型群体和小型群体。大型群体是指人数众多、规模庞大、群体成员间没有直接交往和直接互动作用的群体，如同一民族、国家或大型企业集团等。小型群体又称"小团体"，是指群体成员间有着直接的、面对面的接触和交往，且成员不多的群体。这类群体共同进行社会活动，有情感共鸣，有明确的行为规范和认知结构，如学校的班级、工厂的班组，也包括非正式组织中的"小团体"等。

　　2）公众群体的心理特征

　　公众群体的心理特征是指群体成员在工作和生活中形成的与群体活动和状况相关的，经常、稳定的心理感觉。它具体表现在以下方面：

　　（1）归属感。归属感是指群体成员对群体具有依赖的要求、产生向心力的一种特殊的情感表现，是一个人作为"社会人"的基本要求，也是个体因归属于某个自己向往的群体而产生的自豪感和满足感。这种归属感会使每个成员自觉地遵守群体的规范，做事也会从群体的利益出发，彼此相互支持、相互依赖，把群体的荣辱看作自己的荣辱。

（2）认同感。认同感是指群体成员在认识上与群体保持一致的情感。群体成员认同群体的目标、规范，并在此基础上产生自觉、自愿的行动。同时，在共同兴趣和利益的驱使下，对一些原则问题和重大事件，能保持共同的认识和评价、怀有一样的情感，即使有些看法不正确，群体成员也因情感因素而保持一致。比如，当群体中一个成员与其他人发生争执时，群体中的其他成员往往会无条件地支持这个成员。

（3）整体感。整体感是指群体成员意识到其群体的整体性，认识到成员不是单独的、分散的个体，而是一个有机的整体。一般来说，整体意识越强，维护群体的意识就越强，态度也就越坚决，行为也更趋于一致；相反，整体意识越弱，对群体的利益和形象就会越不在乎。组织内开展公关活动，一个重要的目标就是要增强组织成员的整体意识，使组织成员与组织"同呼吸、共命运"，能够充分意识到个体是组织的一部分，是组织形象的代表，以树立"全员公关意识"。

（4）排外感。排外感是指群体成员有排斥其他群体的意识。群体具有相对独立性和整体意识，这自然就会在一定程度上产生排外意识。人们越重视小群体的利益，"外人"就越难进入这个小群体（或称"小圈子"）。这在组织内部是较为普遍的现象。

3）群体行为

美国著名心理学家勒温对群体内部的互动行为进行了研究，提出了"群体动力学"理论。该理论阐明了群体成员之间各种力量相互依存和相互作用的关系，认为个人的心理活动是在一种"心理场"或"生活空间"中发生的，个体行为是个体与环境（包括群体）各种力量相互作用的结果。群体行为则是在群体动力影响下的个体行为的总和，主要包括群体规范、群体凝聚力、群体士气、群体的压力和顺从等内容。

（1）群体规范。它是指群体所确定的一种标准化的观念，是一种群体成员共同接受、共同遵守的行为准则。它不同于组织的各种规章制度，是一种约定俗成的行为准则，可以是成文的，也可以是不成文的。它对每个成员都产生一种约束力，对成员的行为产生重要的影响作用。

（2）群体凝聚力。它是指群体及其成员之间的吸引以及他们认同群体目标的程度。一般来说，凝聚力强的群体具有下列特点：一是群体成员之间有良好的人际沟通，人际关系和谐、稳固；二是群体成员乐于加入到群体中来，积极参加群体组织的各种活动，群体对每个成员都具有较强的向心力和吸引力；三是群体成员对群体具有责任意识，会自觉维护群体的利益和荣誉；四是群体成员具有较强的归属感、尊严感和自豪感。

（3）群体士气。它是指群体成员对群体组织感到满意，并乐意成为该群体的一员，协助达成群体目标的一种态度。西方管理心理学常把群体士气看作一种团队精神，它反映了群体成员的工作精神和工作态度。

（4）群体的压力和顺从。群体规范会形成一种群体压力，对群体成员的心理和行为产生巨大的影响。这种压力不是来自上级的明文规定，而是多数人的一致看法和意见影响个人的反应。

心理学家研究发现，一个人需要他人精神上的支持，需要避免孤独、寂寞的环境，才能真正表现自己的个性、发挥自己的才能，而这些就需要靠群体来满足。人既然需要加入到群体中去，则必然要受到某种限制，即受到来自群体的压力。

群体压力的意义表现在：

①使成员采取共同一致的行为。群体成员采取一致行为有助于完成群体目标和维护群体的生存与发展。在群体中，成员的意见和行为往往习惯于接受群体的检验，当其和多数人一致时，才会有安全感。

②在群体压力下，有些成员仍坚持自己的观点，这样可以刺激群体在各方面进行自我检查和反省。一个群体既需要有善于服从的成员，也需要有独立思考的成员来另辟蹊径。

群体的顺从是指群体成员在行为上表现为和群体大多数人保持一致，即"随大流"，可具体表现为从众和顺从两种行为倾向。

从众行为是指个人受到群体的压力，迫使其放弃和改变原来的意见和行为，以适应群体的要求。虽然顺从行为也表现为与群体一致，但是内心仍坚持个人意见，只是表面上顺从。一般来说，内聚力强的群体，相互认知度高，容易产生从众行为和顺从行为。这两种行为一方面能使成员统一思想、步调一致，有利于工作的开展和政策的推行；另一方面也容易抹杀成员的独创性，造成"人云亦云"，不利于组织的运行和科学决策。因此，组织的领导者和公关人员应做全面分析，警惕在成员表现一致的情况下强制或仓促做出决策。

小思考2-7

营业员上班时和顾客的身份是平等的吗？为什么？

小思考2-7

分析提示

2.3.2 群体领袖的心理特征

群体领袖，包括正式群体中的领导者和非正式群体中的"头头"，一般都是群体中的核心人物。在公关活动中，公关人员与公众群体打交道时，经常需要直接或间接地与其领袖人物接触。这些领袖往往代表着整个群体的意见和态度，是公关的关键人物。

正式群体的领袖，一般是由上级任命或群体选举产生的，非正式群体的领袖则是凭借个性方面的吸引力而自然产生的，因此两类领袖的心理特征也不一样。

（1）正式群体领袖的心理特征。正式群体领袖的地位是合法、稳定的，权力是组织赋予的，因此他们对自己的地位感到心安理得，使用权力、支配别人也感觉理所当然。从管理学的角度来看，领导者一般有两种影响力，即强制性影响力（权力）和自然性影响力（非权力）。正式群体领袖往往更注意强制性影响力，更善于使用手中的权力，而不像非正式群体领袖那样注重与成员的沟通和对成员的尊重。正因为如此，正式群体领袖容易刚愎自用，产生主观主义和官僚主义，以及以权谋私的不良倾向，也容易形成架子大、支配欲强，较喜欢逢迎、顺从的下级等心理特点。

当然，正式群体领袖或领导班子是在一定规范的程序下通过综合考察产生的，因此相对来讲，素质较高，搭配较合理，分工较明确，原则性和纪律性也较强。

（2）非正式群体领袖的心理特征。非正式群体领袖一般是自发产生的，没有合法的地位和权力，为了维系群体的存在，必然充分展示其个人才能和个性魅力，重视和成员之间的沟通，积极寻找成员间的共同点，维护成员的利益。非正式群体领袖的优势在于"人和"，讲义气，必要时能挺身而出。从领导影响力的角度来看，非正式群体领袖更多的是凭借自然影响力，即个人的品德、情感、能力等因素。但非正式群体领袖往往对自身的使命认识不足，感情色彩较浓，在领导过程中往往表现为随意性有余、原则性不足，对下属多持从众态度。

（3）正式群体领袖和非正式群体领袖的关系。正式群体领袖和非正式群体领袖既有联系，又有区别，并在一定条件下可以相互转化。非正式群体领袖可能成为正式群体领袖，正式群体领袖也可能成为非正式群体领袖，二者的心理也会因此发生变化。还有一个值得关注的问题是，二者可以共存，即正式群体的领袖往往也是一个或几个非正式群体的领袖。身份的交错会造成人际关系的复杂性，有时也会给组织工作带来一定的影响。比如，许多组织中存在一定的"裙带关系"，会造成领导者的角色冲突以及情与法的冲突等。

2.3.3　群体、群体领袖和公共关系

首先，群体是公众存在的一般形式，不管是正式群体还是非正式群体，是实际群体还是假设群体，是组织内群体还是组织外群体，都是公关心理学研究的范畴。我们不仅要研究公众的个体心理特征，更要揭示群体公众共同的、规律性的心理特征，以便我们能够从个别到一般，从偶然到必然，更全面地认识公众的心理特征。

其次，研究群体领袖的心理特征，对公关活动也十分必要。公关心理学要研究群体，而群体中的领袖又是群体的核心，往往决定着群体的思想意识和行为指向，代表着整个群体的意见和态度，是公关活动的关键，甚至直接影响到公关活动的成败。所以，公关人员一定要善于把握群体领袖的心理特征，搞好和群体领袖的关系，以便更好地开展公关工作。

知识掌握

1. 公众的心理特征包括哪几个层次的内容？
2. 什么是气质？各种气质的一般表现如何？
3. 什么是性格，它是如何形成的？
4. 性格有哪些特征？认识性格的特征有何意义？
5. 能力有哪些类型？能力的发展受哪些因素影响？
6. 男女有哪些心理差异？
7. 少年儿童和青年人心理的主要特征是什么？
8. 什么是正式群体和非正式群体？
9. 群体行为包括哪些内容？认识它对组织管理有何指导意义？
10. 了解群体领袖的心理特征对开展公关活动有何意义？

知识掌握 2-1

答案提示

知识应用

案例分析1   "桃园三结义"

《三国演义》中蜀国的刘备、关羽、张飞三人，先是"桃园三结义"的兄弟，后来又是君臣关系。

问题：（1）试分析刘备、关羽、张飞三人的关系性质。

（2）认识这种关系对搞好组织关系有何启发？

分析提示：刘备、关羽、张飞三人既是正式群体中的君臣关系，又是非正式群体中的兄弟关系，这在生活中较为普遍。

案例分析2   经理与"足球帮"

某公司自成立以来就没有组织足球队，但公司内的一些球迷经常在一起看球、谈球、踢球，其来往的密切程度远远超过公司的其他人。公司总经理认为他们常在一起看球、谈球、踢球是不务正业，对他们这种密切的人际关系大为反感，斥之为"小团体主义"和"足球帮"。

一次，有个球迷提前1小时下班去参加足球比赛，恰巧被公司总经理看见。总经理不由分说，当场宣布对其进行经济处罚，扣发当月奖金。该球迷装着一肚子气把这件事告诉了他们的"头儿"。于是，在"头儿"的带领下众球迷一起来到总经理办公室，向总经理解释是在完成工作任务的情况下提前下班的，"头儿"还将责任揽在了自己身上，众球迷也七嘴八舌争辩。这使总经理大为恼火，结果总经理不仅坚持原处分，而且还扣发了前来解释的所有球迷的当月奖金。同时，通知各部门经理对他们严加管理。但是，球迷们相互间的关系更加密切了。

问题：（1）这个总经理的处理得当吗？为什么？

（2）你认为作为总经理应怎样处理才妥当。

分析提示：组织应该与组织中的非正式群体保持良好的关系，而不是打击和排斥。

实践训练

观察自己所在的群体属于哪种类型的群体，并分析群体成员的个性心理特征。

心理小测验

一、气质测验

测试说明：在回答下面的问题时，你认为很符合自己情况的，记2分；比较符合的，记1分；介于符合与不符合之间的，记0分；比较不符合的，记-1分；完全不符合的，记-2分。

测试题目：

1.做事力求稳妥，不做无把握的事。

2.遇到令人气愤的事就怒不可遏，把心里话全说出来才痛快。

3.宁可一个人做事，也不愿很多人在一起做。

4.到一个新环境很快就能适应。

5.厌恶那些强烈的刺激，如尖叫、噪声、危险镜头等。

6.和人争吵时，总是先发制人，喜欢挑衅。

7.喜欢安静的环境。

8.善于和人交往。

9.羡慕那种善于克制自己感情的人。

10.生活有规律，很少违反作息制度。

11.在多数情况下是乐观的。

12.碰到陌生人觉得很拘束。

13.遇到令人气愤的事，能很好地自我克制。

14.做事总是有旺盛的精力。

15.遇到问题常常举棋不定，优柔寡断。

16.在人群中从不觉得过分拘束。

17.情绪高昂时，觉得干什么都有趣；情绪低落时，又觉得干什么都没有意思。

18.当注意力集中于某一事物时，别的事物很难让自己分心。

19.理解问题总比别人快。

20.碰到危险情境，常有一种极度恐惧感。

21.对学习、工作抱有很高热情。

22.能够长时间做枯燥、单调的工作。

23.对感兴趣的事情，干起来劲头十足；否则，就不想干。

24.一点小事就能引起情绪波动。

25.讨厌做那种需要耐心、细致的工作。

26.与人交往不卑不亢。

27.喜欢参加激烈对抗的活动。

28.爱看感情细腻、描写人物内心活动的文学作品。

29.工作、学习时间长了，就感到厌倦。

30.不喜欢长时间谈论一个问题，愿意实际动手干。

31.宁愿侃侃而谈，不愿窃窃私语。

32.别人说我总是闷闷不乐。

33.理解问题常比别人慢些。

34.疲倦时只要经过短暂的休息就能精神抖擞，重新投入工作。

35.心里有话，宁愿自己想，不愿说出来。

36.认准一个目标就希望尽快实现，不达目的，誓不罢休。

37.同别人一样学习、工作一段时间后，常比别人更疲倦。

38.做事有些莽撞，常常不考虑后果。

39.老师或师傅讲授新知识、新技术时总希望他讲慢些，多重复几遍。

40.能够很快忘记那些不愉快的事情。

41.做作业或完成一件工作总比别人花的时间多。

42.喜欢运动量大的体育活动，或喜欢参加各种文艺活动。

43.不能很快地把注意力从一件事转移到另一件事上去。

44.接受一个任务后，就希望迅速完成。

45.认为墨守成规比冒风险强些。

46.能够同时注意几件事。

47.烦闷的时候，别人很难使自己高兴。

48.爱看情节起伏跌宕、激动人心的小说。

49.对工作一直认真严谨。

50.和周围人的关系总是相处得不好。

51.喜欢复习学过的知识，重复做已经掌握的工作。

52.希望做变化大、花样多的工作。

53.小时候会背的诗歌，现在似乎比别人记得清楚。

54.别人说自己"出口伤人"，可自己并不觉得是这样。

55.在体育活动中，常因反应慢而落后。

56.反应敏捷，头脑机智灵活。

57.喜欢有条理而不麻烦的工作。

58.兴奋的事常常使自己失眠。

59.老师讲新的概念，常常听不懂，但是弄懂以后就不容易忘记。

60.假定工作枯燥无味，马上情绪低落。

气质测验结果分析：

1.将分数分类，并汇总各类气质得分。

胆汁质题号：2、6、9、14、17、21、27、31、36、38、42、48、50、54、58，总得分_____。

多血质题号：4、8、11、16、19、23、25、29、34、40、44、46、52、56、60，总得分_____。

黏液质题号：1、7、10、13、18、22、26、30、33、39、43、45、49、55、57，总得分_____。

抑郁质题号：3、5、12、15、20、24、28、32、35、37、41、47、51、53、59，总得分_____。

2.如果其中一种气质得分明显高出其他三种，且均高出4分以上，则可定为该类气质。此外，如果该类气质得分超过20分，则为典型型；如果该类气质得分在10~20分之间，则为一般型。

3.两种气质类型得分接近，其差异低于3分，又明显高于其他两种，且均高出4分以上，则可定为这两种气质的混合型。

4.三种气质得分均高于第四种，且得分接近，则为三种气质的混合型。例如，多血-胆汁-黏液质混合型或黏液-多血-抑郁质混合型。

二、性格测验

下面有50道题，请根据自己的实际情况做出回答。A为符合，B为难以回答，C为不符合。

1.与观点不同的人也能友好往来。

2.读书较慢，力求完全看懂。

3.做事较快，但较粗糙。

4.经常分析自己、研究自己。

5.生气时，总会不加抑制地把怒气发泄出来。

6.在人多的场合总是力求不引人注意。

7.不喜欢写日记。

8.待人总是很小心。

9.是个不拘小节的人。

10.不敢在众人面前发表演说。

11.能够做好领导团队的工作。

12.常会猜疑别人。

13.受到表扬后会工作得更努力。

14.希望过平静、轻松的生活。

15.从不考虑几年后的事情。

16.常会一个人想入非非。

17.喜欢经常变换工作。

18.常常回忆自己过去的生活。

19.很喜欢参加集体娱乐活动。

20.总是三思而后行。

21.使用金钱时从不精打细算。

22.讨厌在工作时有人在旁边观看。

23.始终以乐观的态度对待人生。

24.总是独立思考、回答问题。

25.不怕应对麻烦的事情。

26.对陌生人从不轻易相信。

27.几乎从不主动制订学习计划或工作计划。

28.不善于结交朋友。

29.意见和观点常会发生变化。

30.很注意交通安全。

31.心里有话藏不住，总想对人说。

32.常有自卑感。

33.不大会注意自己的服装是否整洁。

34.很关心别人会对自己有什么看法。

35.和别人在一起时，话总比别人多。

36.喜欢独自一个人在房内休息。

37.情绪很容易波动。

38.看到房间里杂乱无章就静不下心来。

39. 遇到不懂的问题就去问别人。

40. 旁边若有说话声或广播声，总无法静下心来学习或工作。

41. 口头表达能力还不错。

42. 是一个沉默寡言的人。

43. 很快就能熟悉新的环境。

44. 同陌生人打交道，常感到为难。

45. 常会过高地估计自己的能力。

46. 遭遇失败后总是忘不了。

47. 感觉脚踏实地地干比探索理论、原理更重要。

48. 很注意同伴们的工作或学习成绩。

49. 比起看小说和电影，更喜欢郊游和跳舞。

50. 买东西时，常常犹豫不决。

评分规则：

题号为奇数的题目（即1，3，5，7……），每选择一个"A"记2分，每选择一个"B"记1分，每选择一个"C"记0分；题号为偶数的题目（即2，4，6，8……），每选择一个"C"记2分，每选择一个"B"记1分，每选择一个"A"记0分，最后将各题的分数相加，其和即为你的性向指数。

性向指数在0~100分之间，通过性向指数的值可以了解一个人内倾或外倾的程度（见表2-1）。

表2-1   性向指数与性格倾向

性向指数	0~19分	20~39分	40~59分	60~79分	80~100分
性格倾向	内向	偏内向	中间型（混合型）	偏外向	外向

第 3 章
公众的心理倾向

【学习目标】

在学习完本章以后，你应该能够：
- 了解公众需要的特点和分类；
- 认识公众的兴趣及其差异；
- 理解价值观的含义，明确公众的价值评价和价值取向；
- 掌握公众的需要、兴趣、价值观等心理倾向对公关活动的影响。

第 3 章

思维导图

奥运吉祥物"福娃"的诞生

2008北京奥运会吉祥物"福娃"一诞生，就引起了轰动，好评如潮，特别是孩子们非常喜欢。奥运吉祥物刚开始设计时，就有个设计理念：要让孩子们都喜欢。虽然奥运会面对的公众很复杂，但是来自世界各地的运动员和观众所带回去的礼物，多数是为了给孩子们的。因此，吉祥物的受益公众大多数是孩子，这是"福娃"大受欢迎的原因之一。

分析提示：**"福娃"的设计紧紧抓住了主体受益公众——儿童，围绕儿童的兴趣、爱好和审美取向展开，这是它成功的秘诀。**

这一案例表明：不同的公众有不同的心理倾向。公关工作者要善于了解公众的兴趣、爱好等心理倾向，并设法迎合公众的喜好，开展有针对性的公关活动，这样往往能使公关工作收到奇效。

从心理学的角度分析，人的个性心理应包括个性心理特征和心理倾向性两个方面内容。在第2章中我们已经分析了公众的个性心理特征，本章我们将讨论公众的心理倾向性，以便我们更准确、更全面地把握公众的个性心理。

在复杂的现实生活中，由于个人条件的不同，人们在需要、兴趣、理想、信念、价值观等方面存在广泛的差异。这些差异在心理学中被称为个性倾向性。

3.1   公众的需要

3.1.1   需要的含义、产生和特点

1）需要的含义

需要是指人们在个体生活和社会生活中感到某种缺乏或不平衡，而力求获得满足的一种心理状态，它是人的机体自身或外部生活条件的要求在人脑中的反映。

需要是现实要求的反映。人作为高级动物，为了维持生命，就有补充养料、求得安全和进行繁殖等的客观要求。这些生理要求反应在人脑中，就成了吃饭、喝水、睡眠等需要。同时，人作为社会成员而存在，不能离开群体与社会而孤立地生活，这就要求人们有秩序而和谐地生活，要求人们和社会保持一致，这样就有了与他人交往、获得友爱、被人尊重的需要等。可见，需要是自我发展和自我保护的一种心理倾向。

需要是人类一切行为的起点和动因。它促使人的活动向着一定的目标努力，追求一定的对象，以行动求得自身的满足。人类在满足最基本的自下而上需要的前提下，又不断产生更新的、更高层次的需要。正是这些不断发展的需要推动着人的行为和发展，也推动着社会的文明和进步。因此，需要又是个体积极性的源泉和动力。

人的需要是多方面的，但并不总是处于觉醒状态。只有当公众的缺乏感、紧迫感达到一定程度时，真正的需要才会被激活，并促使人们付诸努力去采取行动。因此，新的公关理念和营销观念，不仅在于满足公众的现实需要，还要设法"创造需求""制造缺乏"，有目的地去唤醒公众的潜在需要，为企业的生产经营和公关活动服务。

小知识 3-1　　　　　　　　　　　**需要驱使的心理作用**

心理学家做过这样一个实验，让一部分人在实验前一小时进食，另一部分人在实验前16小时不吃东西，然后给这两类人看一些模糊不清的图片，要求他们说明图片的内容。结果那些很久没有吃东西的人中，很多人把图片内容看成是食物。这实际上是需要驱使的心理作用。

比如，生活中有些人急于发财或恋爱，往往被人骗财、骗色，并不是他们看不到对方的破绽，而是他们被自己的"需要"蒙蔽了双眼，而对骗子并不高明的骗术"视而不见"。

2）需要的产生

（1）需要产生的生理起因。人的机体存在某种欠缺而未获得满足是公众生理需要产生的根本原因。例如，饥饿的产生依赖于味觉、胃的收缩、血液含糖程度、荷尔蒙（激素）状态以及神经活动等。脑及神经系统与需要的产生有关，与某些欲望的产生系统更是关系密切。

（2）需要产生的社会起因。社会环境因素容易使目标对象产生需要或增加已产生需要的强度。在社会情境中，通常目标对象会因强而有力的刺激产生需要。比如，嗅到或者看到食物，最容易产生满足饥饿的需要；高大的英雄形象、爱国的民族英雄事迹，可以使人产生对崇高理想的需要，激发公众购买有关爱国英雄的书籍资料等。

（3）需要产生的认识起因。公众对客观世界的认识和评价是需要产生的重要起因。思想，特别是想象和幻想，可以使一个人不断地产生某些愿望。一个公众想象他置身于某一社会情境之中，就能加强其某一方面的欲望。因此，有些公众会将其中的某些欲望付诸实践，以求满足他们的需要。

3）需要的特点

（1）需要的层次性。需要产生于人的有机体（生活体）的缺乏状态，在一定时间内，有机体的缺乏状态是多种多样的，很难全部得到满足，于是根据自己的生活环境、经济收入、兴趣爱好、社会地位、职业等条件，对其缺乏状态进行平衡，分清轻重缓急，决定需要的先后次序，于是产生了需要的层次性。同时，由于人类社会有一个由低级到高级的发展过程，人的需要也同样有一个由低级向高级发展的过程。当人的低层次需要得到满足之后，必然地产生较高层次的需要，因此形成一个由低级到高级逐级发展的需要层次。

（2）需要的复杂性。社会公众是处在一定的社会经济与社会文化的环境中的，其民族传统、宗教信仰、生活方式、文化素质、经济条件、社会地位、兴趣爱好、情感意志、个性特征等的不同，决定了每个公众需要的结构和方式等千差万别、纷繁复杂，对其主导需要的选择各异。需要的复杂性还表现在差异性方面，如个体与个体的差异、个体与群体的差异、群体与群体的差异、目前和将来的差异、现实和潜在的差异等。

（3）需要的发展性。公众的需要不是一成不变的。随着社会经济、文化的不断发展、道德风尚的变化、生活和工作环境的改善，以及广告宣传的影响等，公众的需要总是在不断地发展变化。旧的需要满足了，又会产生新的或更高一级的需要，如此循环往复，以至无穷。需要的发展性不仅表现为纵向的发展，不断地向高水平、高层次的方向发展，还表现为横向的发展，不断扩大需要的范围和种类。正是需要的不断发展，推动人类社会的不断进步，激发企业的竞争，同时为企业和组织的发展创造着机会。

（4）需要的伸缩性。需要的伸缩性（或弹性），是指公众对某种需要追求的多寡和强弱程度，具体地讲，是对某种需要或有或无、或多或少，具有可变性。这种伸缩性受公众自身条件和外部环境的制约。从自身条件来看，主要包括公众需求欲望的程度和货币支付能力；外部环境包括企业所提供的商品、广告宣传、销售服务等。二者都会促进或抑制公众的需要。同时，不同的需要其伸缩性也不一样。比如，属于满足生活的必需品，如粮食、食盐、食油等，需要的伸缩性就小；而属于满足享受需要的用品，如高档时装、高档化妆品等，需要的伸缩性就大。

（5）需要的竞争性。人的需要具有竞争性。竞争性首先表现为多种需要在同一个体或同一群体内部的竞争，即争夺优势地位和优先满足的权利；其次表现为同一种需要在不同个体或群体间的差异，即群体或社会成员间的互相感染、模仿和互相攀比。

（6）需要的可诱导性。公众需要的产生和发展，与客观现实的刺激有着很大的关联。社会政治、经济的变革，生产部门和流通部门的广告宣传，经营战略的调整，新的道德风尚的倡导，生活和工作环境的变迁等，都有可能使公众的需要发生变化和转移，使潜在的欲望和需要转变为现实的行为，使未来的需要变成现在的需要，使微弱的需要变成强烈的需要。这就需要企业采取适当的诱导措施，通过开展公关宣传活动引导和启发公众的需要。

3.1.2　需要的类别和层次

1）需要的类别

公众的需要复杂多样，可以按不同标准对其进行分类。常见的分类主要包括：

（1）按需要的起源，可分为生理需要和社会需要。生理需要是人类为了维持生命而与生俱来的需要，是本能的机体需要，如对水、空气、食物、睡眠、配偶、运动等的需要。社会需要是人们为了参与社会生活、进行社会交往而产生的对客观条件的欲望，如对友谊、爱情、归属以及地位、成就和威望等的需要。这是后天习得并在社会实践中形成的需要，是人类所特有的高级需要。

（2）按需要的作用，可分为生存需要、享受需要和发展需要。生存需要是人类为了维持生存而产生的对基本生活用品的欲求，如对食物、衣服和住所的基本需要等。享受需要是人们为了增添生活情趣和提高生活质量而产生的对各种娱乐、休息以及享受消费品的欲求，如对欣赏音乐、购买高档产品、旅游等的需要。发展需要是人类对发展智力和体力、提高个人才能所必需的消费品的欲求，如对书籍、仪器、药品以及滋补品等的需要。

（3）按需要的性质，可分为物质需要和精神需要。物质需要是指人们对物质对象的欲望和要求，如对衣、食、住、行等的需要，参加社会劳动对劳动工具、劳动对象的需要等。精神需要是指人们对社会精神生活和精神产品的需要，如对知识、艺术、道德、宗教信仰等的需要。精神需要是人的高层次需要。

（4）按需要的社会属性，可分为权力需要、交际需要和成就需要。权力需要是指人们为了支配他人和获得各种物品而产生的欲望和要求，如取得某种职务，对他人的指挥，对某种物品的支配、控制等。权力需要与人的个体素质和所处的环境密切相关。交际需要是指人们对爱情、友谊、归属的欲望和要求。其表现为愿意参加社会交往；寻找温暖或与他人保持良好关系；希望得到爱情；希望被某个团体所接纳，成为其中的一员，并相互关心、相互照顾等。成就需要是指人们发挥自己的潜在才能干一番事业或获得相应成就的欲望和要求，是一种高层次的需要。人们接受的教育层次越高，成就需要就越强烈。

（5）按需要的范围，可分为个人需要和公共需要。个人需要是个体自身的需要，是个人主动性与积极性的原动力。公共需要是指一定范围内的人的共同需要。它是群体主动性、积极性的原动力，但并不等于是该群体中每个人的主动性和积极性的原动力。群体的需要不是该群体内的每个人都能意识到并予以承认的需要。例如，旧城改造需要拆除一部分民房，这是公共需要，但对被拆迁的住户来说，这并不是每一户居民都愿意接受的，因为这可能同他们的个人需要产生冲突。这时候往往就需要通过公关活动来解决问题。

（6）按需要的觉醒状态，可分为现实需要和潜在需要。现实需要是公众眼前必需的、可以意识到的，并有货币支付能力作为保障的需要。潜在需要则是公众还未完全意识到的，并不紧迫的，或是未来的，目前还无能力实现的需要。例如，对在校大学生来说，学习知识、参加考试、购买书籍或谈恋爱是他们的现实需要，而购买房子、成家立业则是他们的潜在需要。

小思考 3-1

需要与需求是不是同一个概念？

小思考 3-1

分析提示

2）需要的层次

需要既有不同的类别，又呈现一定的层次差别。类别是从横向上对需要的划分，层次则是从纵向上对需要的划分。

对公众需要进行分析，不能不介绍马斯洛的需要层次理论。因为马斯洛的需要层次理论在一定程度上揭示了人类需要的发展规律，对心理学及其相关科学的研究和发展有着重要的借鉴作用。

马斯洛是著名的人本主义心理学家。他经过 20 多年的潜心研究，于 1943 年和 1954 年先后出版了《人类动机的理论》《动机和人格》等著作，提出了著名的需要层次理论。马斯洛认为，人的行为是由动机驱使的，而动机又是需要所引起的。人的基本需要可以分为生理需要、安全需要、社交需要、尊重需要和自我实现需要。

（1）生理需要。它是指人类为维持和延续个体生命所必需的一种最基本的需要。例如，人们为了满足解饥、御寒和睡眠等而对吃、穿、住等的需要；为了维持生命而对水、阳光、空气的需要；为了延续种族而对性的需要等。生理需要是人类最低层次的需要，也是最重要、最原始的需要。只有人的生理需要得到满足或基本满足后，较高层次的需要才会成为人的行为的驱动力。

（2）安全需要。它是指人类在社会生活中希望保护自己的肉体和精神不受危害与威胁，确保其安全的需要。安全需要是比生理需要高一级的需要，它包括生命安全、财产安全、职业安全等内容。

（3）社交需要。它是指人们希望给予和接受别人的爱与感情，得到某些社会团体的重视和容纳的需要。社交需要包括愿意参加社会交往，寻找温暖或与他人保持良好关系，彼此之间得到友谊、关怀与爱护；希望得到爱情，异性之间相互倾慕，亲密交往；希望自己有所归属，成为某个组织或团体的成员，参与其活动，互相关心、互相照顾等。

（4）尊重需要。它是指人类在社会生活中希望有一定的社会地位和自我表现的机会，获得相应的荣誉，受到别人的尊重，享有较高的威望等需要。一般来说，尊重需要是与人们接受教育的程度及其经济、社会地位密切相关的，是人的高层次发展需要。

（5）自我实现需要。它是指人们希望充分发挥自己的才能干一番事业，获得相应成就，实现理想目标，成为自己所期望的人。马斯洛指出：如果一个人想从根本上愉快的话，音乐家必须搞音乐，画家必须画画，诗人必须作诗，这样才能发挥他们的最大潜能，从而完全实现自我。自我实现的需要是人们在以上四种需要得到一定程度的满足之后所追求的最高层次的发展需要。

马斯洛认为，人类的五种基本需要是相互联系的。前两种需要是低层次的基本需要，后三种需要是高层次的发展需要。人类的需要是一个由低级向高级发展的阶梯，只有当低层次的需要得到基本满足以后，才会产生并开始追求新的高一层次的需要。一个人生理上的迫切需要得到满足后，就会去寻求安全保障，只有当基本的安全需要得到满足以后，社交需要才会成为主要推动力，以此类推，需要层次理论的示意图如图3-1所示。

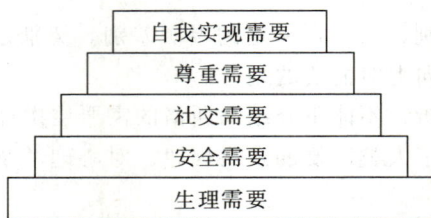

| 自我实现需要 |
| 尊重需要 |
| 社交需要 |
| 安全需要 |
| 生理需要 |

图3-1　需要层次理论的示意图

马斯洛把人类千差万别的需要归结为上述五个层次，并进行了具体分析，指出了各层次之间的关系和有机联系，这在一定程度上揭示了人类需要的发展规律，对公关心理的研究具有重要的借鉴价值。但是，马斯洛在分析人的需要时脱离了社会条件和其他因素对个体需要的制约，把人的需要看作自然的禀赋和一种机械的上升运动，忽视了社会经济、文化因素对人的需要的影响和制约，忽视了人的主观能动性。所以我们在学习、借鉴马斯洛的需要层次理论的同时，还必须将其与我国的国情和具体实际结合起来。

对于渴求自我实现的人，马斯洛提出了一些建议：①把自己的感情出口放宽，莫使心胸像个瓶颈。②在任何情境中，都尝试从积极乐观的角度看问题，从长远的利害做决定。③对生活环境中的一切，多欣赏，少抱怨；有不如意之处，设法改善；临渊羡鱼，不如退而结网。④要想成为一个充分发展的人，开阔的心胸、乐观的态度、长远的眼光和进取的精神是必不可少的。

小思考 3-2

为什么说马斯洛的需要层次理论对开展公关活动有指导作用？

小思考 3-2

分析提示

3.1.3　公众需要对公关活动的影响

公众需要与公关活动的关系极为密切。了解和掌握公众的需要，便可以掌握公关活动的主动性、准确性，促进公关活动的顺利进行。

（1）了解公众需要产生的起因，便于主动地、有目的地开展公关活动，去创造、激发公众的需要。比如，公众需要的产生除生理状态的原因外，还有社会情境和思想认识方面的原因，因此公关人员就要关注社会发展的动态，积极开展广泛的、有益的社会活动，或通过媒体宣传、思想传播等途径来引导和激发公众的需要。

（2）了解公众需要的特点，可以策略地、灵活机动地开展公关活动。比如，根据公众需要的多样性和差异性，可以开展多变的、有针对性的公关活动。如果组织以一成不变的公关策略来对待所有公众，往往只能"隔靴搔痒"，起不到应有的效果，甚至会适得其反。又如，根据公众需要的发展性和可变性，可以加强公关活动的预见性。通过调查和预测，准确把握公众需要的发展趋势，以防止公关活动的被动性和盲目性。再如，根据公众需要的竞争性，可以加强公关活动的社会影响力，发现并利用公众的竞争心理和从众心理，引导需求向着公关活动既定的目标发展。此外，了解公众需要的可诱导性，可以加强公关活动的宣传效果，通过各种社会途径，积极引导公众现实需要，激发公众的潜在需要。

（3）了解公众需要的类别，可以有针对性地满足公众的不同需要。比如，公众的需要有生理性的、有社会性的，对其生理性需要可注重功用的宣传和生理特征的满足，对其社会性需要可注重从众、攀比、时尚等社会心理的满足。又如，公众的需要既包括个体的需要，又包括公共的需要，这两种需要有时是独立的，有时是并存的，有时又是矛盾的。公关主体应站稳立场，分清主次，既不能为满足和迎合个人需要而牺牲公共需要，也不能为满足公共需要而不顾个人需要，应统筹兼顾，努力化解公共需要和个体需要之间的矛盾。

（4）了解需要的层次，便于准确地满足公众不同层次的需要。需要有高低不等、缓急不同的层次之分，不同的个体和群体都通过一种或几种主导需要来反映出特定的需要层次上的倾向。公关人员应准确地判断不同群体和个体的需要层次，以便有针对性地满足其主导需要，使公关活动能真正对症下药，关心公众最关心的事，满足公众最迫切的愿望。这样，公关活动的效果必然会大大增强。比如，对处于较高需要层次（如社交需要、尊重需要）的员工，加工资、发奖金等的意义就不如提拔、晋升和表彰等更有激励作用，而对处于较低需要层次（如生理需要、安全需要）的员工，加工资、发奖金、买医疗保险等的意义要大于表彰、晋升等。

3.2 公众的兴趣

3.2.1 兴趣的定义和种类

1）兴趣的定义

兴趣是指一个人对某种事物给予优先注意，并具有向往的心理，渴望深入认识和积极参与的心理倾向。兴趣不是天生的，是在后天的社会实践中产生和发展起来的。人们在工作、学习、生活中，对一些事物的印象特别深刻，这些事物能给人们带来愉快的感受，并有积极参与或探索的愿望，便产生了兴趣。可见，兴趣是与人的情感密切联系的，它不仅是一种认识倾向，更是一种情感倾向，是推动人的行为的巨大力量。

需要是兴趣产生和发展的基础。由于人们的需要是多种多样的，因此兴趣的内容也十分广泛。一般来说，由生理性需要所引发的兴趣是暂时的和周期性的，需要得到满足后，兴趣就会消失或转化。而建立在心理性高层次需要基础上的兴趣，是较为持久而稳定的。一般来说，随着认识的不断加深，兴趣会更浓厚。

2）兴趣的种类

公众的兴趣是多种多样的，按不同的标准，一般有以下分类：

（1）按兴趣的内容，可分为物质兴趣和精神兴趣。物质兴趣是指由人们对物质的需要所引发的兴趣，如对钱财、宠物等的兴趣。精神兴趣是由人们对精神的需要所引发的兴趣，如对文化、艺术、科技、信仰等的兴趣。

（2）按兴趣与对象的关系，可分为直接兴趣和间接兴趣。直接兴趣是由人们参与或关注的某项活动或事物本身所引起的兴趣，如人们对篮球、乒乓球等体育运动的爱好，对音乐、美术的热爱等。间接兴趣是指对某种事物本身不一定有兴趣，只是由这种事物产生的结果或媒介作用所引发的兴趣。比如，有的人对外语本身不会产生兴趣，但为了考上大学或出国深造而引发学习外语的兴趣，就是一种间接兴趣。

（3）根据兴趣与本职工作的关系，可分为专业兴趣和业余兴趣。专业兴趣是指与所从事的专业有关的兴趣，除此以外的各种兴趣均属业余兴趣。一个人有专业兴趣，可提高其所从事工作的效率；有业余兴趣，则可调节精神生活，培养各种情趣，协调人际关系。一个人工作时能表现出极大的兴趣，工作之余又能以较强的兴趣从事其他的活动来调节自己的生活，那么他的生活一定是充实、愉快和丰富多彩的。

（4）按兴趣的主体范围，可分为个人兴趣和团体兴趣。个人兴趣是指以个人为主体的兴趣；团体兴趣是指以团体为主体的兴趣。在公共关系领域中，团体兴趣具有特殊的意义，因为公关的主体不是个人，而是组织、团体。以招商活动为例，招商主体的兴趣在于有多少客商能应招而来、乐于进驻，而为此就要了解和分析客商的兴趣。这里招商主体和招商客体的兴趣都是团体的兴趣。可见，团体兴趣更多地与团体的利益发生联系，比其他兴趣更加稳定而强烈。

（5）按人们的意识对兴趣的参与性质，可分为情趣和志趣。情趣是情感作用于兴趣的结果，一般体现在人们对某一事物或某项活动的喜爱与追求上，如喜欢宠物、爱好打篮球等。志趣是意志作用于兴趣的结果，具有目标性、坚持性的特点。例如，有的人爱好写作，想当作家；有的人爱好画画，想当画家等。志趣较情趣更高级，对人生更有价值和意义。

小思考 3-3

　　有的人喜欢打牌、下棋、跳舞；有的人喜欢看书、学习、搞科研。这两种兴趣有何区别？

小思考 3-3

分析提示

3.2.2　兴趣的个别差异

公众的兴趣，无论是个人兴趣，还是团体兴趣，都存在诸多差异，主要表现在以下方面：

（1）兴趣指向性的差异。兴趣的指向性是指人们的兴趣总是指向某种客观事物，有具体的内容和对象，不同的人有不同的指向，因人而异，各有所好。比如，有的人爱下棋；有的人则喜欢体育运动等。不仅个体有差异，群体也有差异。比如，调查中发现，女性对逛商店、购物有极大兴趣，并把这看作一种消遣和享受，而大部分男性则将逛商店、购物视为负担。

（2）兴趣广泛性的差异。兴趣的广泛性指的是兴趣的范围大小。有的人兴趣广泛，除对所从事的专业感兴趣外，还有多种不同的兴趣，对许多事物都乐于探索；而有的人兴趣狭窄、单调，容易将自己局限在狭小的生活空间中，对外界事物不感兴趣。拥有广泛兴趣的人会经常注意各方面的新东西，并积极地钻研，从而增长知识、开阔眼界，其生活内容充实，经验也很丰富；兴趣贫乏者掌握的知识、信息也少，经验也缺乏，生活显得单调、平淡。公关人员不仅要了解公众的兴趣，也要培养自己广泛的兴趣，以便掌握更多的信息，积累丰富的经验，为开展公关工作服务。

（3）兴趣稳定性的差异。兴趣的稳定性是指兴趣持续时间的长短与稳定程度。有的人兴趣持久而稳定，甚至能持续一辈子，而有的人兴趣持续的时间较短，变化无常，这就是稳定性的差异。比如，一般来说，老年人对某一品牌的商品感兴趣，便长期、习惯性地购买，忠诚度高，而青年人则使用一段时间后就变换新的品牌，喜欢新鲜的事物。

（4）兴趣效能性的差异。兴趣的效能性是指兴趣对人的实践行为所产生的作用和效果。兴趣在不同人的身上所起的作用和效果不一样。有些人一旦对某一事物产生兴趣，就会迅速地把兴趣变为行动，全身心投入，越做越有兴趣，产生的效果就好；而有些人的兴趣却缺乏推动行动的力量，往往只停留在好奇和期望状态中，如"光说不练"，不能产生实际效果，或浅尝辄止、无意深入，直到兴趣慢慢消退，从而产生的效果就差。

小思考 3-4

小思考 3-4

　　有人说，开商店要盯住女性顾客，开饭店要盯住男性顾客。这句话对吗？是何原因？

分析提示

3.2.3　公众兴趣对公关活动的影响

　　在公关活动中，公众的兴趣发挥着重要的作用。只有充分地重视、利用和引导公众的兴趣，才能使公关活动取得应有的成效。这具体表现在以下方面：

　　（1）对公关目标的导向作用。公关目标是公关主体的目标，是由公关主体制定的。但是，在公关目标的制定过程中，公众的兴趣通过自发地对公关主体的影响，间接地对公关目标的制定产生影响，从而发挥事实上的导向作用。任何公关的具体目标只有在迎合公众兴趣的前提下，才具有实际的价值，否则，只能是一纸空文。在此，公众兴趣就成为公关目标的"导向仪"，发挥着重要作用。

案例窗 3-1　　　　　　　　　　　　**关注客人的兴趣**

　　有一天，巴黎希尔顿大酒店里来了一位美国女贵宾，她进房间放好行李后，即匆匆离去参加商务活动了。值班公关经理吩咐服务员，立即将这间房内的窗帘、地毯、床罩和桌布换成大红色。女贵宾回房后，惊喜异常，就问公关经理如何知道自己喜欢红色。经理说："我见您的皮鞋、提包和帽子都是红色的，猜想您可能喜欢红色。您商务繁忙，一定希望有个合心意的舒适环境来放松身心。这样布置，您喜欢吗？"女贵宾大喜，随即开出一张一万美元的支票作为小费。

案例窗 3-1

案例点评

资料来源　朱吉玉. 旅游心理学［M］. 大连：大连出版社，2011.

　　（2）对公关过程的能动作用。公关过程是主体、客体双向交流的过程，主体发挥主动作用，客体发挥能动作用。客体的能动作用中包括公众兴趣的作用。主体发出的信息和提出的要求，要在公众的兴趣面前接受检验。符合公众兴趣的信息和要求能够推动公关活动的发展，而不符合公众兴趣的信息和要求则会阻碍公关活动的发展。也就是说，公众的兴趣将通过公关过程反馈给公关主体，对公关过程发挥能动作用，从而使公关主体不断地发出符合公众兴趣的信息，满足符合公众兴趣的要求。

　　（3）对公关活动的调节作用。由于公众兴趣受各种主观和客观因素的影响，因此它会随着各种条件的变化而不断变化。在公关活动中，不断变化的公众兴趣会随时调节公关过程，如果公关过程能够适应这种变化，公关活动就会取得成效，否则就会失败。

　　（4）对公关主体的启发和诱导作用。公关主体的重要职能之一就是收集各种有用的信息，而公众的兴趣正是最有用的信息和最重要的资源，只有积极地利用这种资源，才能使公关活动取得实际效果。公众的兴趣可以启发公关主体不断调整自己的目标，以适应公众的需要。

3.3　公众的价值观

3.3.1　价值观的含义

　　价值观是指人对周围事物的是非、善恶及其重要性的判断、评价以及行为取向。它是人生观的核心，是世界观的组成部分。

公关心理学中讲的价值，是指周围事物以及人和社会的关系在人心目中的轻重、主次地位。价值观是主体对客体的判断和评价，属于认识的范畴。人们对事物认识的程度和范围不一样，所处的社会环境和文化背景不一样，其价值评价的倾向也就不一样。在一些人看来很有价值的东西，在另一些人看来不一定有价值；在一些人看来很重要、值得去做的事情，而在另一些人看来可能不以为然。比如，有的人喜欢"及时行乐"，有的人则崇尚"勤俭节约"；有的人信奉"金钱至上"，有的人则认为做自己想做的事、过有意义的生活要比赚很多钱更重要等。

价值观是在认识、情感的基础上形成的。公众在社会实践中逐步认识和熟悉周围的人和事，根据已有的知识、经验和社会规范的需要做出是非、善恶及对社会重要性的判断和评价，并在评价中表现出情感体验，最后形成一定的价值取向。

价值观最基本的部分可称为核心价值观。核心价值观对于公关人员掌握公众的心理趋向、准确开展公关工作至关重要。

小知识 3-3   **中美两国文化的核心价值观比较**

美国文化的核心价值观见表 3-1。

表 3-1   美国文化的核心价值观

核心价值观	具体表现
个人奋斗	成功源于奋斗，必须努力工作
讲求实效	时间就是生命，效率就是金钱
求新	人类在进步，产品、观念要更新
物质享受	人活着就是为了过好日子
个人主义	关心自己，自我尊敬，好自我表现
自由	我行我素，自由选择，走自己的路
冒险精神	轻视懦弱和平庸，喜欢一鸣惊人、出人头地

中国文化的核心价值观见表 3-2。

表 3-2   中国文化的核心价值观

核心价值观	具体表现
求同心理	合作精神，注重社会规范
勤俭节约	知足常乐，精打细算，节制个人欲望
家庭观念强	孝悌持家，敬老爱幼，童叟无欺
稳重含蓄	内向、朴实、中庸之道
较保守	安分守己，不冒风险，循规蹈矩

从两国文化的核心价值观的比较中可以看出：美国文化的核心价值观是在一个快速多变、激烈竞争、充满"理性"的社会中形成的，所以快速、实效、奋斗、冒险、享乐等就成了这种价值观的特点；而中国文化的核心价值观是在漫长的、封闭的、专制的、以儒家学说为统治思想的封建社会中形成的，而且这种影响根深蒂固，所以保守、中庸、勤俭、合作等就成了这种价值观的显著特点。需要说明的是，自改革开放以来，

随着东西方文化的不断交融，我国公众的价值观发生了较大的变化，公关人员要进行深入的研究。

资料来源　张力行. 公关心理学［M］. 2版. 成都：四川大学出版社，2004.

3.3.2　价值评价和价值取向

1）价值评价和价值取向的含义

价值评价和价值取向共同构成了一个人的价值观。

（1）价值评价，即人对事物的意义和有用性的评判。价值评价存在个体差异，有些人认为极有价值的东西，在另一些人看来也许一文不值。价值评价还与评价对象和人的关系紧密联系。比如，对地位较高、频繁出入社交场合的女性来说，高档珠宝的价值极高，而对地位较低、生活贫困的人来讲，则其意义不大。

价值评价又是可变的，因为评价对象与人的关系处于经常变化之中。常言道，一件东西，当你拥有它时不觉得重要，而当你失去它时才觉得珍贵。

（2）价值取向是指人在价值评价的基础上所采取的行为和活动。一般来说，人们的行动都会指向他们认为有意义的方向和目标。因此，价值评价决定价值取向，人的价值评价不同，便导致人们价值取向的差异。

2）价值评价体系

价值评价体系指的是人们对于相关事物的地位、作用进行价值判断和价值评价，从而在内心形成相对稳定的决定价值取向的心理内容结构。以不同的价值为中心来判断和评价事物就形成了不同的评价体系。

价值评价体系是因人而异的，而且它还要受时代、环境、传统文化等因素的影响。改革开放以来，我国公众的价值评价体系发生了较大的变化，主要体现在以下方面：

（1）知识价值。改革开放初期，在邓小平同志的关怀和指导下，我国恢复了高考，尊重知识、重教育成为时代风尚。随着"知识经济"的概念逐步被认同，知识的价值进一步被看好。近年来，知识的物质价值呈现不断升值的趋势，人们的精神需求也日益丰富，对知识的追求是人类精神需求的重要方面。

（2）金钱价值。改革开放以前，尽管金钱价值在人们心目中也有相当高的地位，但那时人们的要求不高，也较忌讳谈论。而今天"恭喜发财"已成为人们的口头禅，很多人把它看作生活中最值得追求的目标之一。20年前，人们还不习惯于露富；今天人们却把钱的多寡看作评价一个人价值高低的标准。

（3）生命价值。近些年来，生命的价值在悄悄提高。首先，健康得到了普遍的重视。例如，新的滋补药品不断地涌现；老年人积极参加健身运动。其次，享受成了生活不可或缺的一部分。人们对衣、食、住、行的质量要求和数量要求大大提高，不再满足于一般的"过得去"；远途旅游不仅成为年轻人的爱好，也成为老年人的一大乐趣。享受生活，提高生活质量，重视生命价值，已成为大多数人的追求。

（4）爱情价值。爱情的价值近年来也有了很大变化，相当多的人对爱情价值的评价提高了。例如，鳏寡孤独的老人不再把恋爱看作年轻人专享的权利；勇敢的女性敢于和没有爱情的婚姻进行抗争。

（5）政治价值。在以前，干部被认为是出类拔萃的好人，官位越高越受人敬重；今天，人们对干部的评价更加全面。

（6）道德价值。当前，先人后己、大公无私、集体主义等道德风貌被国家大力倡导，道德规范贯串于社会生活的各个方面，如社会公德、婚姻家庭道德、职业道德等，道德的价值日益凸显。

价值判断和价值评价上的这些变化当然是就社会成员整体上的变化而言的，并非每个人的价值评价都发生了如此变化。更进一步地说，这种变化也只反映价值评价体系的部分内容。

3）价值取向类型

价值取向类型指的是在一定价值评价体系的推动下，行为活动指向主要价值目标的类型。一般来说，价值评价体系的结构不同，价值取向类型也不一样，但是二者也不完全一致。比如，很多人认为"诚信"具有很珍贵、很重要的价值，但并不一定把"诚信"作为自己的价值取向，可能把它放在"金钱""地位""权力"之后。也就是说，价值评价体系更多的是说明评价者的认识，而价值取向类型更多的是说明取向者的行为，有时认识和行为并不一致。

下面我们对生活中的价值取向做大致的分类：

（1）功名型。功名型价值取向以获取功名为特征。具有这类价值取向的人，往往沉湎于精神世界中，为功名而割舍其他的兴趣爱好。这些人时间观念较强，总怀着紧迫感而忙忙碌碌，不太会因挫折和失败而屈服，对金钱、享受、爱情、家庭、健康等关心较少。功名型价值取向往往易转化为事业型价值取向，即逐渐把获得个人的名誉、地位、成功和自己所从事的事业结合起来，转化成为事业献身的动力。

（2）安稳型。安稳型价值取向以维持安稳太平的生活为特征。具有这类价值取向的人往往要求不多也不高，无忧无虑，平衡性较好。

（3）享乐型。享乐型价值取向以追求物质享受或精神享受为特征。具有这类价值取向的人工作上不大有进取心，精力主要放在个人享乐方面。他们或者比较热衷于经营自己的"安乐窝"，或者衣食较讲究，或者迷恋于某种感兴趣的活动，或者兼而有之。因为消费水平高，所以对金钱的需求量也大，往往对自己的工作不满意，这山望着那山高，有时敢于铤而走险。

（4）储蓄型。储蓄型价值取向以积敛金钱为特征。具有这类价值取向的人比较保守和固执，既不像功名型那样忘我地谋取功名，也不像享乐型那样积极地享受人生，而是以积敛金钱为乐事，或者为某种个人心愿而聚敛钱财。

（5）事业型。事业型价值取向以献身事业为特征。具有这类价值取向的人对个人利益考虑较少，一心扑在工作上。一般来说，他们不逾规矩，受人敬重。他们在精神上有支柱，事业上有追求，因而往往成为生产、科研方面的骨干，发挥榜样和带头作用，深得领导的赏识。

（6）模糊型。模糊型价值取向以综合和多变为特征。具有这类价值取向的人见风使舵，受外部环境的支配，自己也不清楚自己到底追求的是什么。他们什么都想获取，又缺乏动力和毅力，常常在困难和挫折面前抽身却步，情绪不稳定，无信仰、无理想。

小知识 3-4   **格雷夫斯的价值观分类**

组织行为学家格雷夫斯在大量调查研究的基础上，把错综复杂的、多种多样的价值观按其表现形式的不同，归纳为七个等级：

第一级，反应（reactive）型价值观。这类人并未意识到自己和周围的人是作为人类而存在的，他们只是对自己基本的生理需要做出反应，而不考虑其他条件，类似于婴儿或脑神经受损伤的人一样。这类人在组织中很少见。

第二级，宗法式忠诚（tribalistic）型价值观。这是从父母或上级那里学到的价值观，其忠诚带有封建的色彩。这类人喜欢按部就班地看问题、做事情，依赖成性，服从习惯与权势，喜欢有一个友好而专制的监督和家庭似的和睦集体。

第三级，自我中心（egocentric）型价值观。这类人性格粗犷，富有闯劲，为了获得自己所期望的报酬，愿做任何工作，愿意服从严格要求的上司。

第四级，顺从（conformity）型价值观。这类人具有传统的忠诚和尽职的性格，勤勤恳恳，小心谨慎，喜欢任务明确的工作，重视安全和公平的监督方式。

第五级，权术（manipulative）型价值观。这类人重视现实，好活动，有目标；喜欢成就和进展，喜欢玩弄权术的、运用诡诈手法的工作，乐于奉承"有奔头"的上级；常通过摆布别人、篡改事实达到个人目的。

第六级，社交中心（sociocentric）型价值观。这类人重视工作集体的和谐，喜欢友好的监督和人与人之间的平等关系，把善于与人相处和被人喜爱看得比自己的发展还要重要。

第七级，存在主义（existential）型价值观。这类人喜欢自由和创造性的工作与灵活的职务，重视挑战性的工作和学习成长的机会，认为金钱和晋升是次要的；能高度容忍模糊不清的意见和不同观点的人，对僵化的制度和方针、空挂的职位、权力的强制使用等能提出直言不讳的批评。

3.3.3 价值观对公关活动的影响

1）价值观对公众的态度制约

公众受价值观的影响，对自己的行为方式及其表现程度可能采取一定的克制，这就是所谓的态度制约。

（1）个人与集体的关系方面。如果社会价值观偏重于个人活动和创造性，而不是集体的合作，那么个人的独特性就会受到提倡，于是消费偏重于个人就成了自然的事。

（2）守旧与变革的关系方面。如果社会价值观倾向于传统的行为模式，公众也可能维持原来的生活状态。在这方面，英国人比美国人具有更明显的保守特性。例如，英国妇女认为老式家具质量可靠，而美国妇女则认为家具的款式越新越好。

（3）竞争与合作的关系方面。例如，中国传统价值观主张合作，因而褒奖合作的谚语就多，如"共同发展""齐心协力"等；而具有竞争价值观的人的做法则不同，他们的观点是"挤掉对手""占领市场""出人头地"，甚至独霸市场。

（4）年轻人与老年人的关系方面。有的文化价值观认为，智慧和威望属于老年人。在这种环境里，年轻人往往跟着老年人走。有的文化价值观则完全相反，认为创新和希望属于年轻人一代，在这种环境中，老年人不服老，总喜欢使自己显得年轻一些，因而这种社会无专门的老年人用品，只有针对老年人延年益寿的补药。

（5）男性与女性的关系方面。有的价值观重男轻女，社会权力在很大程度上偏向于被男性掌握。社会观念上重男轻女的程度如何，势必影响妇女的经济地位、就业、消费、在家庭中的影响力等。当然，随着社会的进步，男女平等的价值观被越来越多的人接受。但人类必须正视这样一个现实：男女真正平等的国家，在世界上是很稀少的。正因如此，有的学者认为，妇女地位的提高和男女真正平等是一个民族、一个国家真正民主、自由、文明的表现。

2）价值观对公众心理倾向的引导

公众在价值观的影响下，对事物和人都会做出一定的反应，确定自己的生活目标和基本动机，并以此为导向，形成自己的活动方式和具体活动内容。这就是价值观对公众心理倾向的引导。公关人员了解各种文化价值观的倾向性及其强度，就能顺利预测公众的心理倾向，引导这种倾向和相关的行动。

（1）积极或消极。社会对积极进取是否给予较高评价，是否鼓励在生活中采取积极的态度，会对公众的心理起到引导的作用。例如，国家鼓励人们勤劳致富，鼓励对有重大发明、有突出贡献的科技工作者实行重奖，对获得世界冠军的运动员、教练员实行重奖都是倡导积极努力的精神，鼓励对生活、事业采取积极的态度。这与那种"吃大锅饭""反对冒尖"的中庸之道的价值观是不同的。由于采取了对积极生活、奋发向上的人加以鼓励的做法，很快就形成了整个社会的进取心理。

（2）物质追求或精神追求。在社会文化观念中，物质财富是不是能比精神财富带来更高的地位？道德、精神文明、知识等非物质的东西是否受到重视？对这些关系的不同倾向的评价，将有力地影响人们的心理和行为。随着物质生活的极大丰富，人们越来越注重对精神生活的追求。当然，无论是精神上的富有、物质上的贫乏，还是物质上的富有、精神上的贫乏，都是不正确的。不过，作为组织、作为公关人员一定要懂得物质、精神两大支柱对公众的影响和制约作用，唯有如此才能顺利地开展工作。

（3）勤勉或悠闲。拥有不同价值观的人对勤勉、悠闲有不同的理解。有些文化价值观把悠闲、宁静的生活当作志趣，当作高雅的表现；有些文化价值观则截然相反，认为要居安思危，要不懈奋斗。随着认识的提高，人们对勤勉或悠闲又有了新的认识，提出了"干得舒心，玩得痛快""工作、事业要勤勉，生活要悠闲"等新理念。因此，社会在出现了高科技、高效率的生产线的同时，又出现了兴旺的娱乐业和旅游业。

（4）冒险或求稳。在一个稳定发展的社会，冒险往往是谋取出人头地机会的代价，社会观念也赞扬和鼓励冒险精神。而在动荡不安的社会里，人们难以预测未来，因而防范他人，于是安定就成了其追求的目标。这是因为公众已饱受各种动荡的威胁，为此付出了太多的代价，所以他们更加追求安定。

冒险或求稳，不仅是人们的精神动力，也是人们的行为方式。这种动力或行为方式直接影响公众与组织的各种关系和共同活动。

3）价值观对公关活动的影响

认识不同群体或个体的价值观，对于有效地开展公关活动、制定公关策略都是十分必要的。

（1）把握公众价值观的差异性，加强公关活动的针对性。公众的价值观受公众的需要、兴趣、观念的影响而存在差异。例如，"新鲜"是南方人对食品的一种价值观念，蔬菜要新鲜、鱼虾要鲜活、食物的蒸煮火候不能过头等。某省一个粮油公司想向香港销售冷冻水饺，他们认为这种省时、省事的食品会符合香港人"时间就是金钱"的观念，一定会受到香港消费者的喜欢，但其结果适得其反。究其原因发现，公司没有考虑到南方人对食品求鲜、求活的心理需要。因此，公关活动应根据不同公众的个别差异，有针对性地开展。

（2）把握公众价值观的社会性，加强公关活动的时代性。社会是不断发展进步的，价值观也随之发展变化。以人们对饮食的看法为例，随着社会物质生活水平的提高，人们从"吃得饱"到"吃得好"，再到"吃健康""吃体验"，饮食观念逐步发生变化。因此，公关活动也应随着这一观念的进步不断向公关主体提供各种反馈信息，以满足公众的需要。

（3）把握公众价值观的民族性，加强公关活动的灵活性。公众价值观受民族习惯和传统风俗的影响。例如，美国人不吃章鱼，不是因为它没有营养，而是美国人习惯把章鱼看作"妖怪"，因此被列入禁忌食品。又如，中国把红色视为吉祥、喜庆的象征，但在德国和瑞典，红色则被视为不祥之色。若中国的爆竹使用红色包装出口到这些国家，就违背了当地的风俗习惯，会导致销路不畅。再如，在东南亚的许多地区，咀嚼槟榔被视为高尚的习俗，黑黑的牙齿是威望的象征，若宣传某种牙膏可以"去掉牙齿上的锈斑，使牙齿洁白"，就会被认为这是对他们的侮辱。可见，公关人员在公关活动中应广泛地了解各民族的风俗习惯，"入乡随俗"地开展活动；否则，不但达不到公关的目的，反而会事与愿违、适得其反。

（4）把握公众价值观的层次性，加强公关活动的共鸣性。在公关活动中，公众的文化层次不相同，目标对象也就不一致，价值观的语言表述方式也会不一样。一种公关活动不可能针对所有的公众，越想包容各个层次的公众，反而越得不到公众的共鸣。因此，公关活动不可能各方面都做到雅俗共赏。例如，陕西某洗衣机厂正是针对公众的文化层次差异，抓住农村消费者的关注点，用陕西农民熟悉的语言，从农民所处的环境出发来评价该洗衣机："劲儿大，洗得又快又干净，特别适合咱农村使用。"同时，该洗衣机厂借助电视广告，在感情上与农民进行交流，使该品牌洗衣机很快打开了农村市场。

（5）把握内部公众的价值观，可以提高组织工作效率。研究组织中成员的价值观对研究和了解组织行为有着至关重要的作用，因为价值观是员工的态度、动机和行为的基础。由于人们在价值观方面存在差异，因此在同一组织中，有人注重工作成就，有人看重金钱报酬，有人重视权力地位。为追求组织的高效率和高效益，管理者在制定组织目标、战略和选择管理方法时，必须考虑组织成员和各种群体的价值观。

案例窗 3-2　　　　　　　　　　　培养共同的价值观

世界快餐业巨头——美国麦当劳快餐公司，有 30 000 多家连锁店，遍布世界五大洲。麦当劳快餐公司不是靠行政命令和直接监督统一起来的，而是靠独特的组织文化、共同的价值观。公司制定了共同的经营原则——保证质量、讲究卫生、服务周到、公平交易，并建立起共同的价值观——质量、服务、清洁、实惠。为了增强一体化的感觉，无论在哪个国家的连锁店，其建筑外形、内部装饰、服务人员的制服均采用统一的样式，并使共同的经营原则和价值观深入人心，化为自觉行动。

案例窗 3-2

案例点评

资料来源　朱吉玉. 世界500强经营管理之道 ［M］. 大连：东北财经大学出版社，2011.

知识掌握

1.什么是需要？

2.需要有哪些种类？

3.马斯洛需要层次论的内容和含义是什么？

4.什么是兴趣？了解情趣和志趣有何意义？

5.公众的兴趣有哪些差异？

6.什么是价值观？如何理解价值评价和价值取向？

7.了解公众价值观及其变化对公关的意义。

知识掌握 3-1

答案提示

知识应用

案例分析　　　　　　　　　　　美国老太太与中国老太太买房

40 多年前，美国老太太玛丽通过银行贷款购买了一套房子，如今玛丽已进入暮年。在明亮舒适的住宅里生活了大半辈子的玛丽临终前感到很满意，心想：我在自己中意的房子里度过了中年、晚年，现在银行的贷款已经还完了，我可以安心地去见上帝了。

与此同时，远在中国东部的一个城市，一位满头白发的中国老太太因为刚刚买到新房喜极而泣。她在狭窄阴暗的老房子里已经住了几十年，从年轻时就盼望有一套宽敞的住房，盼了整整一辈子，当她掏出自己一生的积蓄买到自己朝思暮想的新房子时，已经 70 多岁了。想到自己在这么好的房子里所能生活的年头已经不多了，她不禁有些悲伤，但又一想，毕竟为子女们留下了房产，又感到些许安慰。

资料来源　单凤儒. 营销心理学 ［M］. 北京：高等教育出版社，2003.

问题：（1）这则案例说明了什么问题？

（2）你赞成哪种观点，为什么？

分析提示：这则案例充分地反映了东西方不同文化背景下消费观念的显著差异。以中国文化为代表的东方文明，崇尚勤俭节约，有较强的储蓄倾向，即"攒够钱再花"；西方文明则崇尚"及时行乐"，即花明天的钱，享受今天的快乐。随着社会的发展和东西方文化的交融，我国有越来越多的消费者，特别是年轻消费者，享受超前消费。

实践训练

（1）在班级组织一次关于现代年轻人价值评价和价值取向的讨论或调查。

（2）了解并讨论当前东西方价值观的主要差异及其变化。

心理小测验

得克萨斯社交行为问卷

下列题按5级评定，即A"完全不是"、B"不太像"、C"有点像"、D"差不多"、E"非常符合"。

组一

★1.除非别人先跟我讲话，一般我不愿先开口。

2.我认为我很自信。

3.我对自己的外表很自信。

4.我是个善于交际的人。

★5.在人群中，我很难想出得体的话题。

★6.在人群中，我通常去做符合别人需要的事，而不是提出建议。

7.与其他人的意见不同时，我的观点常占优势。

8.我认为自己是一个有意于左右局面的人。

9.别人看得起我。

10.我喜欢社交聚会的原因只不过是愿意与人们在一起。

★11.我很留意别人的脸色。

★12.我似乎无法让别人注意我。

★13.我不愿对别人负太多责任。

14.一个有权势的人接近我时，我感到很舒服。

★15.我认为自己优柔寡断。

16.我对自己的社交才能毫不怀疑。

组二

★1.我认为自己在社交上很笨拙。

★2.我常发现，如果与别人的看法相冲突，我很难坚持自己的观点。

3.我很愿意把自己看作一个个性极强的人。

4.如果我在某个委员会中任职，我很乐意管事。

5.我常期望在我所做的事上取得成功。

6.和地位比我高的人打交道，我感到很舒服。

7.我喜欢与人周旋，热衷于寻找社交接触的机会。

8.我对自己的社交举止很自信。

9.我有把握与我遇到的任何一个人接近并打交道。

10.我认为自己很快乐。

11.我喜欢面对一大群听众。

★12.当我见到陌生人时，我常常会想他比我强。

★13.对我来说，开口同陌生人交谈很困难。

14.当必须做出决定时，人们会很自然地转向我。

15.在社交环境中，我感到很踏实。

16.我喜欢对别人施加我的影响。

计分方法：

凡正向题（无★）A、B、C、D、E的得分分别为1分、2分、3分、4分、5分，反向题（标有★）的得分相反，即A、B、C、D、E的得分分别为5分、4分、3分、2分、1分。总分范围为32~160分，高分表示高自尊、高社交技能。

第4章
公众的心理定式

【学习目标】

在学习完本章以后，你应该能够：
- 了解公众心理定式的基本内涵；
- 明确公众心理定式的基本特点及作用；
- 认识个体心理定式和群体心理定式的基本形态及运用；
- 掌握流行心理定式的内容及公关对策。

思维导图

　　这一案例表明：在日常生活中，人们看问题、做事情往往自觉不自觉地受心理定式的影响。这种心理定式会持久地影响人们对人和事物的看法，左右人们的思想和行为，也会影响人们的社会交往。心理定式是一个普遍的、常见的心理现象。这种心理现象具有固定性、共同性等特点，它持久地、全面地影响和推动着人的行为。把握公众心理定式及其特征是组织与公众建立良好关系的必要前提。

4.1　公众心理定式概述

4.1.1　公众心理定式的含义

　　公众心理定式是指在过去经验的影响下，人对外界事物进行感知和评价的心理准备状态。它表现为心理上的一种"定向趋势"或"固定模式"。

　　这种趋势或模式使人们在认识事物或从事某项活动之前，已形成了一种心理准备状态，影响人们的信息接收、态度变化及行为举止，使人们不自觉地顺着一定的倾向性去解释所得到的信息，去感知和评价事物，从而使客观感知带上了主观色彩，无意识地影响人的行为。

4.1.2　公众心理定式的基本形态

　　公众的心理定式不只是一种个体心理现象，也是一种群体心理现象。普通心理学主要研究个体的心理定式，公关心理学不仅要研究个体的心理定式，还要关注群体心理定式和流行心理定式。

　　（1）个体心理定式。它是个体在具体事件中表现出来的反映当事人个体认识倾向的心理定式。它的特点是易受暗示，情感性强，理智往往被情感所控制。常见的个体心理定式有首因效应、近因效应、晕轮效应、经验效应和移情效应。

　　（2）群体心理定式。它是一定范围内的群体在共同生活过程中所形成的一种人数众多、积淀深厚、作用广泛的心理定式。其特点是具有广泛的社会性、较大的潜伏性和稳定性，且根深蒂固。群体心理定式主要包括社会刻板印象、社会习俗、传统文化心理等。

　　（3）流行心理定式。它是个体或群体在一定时期内由于相互影响而形成的一种时间较短的、带有爆发性的社会心理定式。它具有较大的可变性，往往一哄而起，而后销声匿迹。它虽然存在时间较短，但往往来势不可阻挡，对人们的心理和行为具有很大的冲击力。流行心理定式主要包括流行、流言、社会舆论和集体骚乱等。

4.1.3 公众心理定式的特点

公众的心理定式一般具有下列特点：

（1）准备性。心理定式的定义明确告诉我们，它是人们对外界事物进行感知和评价的心理准备状态。这种潜在的准备状态是受过去的经验影响和制约的。它能使公众的心理不自觉地沿着定式的方向和思维框架，形成一种心理的"惯性作用"。它影响和决定着公众心理的认识及行动的方向和速度。

（2）自发性。人们不一定能自觉地意识到自己的心理定式，但心理定式一定会在其以后的认知和行为活动中自发地反映出来，类似于条件反射的心理状态，自发地制约着公众的行为。比如，信仰基督教的足球运动员，在关键时刻，如罚点球、守点球时，总是不断地说"上帝保佑"，并在胸前画"十"字，就是宗教心理定式自发性的表现。

（3）动力性。它是指心理定式对公众行为具有驱动、干预的主动性。当它表现出来时，就会成为一种动力，形成难以控制的力量影响人们的行为。比如，听说某人是曾经蹲过监狱的"犯人"，我们马上就会敬而远之。

（4）固着性。它或称稳定性、习惯性，是指某一心理定式一旦形成，就会在人的心理活动中占据一定的位置，不会轻易消失，并形成习惯。这个特点往往会使人形成僵化的思维模式，造成"偏见"，并用"有色眼镜"看人，使人不能客观地认识人和事物，造成认知的偏差。

4.1.4 公众心理定式的作用

公众心理定式的作用，无论是从主观认识还是从客观效果来看，都具有双重性。双重性体现在它既有积极的一面，人们可以依靠心理定式迅速地认知事物、准确地判断事物的发展趋势，提高行为活动的效率，又有消极的一面，心理定式影响人们对事物的客观评价，成为人们正确认识事物的心理障碍。

具体来讲，公众心理定式的作用主要体现在以下三个方面：

第一，它通过人的知觉习惯起作用，即人们遇到问题的时候，往往根据自己已有的记忆、感知来判断当前事物，得出"这种事情肯定是……"的结论，从而对当前情况做出迅速反应。

第二，它以先入为主的观念影响人们，即人们总是以一种习惯模式或一种自以为符合逻辑的方式在思考。这样，人们往往会不自觉地歪曲客观信息，发生认知偏差。比如，人们一般认为老年人总是保守的，不喜欢新事物；年轻人喜欢冒进，办事不牢等。

第三，它通过情绪和心境来制约人的心理与行为。特定的情绪和心境能使其主体产生特定的自我体验，并投射到与其发生关系的人或事上，从而使人的活动带上主观情绪色彩。比如，热恋中的人是通过"玫瑰色"眼镜来看待世界的；而悲观厌世的人，看到的一切都是"灰色"的。

由此可见，心理定式是一种常见的、不可避免的心理状态，对人的心理和行为的影响与制约作用是很大的。既可以对人的心理和行为起积极的推动作用，又可以给人的认识造成一种障碍，产生不良的消极影响。因此，公关人员必须重视研究心理定式的规律，一方面要防止和遏制公众不良的心理定式给组织与公关活动带来的不良影响；另一方面要积极利用公众的心理定式，顺应公众心理定式的指向，因势利导，为公关工作服务。

4.2 个体心理定式

个体心理定式是个体在长期生活中形成的，通过具体事件表现出来的一种稳固的心理状态和心理活动方式。它主要包括首因效应、近因效应、晕轮效应、经验效应和移情效应等几种形式。

4.2.1 首因效应

首因效应或称第一印象，是指人们首次认知客观事物时形成的印象往往十分深刻，并对以后的认知起着重要的影响和指导作用。这种第一印象在人们以后的认知过程中，不断地在其头脑中出现，产生先入为主的作用，制约着新的印象。

在现实生活中，无论是介绍对象、找工作，还是各种社交活动，一个人给人留下的第一印象往往会成为人们对他的基本印象，很难改变。因而，公关人员参加各种社交活动时要特别慎重，注意自己的仪表风度，力争给公众留下良好的第一印象。

4.2.2 近因效应

近因效应是指最近的信息所形成的印象对人的认知活动的影响十分深刻。它和首因效应是相对应的。一般来说，首因效应对初次或短期交往作用较大，当面对长期和较熟悉的事物时，首因效应会淡化，而最近的印象会成为新的心理定式，给人留下较深刻的印象。比如，一个一贯表现很差、学习不用功的学生，近来各方面表现都很好，成绩也直线上升，一跃进入班级前十名，老师和同学们则会刮目相看，大加赞赏，对他的印象甚至比对一贯优秀、稳居前几名的同学的印象更好。这就是近因效应的反映。所谓浪子回头金不换，也是这个道理。

近因效应给我们的启示是，当第一次给人留下不好的印象时，并非世界的末日，不可改变。只要不断努力，用真诚打动人、用实力说服人、用事实改变人，最终会赢得别人的信任，甚至更好的评价。相反，再知名的企业、再好的产品，一旦出现偷工减料或假冒伪劣情况，欺骗消费者，好的形象也会一落千丈，造成不可估量的损失。

4.2.3 晕轮效应

晕轮效应是指人们在社会认知过程中，把认知对象的某个特征不加分析地扩展到其他方面的现象，就像晕轮或月晕一样，从一个中心亮点向外扩散，使周围笼罩在一片光环下。所谓一俊遮百丑、情人眼里出西施，便是晕轮效应的典型反映。

在日常生活中，晕轮效应往往潜移默化而又强有力地影响着我们对客观事物的评价。比如，有的领导对一些青年的衣着打扮或生活习惯看不顺眼，于是就把他们看得一无是处；相反，喜欢一个人就连他的缺点也成了优点。可见，晕轮效应是典型的以点带面、以偏概全的认知偏差。

小思考 4-1

　　海尔集团在成功地塑造了"海尔"这个知名品牌后，乘势进行品牌延伸，除了生产海尔电冰箱、电视机、空调之外，还生产海尔电脑、手机等诸多产品，并且都取得了成功。这是运用了什么心理原理？

小思考 4-1

分析提示

4.2.4　经验效应

　　经验效应是公众个体在进行认知时，总是凭借自己的经验对对象进行认识、判断、归类的心理定式。比如，人们一般认为进口产品的质量要比国产的好；大型商场的产品一般质量好、价格高；个体商店经营灵活，可以砍价等。

　　毫无疑问，经验是非常重要的，有助于人们对对象做出概括性的了解，并根据经验进行推理和归类，从而迅速做出判断和反应。但是，经验既是一种财富，也是一种束缚，在当今这个变化万千的世界中，用一种固定的经验千篇一律地看待一切人和事，难免会陷入僵化。因而，公关人员不能迷信经验，要不断充实、发展新经验，与时俱进，全面、客观地认识新事物。

　　组织在开展公关活动时应注意公众经验效应的影响。许多公众有过因组织虚假宣传而上当受骗的经历，对公关活动持怀疑、不信任的态度。所以，公关人员一方面要利用公众的经验效应来巩固组织在公众中的良好形象；另一方面要设法消除公众不良经验效应产生的心理障碍，用危机性公关手段或独创性公关策略重塑组织形象。

4.2.5　移情效应

　　移情效应是指人们习惯于将对某一特定对象的情感迁移到与该对象相关的人或事物上去。"爱屋及乌"就是典型的移情效应的反映。

　　移情效应与晕轮效应都是一种知觉的泛化，但晕轮效应多指由对象的局部泛化到整体，而移情效应则是由对象泛化到与之相关的事物上。人是充满感情的，在社会生活中，常常自觉不自觉地受到情绪的影响，产生移情效应。比如，年轻人喜欢某位明星，进而会喜欢与他（她）相关的一切事物。正因为如此，许多厂商就请最受欢迎、最具人气的名人、明星来做企业或产品的形象代言人，目的是想把公众对明星的喜爱之情转移到企业或产品上来。

4.3　群体心理定式

　　群体心理定式是指一定范围内的人群共有的、积淀深厚且作用广博的心理习惯与思维方式。它一般能反映出不同地区、不同民族、不同国家的人由于文化背景的不同而产生的不同心理习惯和思维认知模式。它主要包括下列内容：

4.3.1   刻板印象

刻板印象是指社会公众对某一类人或事物所形成的共同的、比较固定的、笼统的看法。其形成过程就是按照预想的方式把人分成若干类型，然后分别贴上固定的"标签"。比如，在我们的心目中，英雄有英雄的风姿，小人有小人的奸相；文人有文人的风仪，武夫有武夫的气概。一般来说，职业、地区、性别、年龄等都可以成为各种刻板印象形成的基础。如北方人豪爽、粗犷，南方人精明、细致；老年人稳重、保守，年轻人冒失、冲动等。

小知识4-1　　　　　　　　　　　　　**民族刻板印象调查**

美国1967年对普林斯顿大学的学生进行过有关民族性的刻板印象调查，结果显示如下：

美国人：勤奋、聪明、实利主义、有进取心。

英国人：爱好运动、聪明、因袭陈规、传统、保守。

非洲人：迷信、喜欢自在的生活、爱好音乐。

犹太人：精明、吝啬、勤奋、聪明。

意大利人：爱艺术、冲动、感情丰富、爱好音乐。

德国人：有科学头脑、勤奋、不易激动、聪明、有条理。

日本人：聪明、勤奋、进取、精明、狡猾。

爱尔兰人：好斗、急躁、机智、诚实、信教。

……

我们常说，物以类聚、人以群分。刻板印象普遍存在于人们的意识之中，这是由于人们生活在同一条件下时会产生许多共同点。而刻板印象就是对这些共同点的概括，虽然失之偏颇，但并非毫无根据，它常常能揭示群体的一些典型属性。

刻板印象的作用同样有积极和消极两方面。公关人员必须充分认识刻板印象的特点和作用，并采取正确的态度对待。一方面，要把刻板印象作为公关人员正确认识客观事物的手段和工具，顺应人们的刻板印象规律；另一方面，要看到刻板印象的消极作用，尽量采取有效的方法去改变人们的不良刻板印象以及由此造成的误解，从而保证组织与公众之间的正常交往和沟通。

案例窗4-1　　　　　　　　　　　　　**重塑温州形象**

改革开放初期，作为改革开放最前沿的城市之一——温州，给人的印象是：温州产品成了假冒伪劣的代名词，温州人成了制假、售假的高手。这种刻板印象的形成，严重影响了温州的进一步发展和温州人的对外交往。进入20世纪90年代，温州市政府开展了大规模的、轰轰烈烈的"重塑温州形象"的公关活动，以提高全民素质为基础，以诚实守信为核心，从而逐步改变了人们对温州的不良刻板印象。

案例窗4-1

案例点评

4.3.2　社会习俗

社会习俗就是人们在长期的社会生活中逐渐形成的各种约定俗成的行为方式和规范。它会直接或间接地影响公众的心理状态和行为方式，因而也是群体心理定式的具体形式之一。

社会习俗是人类社会最早出现的社会行为规范，是人类在生产和生活中世代传承的习惯化的行为模式。它虽没有强制力，但潜移默化地制约着人的心理和行为。人们的一举一动、一言一行都要受到其所在社会的制约和影响。

社会习俗的内容相当广泛，具体包括信仰、语言、礼仪、饮食、婚丧嫁娶、节日和服饰等方面。它的形成既有政治、经济、文化的原因，也有社会心理的原因，既包括物质生活的内容，也包括社会活动方面的习惯等。

社会习俗一般具有下列特点：

（1）独特性。凡是作为社会习俗存在的，总是具有与一定的自然、社会基础相对应的，区别于其他地区的特殊意识和行为，从而建立社会成员共同认可并遵从的完整体系。

（2）长期性。社会习俗是人们在长期的社会、经济活动中逐渐形成和发展起来，并世代相传的行为模式，并非某个时期或一定历史阶段流行而逐渐消失的行为方式。

（3）社会性。社会习俗的产生、沿袭离不开社会环境。它是该社会所有成员共同遵守的、约定俗成的习惯，带有广泛的社会性。比如，就春节而言，凡是有华人的地方都要过春节。

（4）地域性。社会习俗是特定地域范围内的产物，通常带有浓厚的地域色彩。大到一个国家、一个民族，小到一个特定的地区，都有自己的风俗习惯。比如，我国傣族有泼水节，西班牙有斗牛节；我国北方人喜欢喝花茶，南方人喜欢喝绿茶等。

（5）非强制性。社会习俗的产生和沿袭不是采用强制的手段推行的，而是通过无形的相互影响和社会约束力产生作用，以潜移默化的方式影响着人们，使人们自觉不自觉地遵从这些习俗。

公关人员了解和把握社会习俗的特征及具体内容，对于成功地运用公关心理策略，避免违反禁忌将起重要的指导作用。

首先，公关人员要尊重不同地区、民族的礼仪习惯和禁忌习俗，并采取相应的公关措施去顺应和满足公众的这种心理定式与心理需求，如一些民族的语言禁忌、色彩禁忌和饮食禁忌等。公关人员在与不同民族公众的交往中，若因不了解或不注意犯了禁忌或者不懂礼节，就会引起对方不快，甚至因误解而发生冲突。

其次，要注意社会习俗的发展性和可变性，特别是在现代化的城市生活中和年轻人中，传统习俗的作用渐渐被淡化，新的"洋风俗"开始流行，如"圣诞节""情人节""愚人节"等。公关人员要全面了解和把握这种变化趋势，以便更好地开展公关宣传工作。

案例窗4-2　　　　　　　　　　　　不同社会习俗的误解

　　一位德国工程师到日本去谈判。谈判中当他提出意见时，日本谈判人员微笑着频频点头。他回国后满怀希望地期待了3周，可是得到的回答是：他所提的意见，半数以上遭到否决。他哪里知道，日本人的点头和微笑，不是同意的表示，只是一种礼节。

　　一位保加利亚的主妇招待一位亚洲的留学生。在保加利亚，如果女主人没让客人吃饱，是件很丢脸的事。一般客人吃完后，女主人照例要为客人再添一盘。而那位留学生所在国家的习俗是，宁可撑死也不能以吃不下来侮辱女主人。这样，一来二去，那位亚洲留学生竟撑得摔倒在地上。

案例窗4-2
案例点评

4.3.3　传统文化心理

　　传统文化心理是指在一定地域上生活着的群众或民族所形成的稳固的文化传统在心理上的反映。它包括地域文化心理和民族文化心理。传统文化心理以其社会的核心价值观为内容，从根本上影响和制约其成员的一切行为。

　　1）地域文化心理

　　地域文化心理是以地域的自然条件，以及政治、经济、历史、文化等特定内容为基础而形成的一种心理定式。这种心理定式侧重于公众衣食住行等方面的定式倾向，常常表现为乡土观念、乡规民俗及地域性格等。人们常说的"百里不同风，千里不同俗"，就是地域文化心理的反映。

　　地域文化心理主要有两种表现形式：一是以乡土观念为基础的地缘心理；二是以地域文化为基础的依从心理。

　　（1）以乡土观念为基础的地缘心理，在中国人中表现得最为充分。它指的是与出生地或居住地相关的家乡情结。不管是在海外，还是在国内，不管是打工仔，还是大学生，"老乡"观念都很重。侨居海外的华人，只要听到乡音，都会"老乡见老乡，两眼泪汪汪"，哪怕在外时间再长，想的也是"叶落归根"。改革开放以后，大批海外华人回国探亲和在家乡投资都是这种心理情结的反映。此外，在大学校园里，"同乡会"广泛存在；地方政府驻外的办事处，也常以地缘、老乡为纽带，成立"联谊会"，或招商引资，或沟通情感，开展各种公关活动。

　　（2）以地域文化为基础的依从心理是指依从于地域文化价值观的心理倾向。美国的社会学家经调查认为，东方人注重人际关系的和睦，谦恭、好客、尊重老人、感恩报德、群体观念强等；而西方人注重金钱、时间、效率、个人价值、男女平等等等。比如，我国的儒家文化就讲究"温、良、恭、俭、让"。这些地域文化强烈地影响着人们的思想和行为，使人们的心理深深地打上了地域文化的烙印。比如，在国际比赛前，西方人会充满自信地说"我就是为冠军而来的"；而中国人则会谦虚地、有所保留地说"我会努力争取获得较好的成绩"。

2）民族文化心理

民族文化心理是表现在共同文化基础上的民族的共同心理倾向。它与地域文化心理有很多共同点，但两者有一定的差异。民族文化心理主要体现在民族意识、民族情感、民族象征和图腾等方面。

民族意识是对本民族及其文化特点的认同，是民族文化心理的基础。民族情感是对本民族及其文化的热爱和归属的体验，是民族向心力的支柱。每个民族都崇拜、敬仰代表其民族意识、民族情感的民族英雄和民族领袖。

民族文化心理是最敏感、最强大、最不容侵犯的一种群体心理定式。公关人员在公关活动中应特别慎重，要尊重和顺应各民族的文化思想和文化情感。民族文化心理一旦被伤害，可能引起整个民族的仇视和群体的报复。比如，一度引起争议的某明星穿着类似日本国旗的服装拍照事件；前中国乒乓球世界冠军何智丽（小山智丽）代表日本和中国的邓亚萍比赛时，嘴里不停地说着"哟西、哟西"这个令中国人厌恶的词语，遭到国人的一片唾骂。这里的是非尚且不论，其社会影响是非常恶劣的，公关人员应从中吸取教训。

案例窗 4-3

20世纪初，英国一钢琴商人想到中国销售钢琴。他想，中国有4亿多人口，几乎是整个欧洲人口的总和，如果每1万人拥有1台钢琴，就需要4万台，这可是个大市场。于是他便先运来200台钢琴，在中国香港、广州等地试销。可是，一年过去了，只卖出了几台。显然，这是他不了解中国的传统文化所致。

案例窗 4-3

案例点评

小思考 4-2

小思考 4-2

"非常可乐"曾经用的广告语"中国人自己的可乐"，很受欢迎，为什么？

分析提示

小知识 4-3　　　　　　　　　中国传统文化心理

（1）中庸。中庸就是"不偏之谓中，不易之谓庸"，做到不偏不倚。中庸是中国人的一个重要价值观，几千年来一直深刻地影响着中华民族的思想和行为，凡事讲究"度"，反对超越"常规"的思想和行为。这种价值观反映在消费行为中，就是强调与他人看齐，强调与社会保持一致的重要性。

（2）重人伦。中国文化一向强调血缘关系，也就是以家庭为本位，亲属之间的相互依存关系很明显。个人的消费行为往往与整个家庭紧密联系在一起，其中更富有中国特色的是突出的亲慈子孝心理，如子女孝敬父母、父母为子女的发展不惜倾囊投资等。

（3）面子主义。中国文化的一大特色是人际交往中讲究自己的"形象"和在他人心目中的地位，重视"脸面"。因此，中国人对"丢脸"之事深恶痛绝，而对"露脸"之事则心驰神往。所以，中国人特别注重给别人、给自己留"面子"；否则，有关当事人就会因觉得"丢面子"而大为恼火。

（4）重义轻利。注重情义和精神价值，轻视物质利益，强调人与人之间的感情和道义，是中国文化的一大特色，也是中西文化之间的主要差异之一。这种重义轻利传统，主要表现在两个方面：一是在人际交往和正常的工作关系中过于重视超越规则的感情交流，"人情大于法""裙带关系"或朋友义气等经常干预或影响正式的组织行为；二是在人际交往中热衷于互相馈赠各种礼品，讲究"礼多人不怪"。

（5）怀旧恋古。中国人一向怀旧恋古，如对故乡的眷恋、对往事的回忆、对先人旧友的缅怀等，这些往往超过对未来的憧憬。而在消费上，这种"思古之情"又加上了现代科技的包装，使产品摇身一变成为"集传统秘方之精髓，采高科技研究创新之大成"的精品或"皇家贡品"等，大受欢迎。

（6）谦逊含蓄。中国文化一向崇尚谦逊含蓄。谦逊和尊重他人是中华民族一贯的道德准则，如谦称"在下"，尊称"您""君""阁下"等。一般来说，西方民族表现得较为外向和奔放，而中国人则比较内向和含蓄。中国人欣赏的是柔和、淡雅、内敛、朴素而庄重、和谐的美，而西方人则崇尚张扬、外露、色彩艳丽、极富震撼力的美。

4.4   流行心理定式

流行心理定式一般表现为社会公众或群体公众在一定时期内广泛追求、传播的一种心理和行为变化趋势，时间相对较短暂。它主要包括流行、流言、社会舆论和群体骚乱等形式。

4.4.1   流行

1）流行的含义

流行又称时尚、时髦等，是公众在一定时期、一定范围内共同追崇某种生活方式的社会心理现象。这种现象会导致人们彼此之间发生连锁性的感染而使其逐渐成为社会较普遍的现象。在传播途径十分发达的现代社会，流行表现得更为迅速、频繁，也更引人注目。

2）流行的特点

流行一般具有新奇性、骤发性、周期性、群体性和变动性等特点。

（1）新奇性。新颖、奇特是所有流行项目最显著的特征。人们追求时髦、时尚，大都是一些不拘一格的偏离传统的行为，是人们追求变化、表现自我的一种心理反映。

（2）骤发性。流行一般表现为在较短时间内，社会群体中的一部分成员争相模仿，并迅速将其扩展和蔓延的现象。流行的速度越快、公众表现得越狂热，往往寿命周期也越短。

（3）周期性。流行的变化具有周期性。今天时髦的事物，几个月之后也许就变成过时的东西；曾经陈旧的事物，若干时间后往往又被看作新潮的东西。美国学者A.L.克鲁伯曾研究女性时装的变化，发现5~25年会出现一个循环。时尚和传统总是在不断的否定之否定中循环往复。

（4）群体性。流行是社会上一部分人在一定时期内能够一起行动的心理倾向。任何形成流行的事物，必须能被多数人认同和参与。流行是社会群体成员争相模仿并相互感染的结果，没有一定群体的响应，就不能叫流行。

（5）变动性。流行一般是短期的、骤发性的。当流行项目成为十分普遍的项目时，也就不再流行，那些追求时尚的人就会抛弃它，又会去倡导和追求新的流行项目。所以，流行处于不断的变化中。社会越发展，社会变革越快，人们越需要有新鲜的刺激和变化。

3）流行的心理因素

流行并不具有社会的强制力。人们追求流行是基于心理上的种种需要，主要包括：

（1）从众与模仿心理。所谓从众心理，是指公众受到群体的影响，促使他们在知觉判断和行为上放弃自己的意见，而采取与大多数公众保持一致的心理。大多数人都害怕孤独，希望融入社会，并努力去适应周围环境，和社会或所属群体保持同步，以达到心理上的平衡，而追求和模仿流行就是最好的办法。

（2）求新、求奇意识。人的精神、情感是十分丰富的。社会生活的内容若缺少变化，人就会感到疲乏和厌倦，就希望有变化，并寻求新鲜的刺激。而流行和新潮的事物，恰恰能满足人的求新、求奇意识。

（3）表现自我个性。在生活中，有些人（多数是年轻人）往往喜欢标新立异，有意无意地想表现自己的与众不同。自我表现欲越强的人，追逐时尚、流行的心理就越迫切。他们追求流行就是为了表现自我、张扬个性。

从公关角度看，公关人员了解社会的流行趋势，自觉地关注流行的事，并顺应社会潮流的变化，迎合广大公众的心理需要，可使公关活动更顺利地开展，达到事半功倍的效果。

小思考 4-3

许多北方家庭，即使在夏天天气并不热也要买个空调，因为邻居都买了；有些人也不是因为想玩才去旅游，因为同事都去了。这是为什么？

小思考 4-3

分析提示

4.4.2 流言

所谓流言，是指一定时期内从非正式渠道传出，并在社会上或群体内迅速传播的消息。这种传播一般是口头的，内容并不一定真实可靠。流言可使本来被关心的问题变得更加被关心，使本来不被关心的问题成为被关心的问题，所以它具有一定的煽动性。流言的传播时间往往比流行短暂，一旦经正规消息渠道或媒体证实，流言便会悄然消失。

1）流言的类型

流言大致可分为三类：一是与人们的利益直接相关的，如经济形势、股市状况、物价涨跌等；二是与人们的利益间接相关的，如市场变化、机构调整、人事变动等；三是与一般人无关的奇闻趣事，如明星丑闻、名人隐私，以及各种道听途说的趣闻逸事等。流言有时也是谣言，但两者有区别，谣言一般怀有恶意，是捏造、诽谤的假消息，但生活中人们很难区别流言和谣言。

2）流言产生的心理依据

流言作为一种心理定式，之所以能够在一定范围内的社会成员中广泛传播，有它的心理依据。

（1）流言是一种情绪反映。从流言传播的内容看，多半是一些"坏消息"。俗话说："好事不出门，坏事传千里。"越是坏消息，越容易传播，因为流言所反映出来的情绪大多带有担心、恐惧、不满和幸灾乐祸的心理。

（2）流言是一种愿望反映。这种愿望有正面的，也有负面的。人们传播涨价的流言，是希望不要涨价；人们传播名人隐私、明星丑闻，希望其是事实，是妒忌心理在作祟，所谓人怕出名猪怕壮就是这个道理。

小知识4-4　　　　　　　　　　**流言形成的社会条件**

美国科学家G.奥尔波特指出流言的产生与传播有三个条件：

（1）在缺乏可靠信息的情况下，流言最易产生与传播。人们越是弄不清真实的情况，流言就越容易传播。

（2）在不安和忧虑的情况下，会促使流言产生和传播，如物价上涨、股市下跌，或国家处于战争状态、发生自然灾害等。

（3）处于一定社会情境中的人，突然被置于显要地位时，也容易产生关于他的流言。一般来说，关于个人的流言，往往针对处在比较重要社会地位的人，如各类明星、公众人物等。

3）流言传播的影响

流言传播的是不确切的消息，有的是无中生有，有的可能是确有其事，但一传十，十传百，以讹传讹，最后面目全非，故流言对个人或社会的负面影响是显而易见的。流言形成和广泛传播以后，会形成一种社会心理环境，影响着人的心理和行为。俗话说"假话说了一千遍就成了真话"，可见流言的危害性。中国历来就有"流言伤人""舌头底下压死人"之说。

不好的流言指向个人，可使人威信扫地、臭名远扬；指向组织群体，可以动摇"军心"，损害组织形象；指向政府和社会，可以引起风波和社会骚乱。所以，流言必须引起各级组织和公关人员的重视。

但流言是可以被制止的，因为它缺乏事实的依据。只要有关方面进行深入调查，向人们提供确切的信息，或追查到流言的根源，向人们澄清，增加透明度，流言会自动消失；相反，组织若是沉默、封锁消息，反而会增加信息的暧昧度，增强流言传播的强度和范围，造成的社会危害会更大。

这里需要补充的是，流言一般是消极的，但也可以发挥积极作用。合理地利用流言，也可达到组织的一定目的。比如，政府部门或组织单位要出台一项新政策，可以通过"小道"有意泄露，成为流言，试探社会公众或群体的反应，了解其意见，以便及时调整和发布政策。也有的企业或组织利用善意的流言制造一些花边新闻来为自己造势，扩大知名度，这也不失为一个较好的策略。

小知识4-5　　　　　　　　　　**流言传播的基本法则**

美国心理学家G.奥尔波特与波斯波曼在其合著的《流言的心理学》一书中提出了关于流言传播的基本法则：R=I×A。

其中，R为流言的"强度和流布量"，I为"重要度"，A为"暧昧度"。重要度是指事件对人们的影响力，通常与危机等紧急情况有关；暧昧度指信息不足、意思不明。

案例窗4-4

2003年春天，"非典"肆虐中华大地。一开始，人们并未重视它，在重灾区北京，有关部门怕引起骚乱，便隐瞒事实，封锁消息，结果反而造成更严重的后果。一时间，流言四起，造成全国范围的恐慌。为此，我国政府一方面采取积极的措施，抢救"非典"患者、预防和制止"非典"病毒的扩散；另一方面为平息流言造成的恐慌，由卫生部于每天下午5：00准时通过中央电视台和其他多种途径向全国通报"非典"疫情，保障信息畅通，增加透明度，切断流言的根源，从而保障社会的安定。

案例窗4-4

案例点评

4.4.3　社会舆论

社会舆论是指在社会上或群体中，人们对普遍关心的人和事公开地发表一致性的意见。社会舆论与流言不同，不仅传播信息，更主要的是表达了社会上或群体内多数人的意见和态度。

（1）社会舆论的形式。社会舆论可以分为自发形成和有意形成两种。自发形成的社会舆论，又称"民间舆论"，多为口头表达形式，没有组织与领导，往往是自下而上逐步形成的。这种舆论影响力比较小。有意形成的社会舆论，则是有组织、有目地通过各种媒介，自上而下地广为宣传，所以它的影响面宽，影响力较大，传播的速度也快，容易造成声势，并在较短的时间内产生强有力的效果。

（2）社会舆论的形成因素。社会舆论之所以容易被人们接受并传播，首先是它代表了公众的倾向性意见和综合观点，本身具有许多客观的、合理的因素。其次是公众在主观上早就有了一定的心理感受与心理准备，这种心理准备倾向遇到了舆论信息会产生心理共鸣。社会公众一旦接受了社会舆论，就会很快地把它加以扩散，以致社会舆论的形成与传播带有浓厚的情绪色彩。

（3）社会舆论的作用和公关。社会舆论是社会公众的意见，因而它具有强大的社会影响力。人们常说的"人心所向""众望所归"就是一种无形的动力，而"众怒难犯""千夫所指，不病而死"则是一种精神压力。社会舆论的具体作用表现在：

第一，社会舆论起着一种社会评价的作用。社会舆论代表的是大多数人的意见，是一种社会评价，因而可以产生一种社会控制力量，对个人、政府和其他社会组织等，都能起到一定的制约与监督作用。它可以净化社会风气，规范人们的行为，起到抑恶扬善的作用。政府和其他社会组织可借助舆论的力量，推行自己的政策和策略，给社会以有力的影响。

第二，社会舆论起着一种行为指导作用。比如，在人们购买商品、欣赏艺术作品时，舆论起着重要的导向作用。介绍某种商品或某种艺术作品的人，称为舆论指导者。通过舆论导向或媒体宣传，这一商品或艺术作品就更富有感染力、说服力和吸引力，甚至会引致社会流行。

第三，社会舆论起着一种社会鼓动作用。舆论往往是行动的先导。进步舆论会带来思想意识的变化、观念的更新，甚至会成为革命运动的先导。回想改革开放初期，要不是那场轰轰烈烈的关于"真理标准"问题的大讨论，为改革开放和以经济建设为中心必要的舆论准备，就难以冲破"两个凡是"的思想束缚，就无法打开改革开放的大好局面。

舆论可以反映人们的需要、态度和信仰，舆论又是行动的先导，是一种社会的力量。因此，组织在开展公关活动时要善于利用舆论的导向和宣传作用，为塑造组织良好形象服务，对不利于组织的负面舆论要及时消除影响。

4.4.4　群体骚乱

群体骚乱是指在某一特定场合或局部范围发生的扰乱和冲击社会正常秩序的群体行为，是公众在非正常状态或危机状态下的一种行为方式。

人们常常发现，在一些公共场合或人群聚集的地方，如电影院、体育场、车站、广场等，因为一些自然原因或偶然事件会引起人群的激烈互动，造成一定范围的混乱现象。公众在危机状态下，面对现实的或想象的威胁会做出非理性和不合理的心理与行为反应，往往导致交通阻塞、人员拥挤、踩踏伤亡，还会损坏公共设施和他人财物。

一般来说，骚乱极易发生在水灾、火灾、地震等自然灾害，或军事入侵、经济波动等社会危机状态下，也会发生在谣言引起的假想危机状态下，以及重大体育比赛、政治风波、大型聚会、明星演唱会等特定情景下。

1）群体骚乱的特点

一般来说，群体骚乱具有突发性、发泄性、交互感染性、破坏性和短暂性等特点。

（1）突发性。它是指群体骚乱一般没有事先准备和酝酿的过程，是无组织、无计划的突发行动，难以预见，往往是一群人由于对某种刺激的过敏反应而产生过激行为所导致的。群体骚乱中可能有带头者，但是很难确定，往往有人振臂一呼，周围人群体一响应，便产生骚乱。

（2）发泄性。群体骚乱往往又是公众内心情感的一种盲目发泄，由此产生一种非理智的狂热状态。骚乱者往往以失常的方式发泄自己的情绪，不可理喻。如重要的足球比赛，球迷骚乱屡见不鲜。

（3）交互感染性。它是指发生骚乱的人群成为一个临时性群体，情感和言行相互感染与模仿。在群体的作用下，个体往往会做出单独情景下他不敢做的事。此时，骚乱者只感受到群体的力量，只受群体行为的支配，人云亦云，一哄而上，不能自已。

（4）破坏性。它是指骚乱会引起围观、起哄、无理取闹，扰乱社会秩序，甚至打砸抢等，造成国家和人民生命、财产损失，或引起拥挤踩踏、群体斗殴，造成无辜人员伤亡等，给社会和人民造成极大伤害。

（5）短暂性。它是指骚乱靠的是一时的激情和冲动，持续时间一般不会太长，即使没有强制的外部力量，也会自行停止。但骚乱如被别有用心的人利用，有可能演变为规模较大的、时间较长的社会风波，甚至扩大为政治动乱。所以，有关部门和组织要予以高度重视。

2）群体骚乱的预防和公关活动

群体骚乱作为扰乱社会秩序的群体行为，其破坏性是显而易见的。因此，各级政府部门和各类组织，要了解骚乱者的心理和行为特征，掌握骚乱的发生、发展规律。在组织大型集会、开展大型活动时，要对可能发生的骚乱予以足够的重视。在人群容易聚集的地方，要事先做好预防，有组织、有计划地给予疏导；遇到紧急情况，要有应急措施，及时进行解释、说服，来缓解群体的骚动或恐慌情绪；及时化解矛盾，取得公众的理解、信赖和支持。防止和平息骚乱，不仅是政府和公安部门的责任，也是相关组织的责任。

具体来讲，在公关工作中防范和制止群体骚乱，应做好以下工作：

（1）建立并健全组织与公众的信息沟通渠道，广泛倾听公众的意见和要求，并通过信息反馈，及时化解公众的积怨，防患于未然。

（2）在组织开展大型活动，并有大规模群体聚集时，应搞好安全、保卫工作，有计划、有组织地进行人员疏导，防止拥挤踩踏事件的发生。

（3）当群体骚乱行为发生时，应迅速控制和制止少数人的过激行为，防止扩散、传染，遏制事态进一步发展。

案例窗 4-5

1985年5月19日晚，北京工人体育馆发生了震惊全国的球迷骚乱事件。当时，中国队和中国香港队进行足球比赛，只要打平，中国队就能进军世界杯，结果球输了。球迷气愤难忍，2万多名球迷不愿退场，数百名球迷围在中国队休息室外喊口号、扔砖头、砸玻璃，后又到外面拦截汽车、袭击乘客。据调查，当晚有25辆汽车被砸，40多名警察被打，两位北京市副市长的汽车也遭袭击。闹事者中有干部、学生、技术员、工人等，甚至还有教授。他们中的许多人在平时是不会如此野蛮的，但在当时的群体气氛中则失去了理性，盲目地融入闹事的人群，参与骚乱。

案例窗 4-5

案例点评

知识掌握

1. 什么是心理定式？它有哪几种基本形态？

2. 心理定式有哪些特点和作用？

3. 什么是首因效应、晕轮效应、移情效应？

4. 了解近因效应对我们有何启示。

5. 什么是刻板印象？

6. 结合实际，分析中国传统文化对我们行为的影响。

7. 什么是流行和流言？了解它们对开展公关活动有何意义。

8. 分析群体骚乱产生的心理根源和预防措施。

知识掌握 4-1

答案提示

知识应用

案例分析1　　　　　　　　中国抗击新冠肺炎疫情危机公关纪实

一、中国抗击疫情的艰辛历程

新冠肺炎疫情是中华人民共和国成立以来发生的传播速度最快、感染范围最广、防控难度最大的一次重大突发公共卫生事件，对中国是一次危机，也是一次大考。中国共产党和中国政府高度重视、迅速行动，习近平总书记亲自指挥、亲自部署，统揽全局、果断决策，为中国人民抗击疫情坚定了信心、凝聚了力量、指明了方向。经过艰苦卓绝的努力，有力扭转了疫情局势，用一个多月的时间初步遏制了疫情蔓延势头，用两个月左右的时间将本土每日新增病例控制在个位数以内，用3个月左右的时间取得了武汉保卫战、湖北保卫战的决定性成果，疫情防控阻击战取得重大战略成果，维护了人民生命安全和身体健康。

第一阶段：迅即应对突发疫情（2019年12月27日至2020年1月19日）。

2019年12月27日，湖北省武汉市监测发现不明原因肺炎病例。中国第一时间报告疫情，迅速采取行动，开展病因学和流行病学调查，阻断疫情蔓延。及时主动向世界卫生组织以及美国等国家通报疫情信息，向世界公布新型冠状病毒基因组序列。12月31日凌晨，国家卫生健康委派出工作组、专家组赶赴武汉市。

1月9日，国家卫生健康委专家组初步判断为新型冠状病毒。1月18日至19日，明确新型冠状病毒出现人传人现象。

第二阶段：初步遏制疫情蔓延势头（1月20日至2月20日）。全国新增确诊病例快速增加，防控形势异常严峻。中国采取阻断病毒传播的关键一招，坚决果断关闭离汉离鄂通道，武汉保卫战、湖北保卫战全面打响。1月22日，中共中央总书记、国家主席、中央军委主席习近平做出重要指示，要求立即对湖北省、武汉市人员流动和对外通道实行严格封闭的交通管控。1月23日10时起机场、火车站离汉通道暂时关闭。1月24日开始，从各地和军队调集346支国家医疗队、4.26万名医务人员和965名公共卫生人员驰援湖北省和武汉市。1月25日（农历正月初一），中共中央总书记习近平主持召开中共中央政治局常务委员会会议，成立应对疫情工作领导小组，布置防疫工作。

第三阶段：（2月21日至3月17日）。本土新增病例数逐步下降至个位数

湖北省和武汉市疫情快速上升势头均得到遏制，全国除湖北省以外疫情形势总体平稳，疫情防控取得阶段性重要成效。

第四阶段：取得武汉保卫战、湖北保卫战决定性成果（3月18日至4月28日）。以武汉市为主战场的全国本土疫情传播基本阻断，离汉离鄂通道管控措施解除，武汉市在院新冠肺炎患者清零，全国疫情防控阻击战取得重大战略成果。3月25日起，湖北省有序解除离鄂通道管控措施，撤除除武汉市以外地区所有通道（市际、省界通道）检疫站点。4月4日清明节，举行全国性哀悼活动，深切悼念抗击新冠肺炎疫情斗争牺牲烈士和逝世同胞。4月8日起，武汉市解除持续76天的离汉通道管控措施，有序恢复对外交通。4月26日，武汉市所有新冠肺炎在院患者清零。

二、防控和救治两个战场协同作战

面对突发疫情侵袭，中国政府采取最全面、最严格、最彻底的防控措施，前所未有地采取大规模隔离措施，实现"应收尽收、应治尽治"，遏制了疫情大面积蔓延，改变了病毒传播的危险进程。

（一）建立统一高效的指挥体系。在以习近平同志为核心的党中央坚强领导下，建立中央统一指挥、统一协调、统一调度，各地方各方面各负其责、协调配合，集中统一、上下协同、运行高效的指挥体系，为打赢疫情防控的人民战争、总体战、阻击战提供了有力保证。习近平总书记亲自指挥、亲自部署，主持召开 14 次中共中央政治局常务委员会会议、4 次中共中央政治局会议，国务院总理、中央应对疫情工作领导小组组长李克强主持召开 30 余次领导小组会议，对加强疫情防控、及时做出决策部署。

（二）构建全民参与严密防控体系。针对春节期间人员密集、流动性大的特点，中国迅速开展社会动员、发动全民参与。通过超常规的社会隔离和灵活、人性化的社会管控措施，打响抗击疫情人民战争。第一时间切断病毒传播链。对湖北省、武汉市对外通道实施最严格的封闭和交通管控，实施最严边境管控，牢牢守住社区基础防线，把防控有效落实到终端和末梢。

（三）全力救治患者、拯救生命。集中优势资源加强重症救治；对轻症患者及早干预治疗；对患者实行定点集中治疗；实施患者免费救治。截至 2020 年 5 月 31 日，全国各级财政共安排疫情防控资金 1 624 亿元。

（四）依法、及时、公开、透明发布疫情信息。建立最严格且专业高效的信息发布制度，第一时间发布权威信息，速度、密度、力度前所未有。建立严格的疫情发布机制。依法、及时、公开、透明发布疫情信息，坚决防止瞒报、迟报、漏报。2020 年 1 月 21 日起，国家卫生健康委每日在官方网站、政务新媒体平台发布前一天全国疫情信息，各省级卫生健康部门每日统一发布前一天本省份疫情信息。建立多层次、多渠道、多平台信息发布机制。依法适时订正病例数据。发布每日疫情信息，解读政策措施，普及科学防控知识，澄清谣言传言，引导公众理性认识新冠肺炎疫情，消除恐慌恐惧。加强社会舆论引导，各类媒体充分传递抗击疫情正能量，同时发挥舆论监督作用，推动解决疫情防控中出现的问题。

资料来源　节选自国务院新闻办公室 2020 年 6 月 7 日发布的《抗击新冠肺炎疫情的中国行动》白皮书.

问题：这则案例的成果经验和社会意义分别是什么？

案例分析 2　　　　　　　　　　　　　重庆火锅"底料"的风波

"重庆火锅"作为重庆的名片，享誉全国，在全国的连锁店不计其数，经济效益十分可观。然而，个别商贩急功近利，打着"重庆火锅"的旗号在制作底料时以次充好，甚至放入"石蜡"等有毒配料，结果被媒体曝光。全国一片哗然，各大媒体竞相报道，"重庆火锅"面临严重危机。

在这紧急关头，重庆火锅协会立即组织公关活动。通过媒体公告，悬赏 100 万元追查造假真凶，并通过中央电视台，向全国消费者发表公告："各正规连锁店绝不使用劣质有毒的火锅底料，如有举报，经查实重奖举报者 50 万元。"后来，该协会又把投案自首的造假者请到中央电视台"现身说法"。通过这样一系列的公关活动，"重庆火锅"才逐步消除恶劣影响，平息了这场风波。

　　问题：这则案例说明了什么？我们从中应总结什么经验？

　　分析提示："重庆火锅"的这场底料风波，若不及时消除影响，消费者自然会形成"重庆火锅底料有毒"的心理定式，"重庆火锅"有可能遭遇灭顶之灾。可喜的是，重庆火锅协会能够因势利导，不失时机地开展一系列公关活动，消除了不良的影响，在消费者心中重新建立了"值得依赖"的心理定式。

实践训练

　　结合生活实际，分析大学生（尤其是女大学生）应如何应对走向社会后可能面临的各种心理定式的影响。

心理小测验

人际合作能力测验

　　1.如果某位中学校长请你为即将毕业的学生举办一次介绍公司情况的晚间讲座，而那天晚上恰好播放你最喜欢的电视连续剧的最后一集，你是：

　　A.立即接受邀请　B.同意去，但要求改期　　C.以有约在先为由拒绝邀请

　　2.如果某位重要客户在周末下午来电话，说其购买的设备出了故障，要求紧急更换零部件，而主管人员及维修师均已下班，你是：

　　A.亲自驾车去30公里以外的地方主动送货

　　B.打电话给维修师，要求他立即处理此事

　　C.告诉客户下周才能解决

　　3.如果某位与你竞争最激烈的同事向你借一本经营管理畅销书，你是：

　　A.立即借给他　　B.同意借给他，但声明此书无用

　　C.告诉他书被遗忘在火车上了

　　4.如果某位同事为方便自己出去旅游而要求与你调换休息时间，在你还未确定如何度假的情况下，你是：

　　A.马上应允　　　B.告诉他你要回家请示夫人

　　C.拒绝调换，推说自己参加旅游团了

　　5.如果你在急匆匆地赶去赴约的途中看到你同事的车出了故障，停在路边，你是：

　　A.毫不犹豫地下车帮忙修车

　　B.告诉她你有急事，不能停车下来帮她找修理工

　　C.装作没看见，径直驶过去

　　6.如果某位同事在你准备下班回家时，请求你留下来听他"倾吐苦水"，你是：

　　A.立即同意　　B.劝他等第二天再说　　　C.以夫人生病为理由拒绝他的请求

　　7.如果某位同事因要去医院探望夫人，请求你替他去接一位乘夜班机来的大人物，你是：

　　A.立刻同意　　B.找借口劝他另找别人帮忙　C.以汽车坏了为由拒绝

8.如果某位同事因其儿子想选择与你同样的专业，请你为他做些就业指导，你是：

A.马上同意

B.答应他的要求，但同时申明你的意见可能已经过时，他最好再找些最新资料做参考

C.只答应谈几分钟

9.某次会议上你的演讲很精彩，会后几位同事都向你索要讲话纲要，你是：

A.同意，并立即复印　　　B.同意，但并不十分重视　　　C.同意，但转眼即忘记

10.如果你参加了一个新技术培训班，学到了一些对许多同事都有益的知识，你是：

A.返回后立即向大家宣讲并分发参考资料

B.只泛泛地介绍一下情况

C.把这个课程贬得一钱不值，不泄露任何信息

结果评价：

如果你选择A多，则表明你是一个非常善于与人合作的人，但是容易轻信别人；

如果你选择B多，则表明你是一个以自我表现为中心的人，不愿意为自己找麻烦；

如果你选择C多，则表明你是一个非常孤僻的人，不善于与人合作。

第 5 章
组织对公众心理的影响

【学习目标】

在学习完本章以后，你应该能够：

- 了解对抗心理的产生原因，掌握劝说的方法和技巧；
- 明确暗示的含义和作用，学会运用暗示技巧；
- 了解感染的含义和作用，把握诱导的含义及其在公关活动中的运用；
- 理解模仿的含义和作用；
- 懂得运用劝说、暗示、感染、诱导、模仿等方法影响社会公众。

第 5 章

思维导图

　　　　　　　　　伦敦珠宝商的"戴安娜"广告

　　英国已故王妃戴安娜，其美貌与善良使绝大多数英国人为之仰慕、倾倒。1986年，戴安娜与查尔斯王子举行婚礼，成为轰动英国乃至世界的新闻。当时伦敦有家濒临倒闭的珠宝店，该店老板抓住公众对戴安娜王妃异常关注的心理，准备导演一出绝妙的广告剧，并认定通过这次活动能摆脱困境，大发横财。他挖空心思地找到一个酷似戴安娜的模特，对她从服饰、发型、行为举止到神态气质都做了煞费苦心的模仿训练。

　　一天晚上，这家珠宝店灯火辉煌。老板神采奕奕地站在门口，像是在恭候要人光临。此举吸引了过路的行人，他们都驻足观望。不一会儿，一辆高级轿车缓缓地停在门口，模特从容地从车上走下，嫣然一笑，向聚拢来的行人点头致意。众人误以为是戴安娜王妃，蜂拥而上，希望一睹王妃的风采。事先接到珠宝商暗示有"贵宾"光临的电视台记者，急忙打开摄像机，警察怕影响"王妃"的活动也急忙维持秩序。老板此时笑容可掬地感谢"王妃"的光临，彬彬有礼地接待"王妃"参观。

　　第二天，电视台播放了这段以假乱真的新闻录像。此片自始至终没有一句解说词，屏幕上是非常热烈的场面和珠宝店的地址。这一下震动了全伦敦，人们纷纷传播这则新闻。戴安娜迷们更是爱屋及乌，络绎不绝地来抢购"戴安娜"喜欢的各种首饰，原来门可罗雀的珠宝店一下子门庭若市，几天的营业额超出开业多年的总和。

　　后来，英国皇家发言人辟谣说王妃没有去过那家珠宝店。珠宝店老板却振振有词地说："我们在新闻中没有说来宾是戴安娜王妃，不构成欺骗，是围观的群众想当然地把模特当成了王妃。"

　　分析提示：在这个案例中，店老板的策划安排就是要以假乱真，给市民以心理暗示——戴安娜王妃来过此店，从而产生轰动效应，于是激发了市民的购买欲望，达到促销的目的。

　　这一案例表明：组织可以运用一定的心理策略和技巧，对公众的心理和行为施加影响，为实现组织目标服务。

　　人的心理和行为反应处于与环境和周围的人的相互影响之中。换言之，我们每个人都生活在相互影响的世界中，无时不在受别人的影响，也无时不在影响着别人，只不过每个人的影响力不同罢了。这种影响可以是有意识的，也可以是无意识的。一个领导的劝说或演讲，就是在有意识地使群众接受他的观点，而他平时的言行举止本身又在不知不觉地暗示和感染着别人，起着表率作用。这种影响可以是直接的，也可以是间接的。一个推销员可以直接地宣传其产品的优点，也可以通过别人的使用来夸奖其产品的好处。

　　组织对公众的影响也是如此。公关活动的目的主要是树立组织的良好形象。从心理学角度看，公关活动的目的归根到底是对公众的心理施加影响，从而巩固、发展或改变公众的态度和行为。这就需要采取一些符合公众心理的方法和技巧，来有效地影响公众的态度和行为，或加深公众的印象，扩大知名度、美誉度，或改变公众的消极态度，树立正面的良好形象等。其中，劝说、暗示、感染、诱导和模仿就是影响公众心理和行为的基本的、行之有效的方法。

小思考 5-1

　　人与人是相互影响的，这种影响力是一样的吗？

小思考 5-1

分析提示

5.1　劝说

　　劝说是组织对公众施加影响的一种最简单、最直接的方式。它表现为劝说者通过有意识地发出一定的信息，使劝说对象理解和接受劝说信息或观念的过程。

　　在日常生活中，各种各样的人际关系都离不开劝说。父母要劝说孩子多吃蔬菜，教师要劝说学生勤奋学习，厂长要劝说工人注意生产安全，推销员要劝说顾客购买他的产品。但劝说的效果不一样，比如，有的父母劝孩子不要迷恋网络游戏，可以说是煞费苦心，却收效甚微；但有的人一劝就灵，很快见效。显然，劝说是需要掌握一定的方法和技巧的。

案例窗 5-1　　　　　　　　　　　　　　　南风效应

　　法国作家拉封丹写过一则寓言：北风、南风比威力，看谁能将行人的大衣脱掉。北风先来一个刺骨寒风，结果行人将大衣裹得更紧。南风徐徐吹动，风和日丽，春暖上身，行人纷纷脱衣。这就是"南风效应"这一心理学概念的出处。

案例窗 5-1

案例点评

5.1.1　对抗心理分析

　　在实际生活中，劝说者感到最棘手的问题，是劝说对象的对抗心理。这种对抗心理使人的头脑具有自锁性和排外性，劝说信息的"枪弹"常常是射不进去的。对抗心理的产生，主要是由四种心理障碍引起的：

　　（1）认知障碍。这主要表现为劝说者的观点与被劝说者所持的观点相距太远，显得明显对立，因而遭到拒绝。

　　从接受心理分析，一个人接触到劝说信息时，如果觉得与原来的认知结构不一致，就会在他心理上引起三种反应：①拒绝劝说信息；②有意歪曲而使之符合自己的观点；③促成认知结构的改变而顺应和接受劝说信息。至于他做出何种反应，除了取决于劝说者和劝说内容的作用外，取决于他原来观点与劝说信息之间的差距，以及他在思想和感情上是否经受得住原来认知结构的变更。

　　要消除认知障碍，可采用"逻辑诱导"和"以退为进"的"妥协"办法，使彼此观点从对立转化为逐渐接近，劝说就容易成功了。

　　（2）情绪障碍。它往往是由人们的特定态度所形成的动力定型造成的。人们的情绪是客观现实与主观需要之间的关系的反映。这种需要得到满足，便引起积极情感；得不到满足，便引起消极情感。动力定型具有保守性，要改变它常会受到一种本能的抵抗。所以，在劝说中因改变对方的态度而激起其对抗情绪，在不同程度上总是难以避免的。较强的对抗情绪，使人变得非理性的顽固，把头脑封闭成一个刀枪不入的独立王国。

心理学研究表明，任何人的心理活动在不同时期都有理智占上风和情绪占上风的交替。当一个人理智占上风时，他能尊重客观事实，接受正确信息；当一个人情绪占上风时，会出现心跳加快、血压升高、头脑发热、思想混乱等一系列生理和心理变化，往往会以主观愿望来排斥劝说信息，而不是以理智来衡量客观事实和劝说的道理，于是就形成了情绪障碍。因此，只有设法使他从情绪占上风转为理智占上风，劝说才能奏效。

情绪障碍还可能是由人的自尊心引起的一种自卫反应。有些人自尊心很强，不愿在某种压力之下接受劝说而故意坚持原观点，只有在感受不到压力或强制的情况下，才可能欣然接受。这里有个形象的比喻：人的心就像一朵花，对于轻落在上面的露珠它欣然接受；可是当倾盆大雨倾泻而下时，它就把花瓣紧闭起来。

"好雨知时节，当春乃发生。随风潜入夜，润物细无声。"消除情绪障碍，应运用幽默感、分散注意、寻找共同语言和以情动人等方式，以收潜移默化之功。

（3）行为障碍。有时，一个人做出了某种行为之后，为了使自己的行为合理化，总想找出种种理由来为其行为辩护。因此，当劝说信息与他的行为不一致时，他感到行为无法改变，所以就拒绝接受劝说。于是，错误的行为本身也可能成为接受劝说的心理障碍。

在对青少年犯罪心理的研究中发现，有些青少年初次犯错误时，由于没有得到适当的教育，没有在尊重他们人格的基础上给他们提供改过自新的条件，而是简单地把他们"搞臭"，结果他们感到行为已经无法挽回，自己已被别人"看死"，所以拒绝接受劝说信息，坚持与自己行为相一致的错误观点。事实上，这种"破罐子破摔""横竖横"的对抗态度，正是行为障碍的典型表现。

通过行为反馈的劝说方式，使被劝说者看到改变错误行为的可能性，是消除他们行为障碍的最佳途径。

（4）群体障碍。一个人的对抗心理，不仅产生于他本人，而且会受他所属的群体的影响。有时候，对他个人来说，他完全可能接受劝说，但由于劝说观点与他所属群体的信仰或规范相冲突，他生怕受到所属群体的反对和排斥，而拒绝接受劝说。因此，不改变所属群体的规范而单纯改变群体中个人的态度，无法去除群体障碍。

首先，要改变一个受群体规范制约着的人的态度时，劝说不仅要针对其个人，还要针对其群体。改变了其所属群体的规范，个人也会做出相应的变化。

其次，要改变一个人的态度，可切断其所属的不良群体与他的联系和对他的影响。当他失去了参照群体的支持和制约，他的归属感和认同感就会面临危机，就需要重新寻找新的参照点。

最后，要改变一个人的态度，还可使他认同或归属于一个新的、有利于他形成新态度的参照群体，在一个健康的群体中他会接受新的群体规范。

5.1.2　劝说的方法

在公关心理学中，劝说是劝解和引导公众了解自己的组织及其产品，从而使公众接受劝说信息，达到心理认同的方法。在实际的公关活动中，组织要根据不同的公关对象和不同的情况，采用不同的劝说方法。劝说方法一般包括普及性劝说、针对性劝说、渗透性劝说和逆向劝说四种。

（1）普及性劝说。它是一种没有严格的对象范围，没有特别的针对性，带有普遍意义的广而告之的劝说方法，如大众媒体的广告就属于这种劝说方法。

普及性劝说对公众的心理影响主要是"告知"，让大众"知晓"是主要目的。它向公众公开传递有关信息，使公众对劝说的内容有所认识并产生较深的、良好的印象。同时，通过劝解、引导，使公众产生美好的联想，或改变旧的偏见和态度，形成新的观念等。比如，当公众面对琳琅满目的产品或众多组织团体时，往往没有明确的对象，这时相应的广告宣传就会对公众产生引导作用，达到"广种博收"的目的。

这种方式一般适用于专业性不强、使用（适用）面较广、带有普遍意义的思想观念或物质产品的宣传。

（2）针对性劝说。它是指有特定的对象、明确意图的劝说方法。它是针对具体情况、解决具体问题的劝说。在公关活动中，针对性劝说主要解决的问题是转变公众的态度和看法，化解公众的意见。所以，对公众的心理影响主要是"改变"和"化解"。

针对性劝说的对象是明确的，问题或意见也是客观存在的。它像"攻堡垒"一样，事先已规划好说服的是哪个特定的公众或群体，其具体存在什么样的问题。比如，组织内部某些成员的思想、言行偏离组织目标时，与组织关系密切的个体或群体对组织产生疑惑、误解或意见时，往往采用针对性的劝说来化解矛盾、解释疑问，达到转变其态度的目的。

针对性劝说一般可采取个别谈话、小组讨论、大会强调等方式，适合具体的、小规模的、有代表性的人和事，而且劝说效果比较明显、直接。为使针对性劝说更有效果，还要注意以下十个方面：①对公众的个性、意见、原因等有比较充分的了解；②对说服公众有比较充分的准备，掌握有说服力的资料；③选择一个合适的时间和恰当的场合；④用词得当，切忌讽刺、挖苦或教训对方；⑤留神和选择非语言性的表示；⑥体现关心但不必有意显示热情；⑦挑明利害但不必代做结论、决定；⑧简明扼要，点到为止，启发自觉；⑨善于绕道入巷、旁敲侧击、运用幽默；⑩己正才能正人，防止言不由衷、言行不一。

（3）渗透性劝说。它是潜移默化地用逐渐渗透和感化的方式来影响公众，达到劝说目的的一种劝说方法。它的特点是作用缓慢而持久，不易形成表面的、直接的对抗，在不知不觉中改变公众的意见和看法，达到认同的目的。比如，日常生活中"随大流""人云亦云""跟着感觉走"等从众现象，就是渗透性劝说的结果。

人是社会的人，每个人都有合群的倾向，希望与社会保持同步、与所属群体保持一致，并常常依照获得的各种信息或参照他人的行为来决定自己的行为。比如，一些报纸和杂志登载的健康指导上说牛奶营养丰富，可以补充人体所需的钙质和强身健体，每晚喝一杯还有利于睡眠等，通过广泛报道、专家访谈，逐渐让公众认同，从而养成喝牛奶的社会习惯。这种渗透式劝说能达到"润物细无声"的效果。

（4）逆向劝说。一般劝说往往是上级对下级，或多数人认可，让少数人服从的劝说，而逆向劝说恰恰相反，是下级对上级、力量较弱的少数派对多数人进行劝说的一种方法。

生活中也常出现"真理往往掌握在少数人手中"的情况。由于从众行为的结果，或受个人崇拜等的影响，多数人认为正确的东西，有时并不正确；由于个人的局限性和主观主义、官僚主义的存在，上级领导的看法也有片面性，甚至是错误的，这时，就需要采用逆向劝说的方法。

从劝说的性质看，逆向劝说要比上述其他劝说方法难度更大，作用往往也更大。一般来说，"少数派"和"下级"往往是弱势群体，人微言轻，要想劝说"大多数"和"上级"领导，并要他们改变他们的观点接纳自己的观点，难度可想而知。这首先就需要极大的勇气和责任感，以及对劝说成功的信心。

在组织的公关活动中，为了使逆向劝说能充分发挥作用，防止和纠正错误，就需要营造一个民主、宽松、畅所欲言的舆论氛围，需要领导者有宽广的胸怀和民主的作风。同时，组织应建立相关制度，创造条件，鼓励公众大胆发表意见。比如，通过"意见箱""领导热线""领导接待日"等方式，倾听群众的呼声。公关人员要学会主动向内部公众征求意见，并将有价值的意见转告给上级或有关部门。公关人员要敢于和善于进行逆向劝说，特别要掌握逆向劝说的技巧和策略。

案例窗 5-2　　　　　　　　　　　　　　　　　　　**逆向劝说**

《晏子春秋》中记载有这样一个故事：齐景公非常喜欢鸟，派了一个名叫烛邹的人看管一只鸟，烛邹不小心让鸟飞了，骄横的齐景公很恼火，下令杀掉烛邹。当时位在卿相的晏子，有心劝说齐景公不要重鸟轻士，但面对盛怒之下不容他人插言的君主，一时又不知如何是好。忽然，晏子灵机一动，巧妙地运用了"明恭暗讽"的迂回战术进行劝导。他对齐景公说："烛邹有三条罪状，请允许我一一道来，然后再杀他，让他死个明白。"晏子在征得齐景公同意之后，开始怒斥烛邹。他说："烛邹，你给我们大王看管鸟，却让鸟飞了，这是你的第一条罪状；因为你而使我们大王为了一只鸟而杀人，这是你的第二条罪状；诸侯知道这件事以后，都要议论我们大王重鸟而轻士，败坏大王的威望和名声，这是你的第三条罪状。大王让你死，是你罪有应得！"齐景公听后对晏子说："不要杀他了，我已经接受教诲了。"

案例窗 5-2

案例点评

5.1.3　劝说的艺术和技巧

在生活中，我们常发现有的人很会劝人，三言两语就能立即见效；有的人苦口婆心费了很多口舌却毫无效果。显然，劝说不仅是一种做思想工作的方法，更是一门艺术和技巧，需要掌握一定的规律才能见效。正确有效的劝说要做好以下几方面的工作：

第一，了解劝说对象的特点。知己知彼，才能百战不殆。在劝说之前，劝说者首先应了解劝说对象的个性心理特征（包括能力、气质、性格、兴趣、爱好等）和角色心理特征（包括年龄、性别、职业、文化等），对劝说对象原有观念及其成因，以及所处的社会环境都应有一定的了解，做到心中有数，然后才能对症下药；否则，不了解内情，只讲大道理或空话、套话，必然于事无补，达不到劝说的效果。

第二，做好充分准备。劝说不在话之多少，而在于是否精练准确、一针见血。因此，要根据劝说对象的特点、劝说的目的和内容做好充分的准备工作，应选择双方都心平气和、精神、情绪稳定的时候，并选择恰当的场合。此外，应掌握有说服力的资料，有条不紊、循序渐进地进行劝说。

第三，掌握和灵活运用一定的劝说艺术和技巧。战国时，赵太后新当政，秦国趁机进攻赵国。赵国向齐国求救，可是齐国一定要赵太后的小儿子长安君入齐为人质后才肯出兵。赵太后爱子心切，不肯答应这个条件。大臣们晓之以国家安危之理，赵太后不听，并且恼羞成怒地宣布："谁再敢提让长安君做人质，我就赏他一脸唾沫！"在这僵局之下，左师触龙求见。他知晓赵太后此时正怒气冲冲，随时可能赏他一脸唾沫，但他把握住了赵太后的心理，首先讲明了自己不能疾走的原因是"病足"，转移了赵太后的视线；接着问候赵太后的身体状况和日常饮食情况，从老年人普遍关心的养生问题谈起，借此拉近了彼此之间的关系；随后通过给自己的小儿子谋一份"补黑衣之数"的差事，引起赵太后的共鸣；接着左师触龙巧设陷阱，说赵太后爱女儿燕后胜过爱儿子长安君，以情动人，使赵太后明白自己的言行举止更多地表现为意气用事，是不合时宜的，转而改变了原来的偏执决定。

同样是说服赵太后送子做人质，为什么众大臣都失败了，唯有左师触龙成功了呢？左师触龙的劝说艺术对我们很有启发。

①分散注意。如果劝说对象固执己见，开门见山的劝说，往往会"碰钉子"。分散注意，即通过迂回的方法，先把他的注意力从敏感的问题上引开，这样既可避免陷入僵局，又可使他有较清醒的头脑。"左师触龙劝说赵太后"，正是先从问赵太后的饮食起居及养身健体之类的"闲话"开始的。

从心理上分析，一个人一旦讲出一种观点后，就会找出种种理由来为自己的观点辩护，而有意贬损劝说者观点的合理性，有时还会达到非理性的程度，特别是当一个人明确地说"不"的时候，他的整个肌体都处于一种明显的收缩状态，这种状态使得他拒绝接受任何人的意见。同时，在坚持说"不"的时候，他所有的傲慢、自尊和固执的个性全部暴露了出来。因此，分散和转移他的注意力，就是使他忘掉他说过的"不"字，使他在精神上和肌体上都处于松弛与开放的状态，这样才能客观地理解和评价劝说信息。

一些成功的推销员在介绍自己说服顾客的经验时说，不要去理会对方不痛不痒的反对意见。即使他的意见是有意挑剔，也没有必要和他针锋相对地争辩，这种争辩常是没有结果的，最好的办法是把他的注意力从所挑剔的问题上引开。

案例窗 5-3　　　　　　　　　　**暗度陈仓的劝说**

有这样一则故事：战国时期，靖郭君欲在齐国的薛地高筑城墙，意在加固自己的领地，但这样很容易引起齐王的猜忌。不少人苦口婆心地劝阻他，他不但不听，还严令禁止任何人进谏。这时，有个齐人声称只对靖郭君说三个字，多一字就甘愿受罚。靖郭君见他后，那人只说"海大鱼"三字后转身就走，靖郭君莫名其妙，一再追问，于是那人答道："从前有条大鱼，在海里时谁也不能伤害他，当它离开水来到岸上时，连蚂蚁都欺侮它。现在，齐国就是你的水呀，离开

案例窗 5-3

案例点评

了齐王你能生活下去吗?"于是靖郭君恍然大悟。

②共同语言。说服对方接受自己的观点,找到共同语言是个关键。"左师触龙劝说赵太后"就巧妙地利用了共同语言。他一开始就向赵太后表示:"您和我都是老年人了,爱护子女、关心子女都是人之常情,那么怎样才是真正的爱护呢?"这席话引起了赵太后的共鸣,故乐于听取左师触龙的劝说了。

在有些情况下,可先找些与劝说的观点并无关系,而双方意见一致的话题,等谈得很投机、很融洽时,逐渐转换到正题上,效果会更好。

③对症下药。看病时要对症下药,否则即使"十全大补"也无济于事。劝说时更要抓住劝说对象所关心的切身问题,否则道理再正确,也是隔靴搔痒。

众大臣劝说赵太后都不见效,就在于赵太后最关心的并不是国家的危亡,而是她的宝贝儿子的人身安全和命运。因此,对这样一位顽固、偏执的太后晓之以民族大义恰如对牛弹琴。左师触龙的高明恰在于抓住了赵太后心中的症结,告诉她:如果真心爱护儿子的话,那就应像对待女儿燕后一样,让长安君建一番功勋作为日后立国之本。正是这一点打动了赵太后。

④打破"完形"。一个人如果形成一定的态度,往往会建立起一个完整的认知结构。他的观点,不论是正确还是错误,都是基于一定的前提推断出来的,这就是认知完形。

当人形成这个认知完形后,就会带有一定的倾向性,按照自己的理解来认识客观信息,并且有选择地吸收外界信息来充实这个完形。只有打破这个完形,使他无法找到足够的辩护理由来继续维持其观点时,他才能接受你的劝说。

赵太后固执己见,自然有其认知完形,即爱护长安君就不能让他做人质。于是左师触龙一针见血地指出:"老臣私下以为您爱女儿燕后胜于爱儿子长安君。"这句话使赵太后困惑不解。左师触龙进一步分析道:"父母疼爱子女,就得为他们考虑长远些。您送燕后出嫁的时候,摸着她的脚后跟哭泣,这是惦念并伤心她嫁到远方,也够可怜的了。她出嫁以后,您也并不是不想念她,可您祭祀时一定为她祷告:'绝不要被赶回来啊!'这不就是为她做长远打算,希望她能生育子孙,子子孙孙能继承王位吗?但您对长安君为何不做长远打算呢?您想,长安君如果寸功未立,一旦您百年之后,他凭什么在赵国站稳脚跟呢?"赵太后这才明白怎样才是真正爱护子女,构成认知完形的前提被否决了,完形也就崩溃了。

⑤以情动人。人皆有理性的一面,也有情绪的一面。劝说,不仅意味着晓之以理,还意味着动之以情。有时候,在说理不通的情况下,可先从情感上打动他。"左师触龙劝说赵太后"也是先从情感入手的。他先诉说自己年迈体弱,腿脚不便,随即问起赵太后的饮食及身体安康情况,而后谈起对儿子前途的关心,体现出一种父子之情,似乎在谈家常,因此赵太后感到十分愉快,就能心平气和地听左师触龙的解释了。

通过晓之以利害关系,引起对方情绪上的反应,则是动之以情的另一种方式。心理研究表明,当一个人处于一定程度的愧疚、自责、害怕、焦虑时,较易接受劝说信息。

⑥循序渐进。有时,劝说不能急于求成,而要采取循序渐进的办法,逐步接近劝说目标,效果会更好。比如,妻子要劝说每天抽两包烟的丈夫一下子戒掉烟瘾是很难的,不妨先劝他每天抽一包,以后劝他抽半包,最后则可能说服他全部戒掉。

案例窗5-4　　　　　　　　逐步接近的"登门槛"术

有人做过一项心理实验，实验者挨家挨户要求某地方各家主妇支持一次"安全驾驶委员会"发起的运动，并让部分主妇在一项请求以立法鼓励安全驾驶的请愿书上签名。这是个一般要求，几乎所有接触到的主妇都同意签名。几周后，实验者又来到这些主妇家要求在院子前面树立一个不大美观的牌子，上面写着"谨慎驾驶"。尽管这是个令人不太情愿的要求，但由于之前已签了字，于是有55%的主妇接受了这个要求。与之形成对比的是，以前没有被要求在请愿书上签字的主妇，只有不到17%的接受率。这项研究表明，当先说服被试者接受一个较小的要求后，被试者对随后的较大要求会有较大的可接受性，这就是逐步接近的"登门槛"术。

案例窗 5-4
案例点评

⑦以退为进。劝说，并不意味着一直进攻。适当地退让和承认对方观点的合理性，对方就会觉得你是通情达理的，也就会接受你的劝说。

在非原则性问题的不同见解中，劝说者表现出妥协和退让的姿态也是必要的，这就是以退为进的策略。例如，在生活中，父母要说服孩子去做一件他也许不太情愿做的事（如洗碗），估计可能会遭到拒绝。此时父母可故意先要求他去做一件他更不情愿做的事（如擦玻璃），待他拒绝后，再提出洗碗这个小要求。这时，孩子就会觉得父母让步了，可能会高兴地接受这个要求。

⑧运用幽默。在劝说中恰当地运用幽默，能够调节气氛，使本来紧张、严肃的情境乃至僵局，在幽默的话语中变得活泼、轻松、自然。如果是当众演讲，幽默的话语还会唤醒和吸引听众。清代戏剧理论家李渔曾把演戏中的插科打诨看作"乃看戏之人参汤也，养精益神，使人不倦，全在于此"。

劝说中运用幽默，并不意味着毫无意义的插科打诨，而是充满着机智和丰富的思想，是成功劝说内容的一个有机组成部分，并可以使一些深刻的思想表达得更明显、更形象，使人在笑声中受到启迪，有所感悟。

案例窗5-5　　　　　　　　　　　羊只有四条腿

有一次，美国一位南方奴隶制维护者大言不惭地对林肯说："南方的黑人不是在受压迫，而是在受保护。"对这种谎话正面驳斥显然要多费口舌，而且常常争不出什么结果。林肯巧妙地先问了一个似乎毫无关系的问题："如果你把一只羊的尾巴也称作腿的话，那么这只羊有几条腿？""五条。"对方不假思索地回答。"不，还是四条，"林肯尖刻地回答，"因为你把尾巴称作腿，但不能改变羊只有四条腿这个事实。"在这幽默而机智的反驳下，那位奴隶制维护者无言以对了，他的谎话恰如这个比喻一样，成了不值一驳的笑料。

案例窗 5-5
案例点评

⑨逻辑诱导。劝说总是需要摆事实、讲道理来进行论证的，而论证的正确与否在很大程度上取决于逻辑的力量。严谨的逻辑能使对方无法反驳，甚至能收到使对方自我说服之效。

在正面阐述一种观点时，更需要遵循严谨的逻辑。不管是两人间的交谈还是面对大众的演讲，逻辑能使你讲的内容富有条理，层次清楚，便于理解和使人信服。

案例窗 5-6　　　　　　　　　推销员最聪明的解答

　　美国一家电器公司推销员阿里森到一家公司推销一批新型电机。一到这家公司，总工程师斯宾斯就说："阿里森，你还指望我买你的电机吗？"原来公司认为阿里森的电机发热超过正常标准。阿里森发现争辩没用，就说："好吧，斯宾斯先生，我和你的意见相同，假如电机发热过高，别说再买，就是买了也要退货，是吗？"

　　"是的。"

　　"自然电机是要发热的，但不能超过全国电工协会规定的标准，是吗？"

　　"是。"

　　"按标准，电机的温度可比室温高70°F，是吗？"

　　"是。"

　　"你们车间的温度是多少？"

　　"大约75°F。"

　　"好极啦，车间是75°F，那标准就是145°F，如果你把手放进145°F的热水里，是不是能把你烫伤呢？"

　　工程师只得不情愿地点头称是。

　　"那么，以后你就不要用手去摸电机了。放心，这一切都是正常的。"

　　资料来源　依梓. 开始不说不 [J]. 当代工人，2010（8）. 有改动.

小知识 5-1　　　　　　　　苏格拉底的"产婆术"

　　古希腊哲学家苏格拉底创立了被世界公认的"最聪明的劝诱法"，即逻辑归谬法。他的方法是，先提出一些问题让学生谈自己的见解，如果学生说错了，他并不是直接指出，而是不断提出补充的问题，诱导学生由错误的前提推导出显然荒谬的结论而不得不承认错误，然后引导学生随着正确的思维逻辑，一步一步通向苏格拉底本人所主张的观点。苏格拉底的信条是：我不是把知识授予别人，只是担当知识自己产生的产婆。

　　⑩含蓄委婉。有时，说话直言不讳或直截了当，会伤及公众的面子，或使公众处于十分尴尬的境地。这就需要采取迂回隐蔽、委婉含蓄的方式进行劝说，效果往往会更好。

案例窗 5-7　　　　　　　　您刮胡子还是理发

　　一位顾客坐在一家高级餐馆的桌旁，把餐巾放在了脖子上。这种不文雅的举动让其他顾客很是反感。经理叫来一位侍者说："你去告诉那位绅士让他懂得在这里这样做是不被允许的，但要含蓄点。"怎么办？侍者想了想，走过去很有礼貌地说："先生，您是要刮胡子，还是要理发？"话音刚落，那位顾客立即意识到自己的失礼，赶快取下了餐巾。

5.2　暗示

5.2.1　暗示的含义

　　暗示是指在无对抗的条件下，用含蓄的、不做论证的方式对人的态度和观念产生影响，使人自然而然地接受一定信息或按一定方式去行动的方法。暗示是一种观念上的同化反应。暗示的信息是一种被主观意愿肯定了的假设，不一定有根据，但由于主观上已肯定了它的存在，便使人的心理趋向于顺从它。

5.2.2　暗示的类型

1) 从暗示的内容来看，可分为言语暗示和行为暗示

（1）言语暗示。暗示常常是通过言语进行的。尽管暗示者没有明确用言语说出自己的意见，但被暗示者会不由自主地领会和接受言语中含有的暗示信息。

在一项实验中，实验者故意问一些7~12岁的儿童："××的胡子是什么颜色的?"其实，这个人是经常和儿童在一起活动的一个成年男人，没有留胡子。可大多数儿童会不假思索地说出他的胡子是某种颜色，因为他们接受了"他有胡子"的暗示。

正由于言语暗示能形成人的态度和促使人自然服从，广告宣传上就常常利用反复暗示的方法来形成人们对某种商品的积极和愉快的态度，激发人的购买欲望或对某种牌子的商品的特定兴趣。

（2）行为暗示。暗示的发出并非都通过言语进行，他人的行为或特定的情境都可能成为暗示源。

心理学家在动物身上早就发现了这种暗示现象。当一只鸡吃饱的时候，对地上的食物已不感兴趣。但这时如果另有几只鸡过来抢食吃，那么这只鸡可能会受到影响而增进食欲，一起争食了。在儿童中，也发现了这种"抢饭吃特别香"的有趣现象。再好的食物，让他独自吃，他可能不会吃得很多，可几个儿童一起争着吃，往往就会吃过量。这样的行为就是相互暗示起的作用。

成人之间的行为也会相互暗示。在自由贸易市场中，有些小商贩故意串通同伙（俗称"托儿"或"媒子"），让其装成顾客挤在地摊前挑挑拣拣，连声夸好。过路人看到有很多人都在竞相购买，也就很自然受到"这些商品一定不错"的暗示而激起购买欲望。

2) 从暗示的性质看，可分为他人暗示和自我暗示

（1）他人暗示，即暗示信息来自他人。前面所说的"××的胡子是什么颜色"，就属于他人暗示。他人暗示又分为直接暗示与间接暗示两种。凡是将事物的意义直接提供给对方，使其迅速而无疑地予以接受的，均称为直接暗示。上述"胡子"案例就是直接暗示。

凡是将事物的意义间接地提供给对方，使其迅速而无疑地予以接受的，均称为间接暗示。如两家相邻的饭店，一家生意兴隆，许多人甚至站着等座；而另一家冷冷清清，但大多数人仍然会选择人多的那家饭店，这就是间接暗示，暗示人多的那家饭店物美价廉、受顾客欢迎。

小思考 5-2

有句广告语为"农夫山泉有点甜"，运用的是什么心理原理?

（2）自我暗示，即暗示信息来自本人。它是依靠思想、语言等，自己向

小思考 5-2

分析提示

自己发出刺激，以影响自己的情绪和意志的行为。古代成语中的"杯弓蛇影""草木皆兵"等都是自我暗示的表现。自我暗示有积极和消极之分。积极的自我暗示是不断进行自我激励、树立信心，帮助取得成功的自我暗示；消极的自我暗示是担心、害怕、自卑，导致失败的自我暗示。比如，许多参加重要比赛的运动员赛前往往都有自我暗示。某运动员过去获冠军时，穿的是某件"红色"上衣，那么每到关键时刻他都要穿上那件"红色"上衣，希望能给自己带来好运。

3）从暗示的结果看，可分为正暗示和反暗示

所谓正暗示，就是被暗示者接受了暗示的信息，暗示取得了正常的效果。它是相对于反暗示而言的。

所谓反暗示，就是暗示者发出暗示信息，结果导致被暗示者做出了相反的理解、引起了相反的行为反应。比如，有些广告宣传或营销推广活动大肆地吹嘘，极其夸张，反而引起消费者的警觉，产生逆反心理，不去购买。又如，某些电影或小说被宣传为"争议片"或"禁书"，结果却导致观众或读者争相观看或阅读，反而会形成一股热潮，这就是反暗示的典型表现。

5.2.3　暗示的感受性和作用

1）暗示的感受性

暗示的感受性是指人们在多大程度上接受暗示影响。

首先，暗示者的地位、身份越高，或他在被暗示者心中的名望、威信越高，其影响力就越大。比如，到医院看病，病人往往在接受老医生或名医生看过以后，心里就踏实多了，而被年轻医生看过后，就总是不放心。这里，年龄本身就有暗示作用。

其次，发出暗示的人数越多，被暗示者就越容易接受暗示。比如，有几个人事先约定要捉弄一下某个伙伴，每个人碰到他都问："你的脸色怎么这么苍白，是不是病了？"开始，被问者不以为然，后来被人接二连三地问同一问题，他渐渐不自然起来，真的怀疑自己生病了。

小思考 5-3

在 2001 年的春晚小品《卖拐》中，赵本山忽悠范伟用的是什么暗示手法？

小思考 5-3

分析提示

2）暗示的作用

在社会生活中，暗示的作用十分广泛。从家庭、学校的教育到工厂的管理，从广告宣传到医务治疗，都可采用暗示方法，使被暗示者不知不觉地接受一定的意念和观点。

（1）启迪、教育作用。许多组织、团体经常召开隆重的表彰大会、颁奖大会，或树立标兵等，实际上就是在运用心理暗示，是在运用鼓励和榜样的力量。在学校教育过程中，老师经常给学生以赞许和鼓励，暗含期待，"你真棒""你肯定行"等也是在运用心理暗示；相反，媒体经常报道狡猾的犯罪分子被缉拿归案，是给犯罪和欲犯罪的人以心理震慑，暗示天网恢恢，疏而不漏。

（2）可以调节人的思想情绪。比如，在医疗上，暗示的作用既会"致"病，又能"治"病。在许多情况下，病人患的是"心病"，医务人员从心理上采取积极的心理暗示，可以使病人消愁释虑、"药到病除"。有的病人其实根本没病，但觉得身上不舒服，自我暗示下，"病情"会越来越重。于是，医生常给他们打一针"安慰剂"（蒸馏水），以使他们接受暗示，恢复正常。有经验的运动员在比赛前有意给自己积极的暗示，可消除紧张，增强信心，稳定自己的情绪。

（3）影响和左右公众的意识与行为。比如，在各种公关宣传、营销推广活动中，好的宣传和广告、巧妙的营销策略，都是在一定程度上运用心理暗示，引起顾客的美好联想，激发顾客的购买欲望。在组织管理中，领导信任下属，"说你行，你就行"，给下属积极的暗示，能使其发挥巨大的潜能，结果真的行；领导不信任下属，"说你不行，你就不行"，给下属消极的暗示，可能会使其郁闷、精神萎靡，最终一事无成。

小知识 5-2　　　　　　　　　　　　　罗森塔尔效应

美国著名的心理学家罗森塔尔和助手在一所小学做了一个有趣的实验：他们先是从学校得到了一份全体学生的名单，然后随机抽取了一些学生，并向学校提供了这些学生的名单。他们告诉学校：通过一项测试发现，名单上的学生都有很高的天赋，只不过还没有在学习中表现出来。有趣的是，当他们在学期末再次来到这所学校时，发现那份随机抽取的名单上的学生学习成绩进步了很多。

为什么会这样呢？研究者认为，因为学校的教师相信了心理学家的话，觉得名单上的学生真的有很高的天赋，于是就对他们寄予很高的期望。在平时上课的时候，会给他们更多的关注，会通过各种形式向他们传达"你是天才，你很棒"的信息。这些学生感受到了老师的关注，因而更加努力地学习所以取得了好成绩。

5.2.4　暗示的技巧

著名人际关系专家戴尔·卡耐基说："硬要别人接受你的意识，是很不聪明的做法。最好的办法就是给他一点暗示，由他自己思考并得出结论。"因此，在公关活动中，恰当地运用暗示的技巧能收到意想不到的效果。暗示的技巧主要体现在以下几方面：

（1）适度性。暗示要有一定的强度刺激才能被暗示对象所感知，刺激过小容易被忽略，当然过大则可能引起反感。暗示的强度一般与暗示者的身份、地位以及暗示的方式和内容等有关，所以一些商家不惜花巨资请大牌明星做形象代言人，以增强其暗示引导作用。

（2）对比性。根据感知的对比规律，暗示要有一定的对比度才能被暗示对象所感知，对比度过小，效果就不明显。暗示要达到一定的强度，给人带来巨大的心理刺激和心理落差，如鹤立鸡群，对比必须鲜明，以增强暗示的效果。

（3）协同性。试想一下，一个服装公司的公关小姐向公众暗示自己公司的服装"做工精良、质量上乘"，而她穿的衣服既不协调，也不合身，公众的感觉会如何？根据人感知的协同规律，暗示要与暗示对象各种感觉器官感知到的信息相协同，才能产生有效影响。

（4）暗合性。暗示要与暗示对象原有的观念、知识、情感等有某种暗合的关系才能有效地影响暗示对象。人的感知滞后规律告诉我们，人的观念、知识和情感等会长期发生作用，因此暗示的内容和方式必须与这些原有的东西相暗合，才能产生较好的作用。

（5）适时性。根据感知的情急规律，暗示在暗示对象情急时最能发挥其功效。心理学家的实验和生活中无数实例都证明，人们在焦虑、困惑、急于摆脱危险或困境时最易接受暗示。此外，独立性差、依赖性较强的人（如未成年人、柔弱及性格多疑的人）也容易接受暗示，且常表现得非常敏感。

美国斯坦福大学的一项研究表明，人大脑里的某一图像会像实际情况那样刺激人的神经系统。比如，当一个高尔夫球手击球前一再告诉自己"不要把球打进水里"时，他的大脑里往往就会出现"球掉进水里"的情境，而结果往往事与愿违，这时候球大多都会掉进水里。这项研究类似于瓦伦达心态。

小知识5-3　　　　　　　　　　瓦伦达心态

　　心理学上有一种"瓦伦达心态"。瓦伦达是美国一位著名的高空走钢索表演者，在一次重大的表演中，不幸失足身亡。他妻子事后说："我知道这一次一定要出事，因为他上场前总是不停地说，这次太重要了，不能失败，绝不能失败。而以前每次成功的表演，上场前他只想着走钢索这件事本身，而不去管这件事可能产生的结果。"后来，心理学家把这种为了达到一种目的总是患得患失的心态，叫作"瓦伦达心态"。

5.3　感染

5.3.1　感染的定义和特征

1）感染的定义

感染是指通过语言、表情、动作等引起他人相同或相似的感情共鸣。它是人际情感的同化反应形式，是情感的传递和传染。比如，一个人笑了，听到笑声的另一个人也高兴起来；一个人生气了，另一个人看他生气也激动起来。可见，感染是社会生活中一种十分普遍的人际影响现象。

2）感染的特征

（1）感染的联动性。人际的感染，会产生一种"连锁反应"现象。一个人受了感染源的影响而引致一种情绪后，他会成为新的感染源去影响他人。比如一个人的笑，能对周围的人产生"笑的感染"；同样，一个人的哭，会对周围的人产生"哭的感染"。由于感染的联动性，少数人的情绪就可能唤起多数人乃至整个群体的相同情绪反应。

（2）感染的情境性。任何人处于弥漫着某种情绪的情境中，都会受到该情境气氛的感染，而使自己的情绪体验不知不觉地发生变化，与他人的情感保持一致。

一个总是嘻嘻哈哈的人，处于肃穆庄重或者哀伤悲恸的情境中，自然会体验到一种沉重、悲凉之感，变得严肃起来；一个总是郁郁寡欢的人，处于欢声笑语的集体氛围中，也会受到他人愉快情绪的熏陶和感染，渐渐忘掉个人的不幸遭遇，而使自己乐观起来。

（3）感染的即时性。它是指感染的发生时间较短暂。人在受到感染源的感染时，情绪即刻发生变化，带有冲动色彩，而后很快恢复平静。比如，我们看电影、读小说时，情绪会随着剧情起伏变化等。

（4）感染的共通性。它是指感染引起相同或相似的感情共鸣。能传递情感信息的事物很多，它们不一定都有感染作用。如上司训斥下属，显然是传递了一种"愤怒"的情感信息，但它不一定会使下属受到感染。感染以引起相同或相似的情感共鸣为特征。第一，感染引起的情感和感染者的情感具有相同或相似性，如愤怒引起愤怒，快乐引起快乐；第二，感染者和被感染者的情感是同一的，非对立的，这就是"共鸣"的作用。比如说某个文艺作品"扣人心弦""动人心魄"，就是读者（观众）的情感和作者的情感进入共通、共鸣状态。

5.3.2 感染的形式

（1）从感染的渠道来分，有直接感染和间接感染。直接感染是通过自身的言语、表情、动作等直接呈现自己的情感，使之在无强加的条件下影响周围公众的感染。它是感染者直接面对被感染者的一种形式。

间接感染是指由间接方式（包括事迹报告、演讲、新闻报道、文学作品等）引起的感染。感染者与被感染者并不一定直接见面，而是通过描述、介绍或表演等方式打动被感染者，使其受到感染。

（2）从感染的效果来分，有情绪共存和情绪传感。情绪共存是指由于有相同或相似的经验和体验而发生共鸣性人际感染。在物理上是"同声相应"，在心理上是"同情相感"。正所谓"同是天涯沦落人，相逢何必曾相识"。

情绪传感是指虽然没有相同的生活境遇和身世经历，但一个人的情绪流露会对他人产生影响而唤起他人的类似情绪。比如，他人的不幸遭遇能使我们动恻隐之心，甚至为之垂泪；朋友、亲人的幸福或快乐也会使我们欢欣鼓舞。

5.3.3 感染的作用及控制

人际的感染，既会产生积极的动力性作用，又会产生消极的破坏性作用。比如，战前的作战动员，指挥员常以充满激情的演讲唤起战士强烈的爱国主义情感和对敌人的愤恨之情，群情激昂，同仇敌忾。这是感染的积极作用。相反，楚汉之争中30万汉军把项羽的10万军队围困在垓下，汉军军师张良利用汉军中的九江士兵，教会汉军唱楚歌，顿时"四面楚歌"，楚军军心大乱，士兵纷纷逃跑，不战自溃。这是感染的消极作用。

从组织管理和公关角度看，感染既能激发群体中蕴藏着的巨大情感潜能，整合群体的情感，向着同一个目标发展，也能使一个组织衰败、涣散乃至消亡。因此，公关活动中要注意以下几方面：

（1）感染源与公关。在公关活动中，组织应增强积极的感染源，减弱消极的感染源，控制感染的方向。一个组织内部员工的热情、积极性、主动性、创造精神、集体荣誉感等，在其发挥出来之前是作为情感潜能而存在的，此时，组织如能用积极的感染源来唤醒员工"沉睡"着的内在情感潜能，将对组织的发展大有裨益。因而，在组织内部的思想政治工作中，组织可以通过请权威人士、员工的亲朋好友做各类讲座、报告的方式，将积极的信息传递给广大员工，从而触动他们的心灵，即"动之以情"，掀起一个有利于组织的心理感染浪潮。

在组织外部，有利于组织的积极感染源能为组织的发展带来推动力，使组织的知名度和美誉度得到很大提高；当出现不利于组织的消极感染源时，组织要迅速果断地采取措施，防止消极感染源的扩散与蔓延。

（2）感染者与公关。感染者的素质对感染效果影响很大。一般来说，体现在感染者的职务、学识、阅历、才干、为人、社会地位等方面的权威性越大，被感染者就越容易受其感染，即效果就会越好。所以，公关人员要注重自身素质的培养与提高，使自己具有渊博的知识、出众的业务能力、优秀的品行，才能令人心服口服，产生敬佩和信任，从而受到感染。

（3）感染媒介与公关。组织对公众的感染产生作用要通过一定的直接接触，而更多的是通过一定的媒介实现的。因此，感染媒介的力量在公关活动中是不容忽视的，应提高媒介的质量，增加媒介的数量，开通多种媒介表达的途径，加强媒介的可信度和可靠度，从而加强感染者和被感染者之间的情感沟通与意见交流，使媒介的功效发挥到最大限度。

（4）被感染者与公关。要增强感染的力量，需要对被感染者进行深入分析，了解他们的地位、角色、性别、年龄、所处的群体、心理倾向、心理定式和心理特征等因素。同样一篇演讲稿，怎样写、怎样讲才能感人？只有尊重特定公众的心理特点，才能被公众理解和接受。因而，只有在掌握了这些因素以后，充分利用它们，灵活地使用各种技巧，才能达到最好、最有效的感染目的。

案例窗5-8　　　　　　　　　　巧妙控制消极感染

在楚汉相争中有一个故事：刘邦在两军对阵时胸口中了一箭，如果他此时倒下，会动摇全军的士气。机智的刘邦故意伏在马上，用手扶着脚说："贼兵射中了我的脚趾头。"暂时稳定了军心。

在影片《泰坦尼克号》中，当船撞上冰山开始下沉时，乘客骚动，惊慌失措，更加剧了危险情境。这时，船上那支安然演奏的乐队以及那首悠扬平和的乐曲，不由使人受到一种坦然、镇静的情绪的感染，减弱了骚乱的情绪影响。

案例窗5-8
案例点评

小知识5-4　　　　　　　　不同的心理特征，感染效果不同

第一，个性心理特征：气质和性格内倾的人易受消极情绪的感染，而气质、性格外倾的人不管消极情绪还是积极情绪都容易受感染。

第二，角色心理特征：女子比男子容易受感染，青年人比中年人、老年人容易受感染，老年人容易受消极情绪感染，工人和学生比农民和军人容易受感染（农民比较分散，军人受纪律约束，在有些方面不容易受感染）。

第三，群体心理特征：非正式群体比正式群体受感染的机会更多，彼此间的感染比正式群体频率更高。

第四，心理倾向的差异：共同的兴趣会引发情绪和情感的感染，共同的需要显然是影响感染的有利因素；价值取向不同的人不容易受感染，自我倾向强烈的人也不容易受感染。

资料来源　张云. 公关心理学［M］. 4版. 上海：复旦大学出版社，2010.

5.4　诱导

5.4.1　诱导的含义

诱导在心理学中是一个中性词，是指外部因素诱发和引导内部意向的作用方式与作用方法。行为科学家揭示了人类行为的基本模式，即"S-O-R"模式，其中"S"代表刺激（或称诱因）；"O"代表个体的生理、心理特征；"R"代表反应。具体表现为人的心理和行为活动过程就是：刺激（诱因）→需要（兴趣）→动机（内驱力）→行为。这一模式表明，人的行为是由刺激引起的。这里的刺激包括内部刺激和外部刺激两种。内部的刺激包括个体的生理和心理因素；外部的刺激就是我们这里讲的"诱导"，它是一种有意向对方施加影响的方法。

在第3章中，我们讨论了人的需要具有可诱导的特点。公众需要的产生和发展，与客观现实的刺激和诱导有很大关联。所以，在公关活动中，公关人员可采取适当的诱导措施，通过公关宣传对公众施加影响。

小思考5-4
公众为什么可以被诱导？

小思考5-4

案例点评

5.4.2　诱导的形式

在公关实践活动中，组织对公众的诱导形式多种多样，既可从需要、兴趣出发，也可从价值观、自我意识、情绪、情感等方面入手。我们这里主要讨论需要和兴趣两种形式及其内容。

（1）对公众需要的诱导。如前所述，需要是人的一切行为的起点和动因。公众既有现实需要，又有潜在需要。激发和诱导公众的需要，对组织的公关工作十分重要。

其一，通过诱导，满足公众的现实需要。组织可根据公众的不同心理特征，充分了解公众的现实需要，通过科学的公关策划，进行有效的诱导，将组织的目标或企业的产品与公众的需要结合起来。

其二，通过诱导，激发公众的潜在需要。公众的许多需要可能处于潜在的、无意识的、不迫切的状态。公关活动要变被动为主动，通过积极的宣传和诱导，变公众的潜在需要为现实需要，把无意识的需要变为有意识的需要，为实现组织目标服务。

（2）对公众兴趣的诱导。兴趣是人积极探究某种事物或从事某种活动的认识倾向。它是人的一种内部动力机制，对人的行为具有激发和推动作用。因此，组织在公关活动中应注意对公众兴趣的诱导，这无论是对组织内部凝聚力的增强，还是对吸引外部公众的注意力都具有十分重要的意义。

5.4.3 诱导方法的运用

（1）诱导公众兴趣方法的运用。在公关实践活动中，诱导公众兴趣常用的方法有以下几种：

第一，以利益为媒介的诱导。以利益为媒介诱导兴趣的方法，使用比较普遍。在商品经济高度发展的今天，商家为激发公众的兴趣而开展的各种诱导活动，如有奖销售、有奖竞猜、买一送一等，不胜枚举。

第二，以竞赛为媒介的诱导。竞赛本身具有刺激性，能够刺激公众的情绪，激发公众的参与意识，诱导公众的兴趣。

第三，以专家指导为媒介的诱导。某种产品或某种活动如有专家或名人的指导，往往能发挥"名人效应"，易诱导公众的兴趣。

第四，以好奇为媒介的诱导。好奇是人的天性，它往往是兴趣的先导。新奇的内容、结构、功能、包装、方法等都能引起公众的好奇，进而诱导公众的兴趣。企业之所以要不断开发新产品，实行新包装，采取新颖的广告形式，其目的也正在于此。

（2）诱导公众需要方法的运用。组织、团体要激发公众的需要，必须建立在三个基本条件之上：第一，要给公众以信任感；第二，要给公众以公平感；第三，要给公众以安全感。除此之外，要恰当地运用各种方法，其中最为常用的方法是奖励和惩罚。

奖励不仅是对公众某种需要的肯定，更是对公众某种需要的满足，具有激励和诱导作用，是强化或肯定某种行为的一种方式。奖励分为物质奖励和精神奖励两种，但无论是哪种奖励，在使用过程中都应遵循一定的原则：①奖励要有目的性，即为何奖励，一定要让公众知晓，否则就达不到奖励的目的；②奖励要合理、科学，不搞平均主义和形式主义，这样才能真正起到激励作用；③奖励要有针对性，要能满足不同公众的不同需要，否则"有奖无励"，对被奖励者不能起到刺激作用；④奖励要得当，奖励太高会使公众的期望值过高，奖励太低则没有刺激性；⑤奖励要注意时效性，奖励来得太慢，公众需要的功能就会被淡化。

惩罚是组织对公众需要的一种否定。它通过外部压力使受惩罚者主动调整行为，从而达到惩罚的目的。它能够起到调整公众需要的诱导作用。根据惩罚的终止效应模式原理，惩罚的关键在于将个体的某些行为与焦虑或恐惧联系起来，一旦形成条件反射，这些行为本身无须惩罚就会导致焦虑与恐惧反应，个体不得不终止不良行为。惩罚的运用应注意以下几个方面：①要让公众知晓惩罚的原因和必要性，从而使公众积极地吸取教训；②惩罚应及时，不能拖延太久，否则其批评教育效果会淡化；③要敢于惩罚个人，也要在必要时敢于惩罚多数人，不要使公众产生"法不责众"的心理；④要敢于惩罚自己，这样才能使惩罚成为一种积极的批评教育手段；⑤既要坚持惩罚的制度化、长期化，又要慎用惩罚，可用可不用时坚决不用，做到严中有情、严中有理，给人留有余地。

公关心理学最核心的问题是如何影响公众的心理，诱导是影响公众心理的重要方法之一。它和劝说、暗示等方法综合运用，能发挥更大的作用。

5.5　模仿

5.5.1　模仿的含义

模仿是人际行为的同化反应，是在没有外界控制的条件下，个体仿效他人行为举止而引起与之相类似的行为活动。

模仿是人的一种本能倾向，是社会存在和发展的基本形式之一。一个男孩学成人的礼节，是想得到社会的赞许；一个女孩模仿母亲的行为，是想符合她的社会角色。模仿源于社会榜样的影响，因而可以通过模仿学习榜样的行为，以产生并确立适当的社会行为。

模仿是一种普遍的社会现象，从他人无意识的动作，到他人风度、性格、行为方式、衣、食、住，乃至整个社会的习俗、礼仪等，都存在着模仿。它是人际影响的重要方式。

5.5.2　模仿的形式

根据模仿有无意识性的特点，我们把模仿分为反射性模仿和观察性模仿两种。

（1）反射性模仿。它是一种比较原始的本能性模仿。模仿者未必出于某种动机，或者说没有意识到自己在模仿。例如，在电影院或者大街上，几个人不约而同地回头望，会很自然地引得周围的人也照样转过头去，模仿者主观上未必想模仿，而是出于一种本能的同化反应。

反射性模仿的一个重要特征就是其无意识性，是不由自主地对某种外部事件做出的反应。

（2）观察性模仿。它是在人类社会生活中逐渐学得而形成的。它的显著特征是其有意识性，模仿者从榜样那里接收一定的信息，并积极地参与。我们日常生活中掌握的行为习惯和技能，除了直接从言语教育中学得以外，大部分是通过观察性模仿而学得和掌握的。比如，我们学会怎样玩某种游戏，穿某种款式的衣服，做某项工作，担当特定的社会角色，以及懂得怎样在社会中获得一定的地位、表现出应有的风度和行为方式等，特别是儿童，就是在大量的观察性模仿中成长的。

5.5.3　模仿的作用与控制

如前所述，模仿是一种普遍的社会现象，是社会存在和发展的基本形式之一。一般来说，模仿者模仿他人的行为，总是他自己倾向的、希望达到的行为，最低限度是对自己无害（或未意识到危害）。

模仿的作用，从个体来讲，大致可概括为：出于好奇，从模仿中得到心理上的满足，如儿童的模仿行为；为了消除焦虑，更好地适应环境，如模仿群体的从众行为；为了获得社会认可，取得心理平衡，如赶潮流、迎合时尚需要等；为了进步，满足成就感的需要，如学习先进、模仿榜样等。

　　模仿的作用，从社会角度看，既有积极的一面，又有消极的一面。从组织、团体和公关工作出发，公关人员要做好以下两方面工作：

　　（1）充分发挥模仿的积极作用。由于模仿的对象具有榜样的力量，因此组织可以通过大众媒体或组织内的各种途径和方式，宣扬和树立好的榜样、正面的典型，帮助和引导公众建立积极的、健康向上的世界观、人生观，规范公众的思想行为，并从不同组织、团体的实际需要出发，开展有针对性的宣传教育工作。比如，在教育岗位，要表彰爱岗敬业、无私奉献的"优秀园丁""特级教师""优秀班主任"等；在商业服务部门，要树立"金牌"营业员、"销售冠军"、"推销大王"等；在工厂，要奖励"操作能手""劳动模范"等。由此引导社会公众或群体成员按照组织的要求去学习、模仿，为实现组织目标服务。

　　（2）有效控制模仿的消极作用。盲目的、非理性的、不健康的模仿，会污染社会环境、败坏社会风气，会给社会或组织造成一定的危害。比如，电视上、网络中的一些暴力镜头常常会起到一种暗示作用，使得许多青少年有意无意地进行模仿，从而使得社会上的暴力事件激增。对组织来讲，不良的模仿可能导致纪律松弛、组织涣散，或个人主义、金钱至上，会削弱组织的战斗力和凝聚力。为此，公关人员应配合组织、领导，加强宣传教育工作，有效控制消极的模仿，用"强化"管理措施规范奖惩制度，鼓励和表彰积极的模范，批评和教育消极的典型，营造良好的组织氛围。对于组织外的社会公众，因为模仿与社会流行、时尚密切相关，组织可根据模仿对象的特点和规律，寻找大众偶像或知名人物来为企业做广告，或为产品做代言人等，充分利用公众的模仿心理，为树立良好组织形象服务。

知识掌握

　　1.组织影响公众的基本方法有哪些？

　　2.产生对抗的心理障碍有哪些方面？

　　3.劝说应掌握哪些技巧？

　　4.什么是暗示？暗示有哪几种类型？

　　5.结合实际，分析暗示的作用及在生活中的运用。

　　6.感染有何特点？分析感染的作用及对公关工作的影响。

　　7.什么是诱导？有哪几种形式？

　　8.什么是模仿？模仿对组织管理和公关活动有何影响？

知识掌握5-1

答案提示

知识应用

案例分析1　　　　　　　　　不发年终奖

　　近年来，某公司经营业绩蒸蒸日上，效益很好。往年年终奖是很丰厚的，而今年公司盈利大滑坡，春节即将来临，年终奖成了问题。总经理受到以退为进的启发，很快公司传出小道消息：由于盈利滑坡，年底公司要裁员。公司内顿时人心惶惶，唯恐自己被裁掉。但过了不久，总经理宣布：公司运营虽然困难，但大家同舟共济多年，所以不愿牺牲共患难的同事，只是年终奖不能发了。大家心里的石头落了地，不裁员的宽慰早压过了没有年终奖的失落。

问题：（1）这个案例运用了什么心理策略？它的妙处何在？

（2）结合生活实际，谈谈案例所运用的心理策略的妙处。

分析提示：这是运用了以退为进的策略。

案例分析2　　　　　　　　　　　鸡蛋凭票供应

据说，20世纪80年代中期，某市商业局局长向市领导反映食品公司积压了大量鸡蛋，天气渐热，若不尽快卖掉，可能变坏、变臭，损失会很大。市领导便召开会议，讨论对策。最后决定采取一项巧妙对策：从某日起，鸡蛋凭票供应，并通过有关媒体广为宣传。结果，很快将积压鸡蛋销售一空。

问题：（1）这个案例运用了什么心理原理？

（2）这个案例对组织开展公关活动有何启发？

分析提示：在这个案例中，"鸡蛋凭票供应"实际上是给市民以心理暗示：鸡蛋供应紧张，可能脱销，于是就激发了市民的购买欲望，从而达到了促销的目的。

实践训练

在班级开展一次辩论赛，就大学生迷恋网络游戏这一问题进行一次劝说演练。

心理小测验

一、人际冲突平息能力测验

1.你正忙的时候，一个朋友来找你倾诉苦闷，你的做法是：

A.放下手中工作，耐心倾听　　　　　　B.显得很不耐烦

C.似听非听，思维还在自己的事情上　　D.向他解释，同他另约时间

2.你的朋友向你借你新买的录音机，你的做法是：

A.借给他，但牢骚满腹

B.脸色很难看，使你的朋友不得不改变主意

C.骗他说你已经借给了别人

D.告诉他，你需要先用一段时期，然后借给他

3.在公共汽车上，你无意间踩了别人一脚，他对你骂个没完，你的做法是：

A.听其自然，充耳不闻

B.同他对骂

C.推说别人挤了自己

D.请他原谅，同时提醒他骂人是不对的

4.影剧院不准大声喧哗，但你的邻座旁若无人地大声喧哗，你感到厌烦，你的做法是：

A.很反感，希望有人提醒讲话者

B.大声指责他"没修养"

C.请服务员来干涉，或对讲话者旁敲侧击地进行指责

D.很有礼貌地提醒对方不要影响别人

5.休息日你忙了一整天，把房间全部打扫干净，你爱人下班回家却指责你没有及时做晚饭，你的做法是：

A.心里很气，但仍勉强去做饭

B.骂爱人自私，要爱人去做饭

C.气得当晚不吃饭

D.向爱人解释，然后请爱人一同出去"改善"一顿

6.某天你家里有急事，领导不了解情况，要你加班，你的做法是：

A.同意加班，但心里暗暗埋怨

B.拒绝加班，不做解释

C.借口身体不好，不能加班

D.同领导商量，然后选择更为重要的事情去做

7.你辛苦了好长时间，自己觉得某项工作做得颇为出色，但上司很不满意，你的做法是：

A.不耐烦地听上级指点，心中充满委屈但默不作声

B.拂袖而去，认为自己受到的对待不公正

C.寻找各种借口为自己开脱

D.诚恳地查找自己做得不够的地方，以便今后改善和提高

8.别人做了一件很对不住你的事，却试图掩盖，知道事情真相后，你的做法是：

A.不客气地告诉对方，自己已经知道了一切

B.与对方撕破脸皮，威胁报复

C.将事情埋在心底，装作什么也不知道

D.诚恳地告诉对方这件事情给自己带来的苦恼，并表明双方以后仍可真诚相处

记分方法：

题号	A	B	C	D	题号	A	B	C	D
1	2	1	3	4	5	2	1	3	4
2	2	1	3	4	6	2	1	3	4
3	2	1	3	4	7	2	1	3	4
4	2	1	3	4	8	2	1	3	4

评价方法：

满分为32分，得分越高，表明平息人际冲突的能力越高，处理人际冲突的方式越富有建设性。每道题目的D项选择（记4分），是最有建设性的处理人际冲突的方式，也是最理性、从长远看最有利的处理方式。这类方式是值得提倡的。得分越低，意味着处理人际冲突的方式越情绪化，越容易使事情变得更糟，也会使自己付出更大的代价。

二、人际关系建立能力测验

下列各题是否符合你的情况，请按很符合、符合、不符合、很不符合评价，并分别

在 A、B、C、D 上打钩。

　　1.我很容易交上新朋友。A　B　C　D

　　2.我在与陌生人谈话时，常不知如何开头。A　B　C　D

　　3.我交朋友常常由别人引见。A　B　C　D

　　4.我喜欢参加群体活动。A　B　C　D

　　5.我能很好地体会别人的心情。A　B　C　D

　　6.我常能准确猜出别人为什么高兴或不高兴。A　B　C　D

　　7.我不轻易评论别人。A　B　C　D

　　8.我认为好多人都不讨人喜欢。A　B　C　D

　　9.我认为初次打交道时不应信任对方。A　B　C　D

　　10.人只应与对自己有利的人交朋友。A　B　C　D

　　11.我很容易同别人"见面熟"。A　B　C　D

　　12.在社交场合，我可以很投入地与大家玩。A　B　C　D

　　13.一个人外出时，我常不知如何排解孤独。A　B　C　D

　　14.我不喜欢常有人打扰。A　B　C　D

　　15.我常忘记答应别人要做的事情。A　B　C　D

　　计分方法：

选项＼题号	1	2～3	4～7	8～10	11～12	13～15
A	4	1	4	1	4	1
B	3	2	3	2	3	2
C	2	3	2	3	2	3
D	1	4	1	4	1	4

　　评价方法：

　　满分为 60 分。如果你的得分接近满分，那么说明你很善于建立人际关系，容易结识新的朋友，在人际关系上的处境也较好；如果你的得分更接近最低值，则意味着你建立人际关系的能力尚需提高。

第6章
组织与公众的心理沟通

【学习目标】

在学习完本章以后，你应该能够：
- 了解信息沟通的含义和模式；
- 明确信息沟通的内容和应该遵守的原则；
- 熟知意见沟通、情感沟通的意义和功能；
- 掌握意见沟通、情感沟通的方法和途径。

第6章

思维导图

某市公安系统每年年末都要将员工家属请来，举行一次别开生面的联谊会。会上，首先由局领导做中心发言，其主要思想是感谢各位家属的大力支持，"军功章上有我的一半也有你的一半"；然后做自我批评，没有尽力照顾好各位家属，希望大家多提意见。领导的诚恳态度与家属们的深明大义，使公安战线上辛勤工作的广大干警们有了强大的后盾和支持，工作干得更有劲了。

分析提示：组织的各种联谊活动，可以增进组织与员工及其家属的相互了解，加深感情，促进信息沟通和情感交流。

这个案例表明：在如今这个情感消费的时代，企业以情感人，巧妙地利用公众的情感，在企业与公众之间架起一道"彩虹"，企业才会更有吸引力。由此可见，情感沟通是塑造良好组织形象的重要手段。本章将从信息沟通、意见沟通、情感沟通等方面去阐述组织与公众的心理沟通问题。

6.1　组织与公众的信息沟通

公共关系活动的本质，就是通过双向沟通有效地实现社会组织与公众之间的信息交流。公众心理沟通是社会组织借助各种传播手段，将自身的基本情况向公众进行传播，以满足公众的求知需要以及宣泄情感需要的双向心理共构活动。社会组织通过实现与公众的心理沟通，可及时了解公众的需求现状与趋势，满足和引导公众需求，从而推动双边关系的稳步发展。

6.1.1　信息沟通的含义

一般来说，信息是指消息、情报、指令、图像、色彩、数据等有关周围环境的知识，是人们通过感觉器官和大脑能够感知到的未曾知道的东西，通常以声音、图像、文字等方式传递。

信息沟通，顾名思义就是信息的交流和贯通。信息沟通实质上是一种心理沟通，通过沟通人们获得知识，增进了解，满足多种需要，获得心灵慰藉。因而，公关心理学的信息沟通是指人与社会群体之间彼此传递意见、观点、思想、情感，从而达到相互理解、相互认知的过程。

组织与公众的信息沟通就是指组织通过向公众传递有关该组织的各类信息，让公众认知和了解该组织，从而实现与公众的信息交流和贯通的过程。这里的信息交流和贯通有双重意义：一是交流应是双方的，彼此互有信息对流；二是信息应准确送达对方。所以，信息沟通应是指双方互相传递使对方感到满意的有价值的信息，并保证对方准确理解其意义。

在公共关系活动中，信息沟通是扩大组织知名度、美誉度，树立组织良好形象的一个重要手段。组织只有不断地与公众进行信息沟通，才能增加公众对该组织的信任感、亲切感和心理认同感，从而满足公众的求知需要。

在公共关系活动中，信息沟通是一项最基本的内容。组织为了扩大其知名度、美誉度，必然会用各种手段和方法进行自我宣传，公众对组织的印象也必然会反馈到组织。从总体上说，这是一种信息对流，并且是能够被彼此所理解的。但是具体到特定的公共关系的主客体、特定的公共关系活动，就不一定能够做到信息沟通。比较突出的有两种表现：组织只顾发送信息而不顾公众是否理解和接受，甚至不清楚能有多少公众接收到了信息，这是信息不贯通；组织没有专门的信息接收和加工机制，来自公众的信息被信息科学所讲的噪声所淹没，这也是信息不贯通。两种不贯通中只要有一种，就构不成信息对流，也就谈不上信息沟通。

我们这里说的沟通，是信息在人与人之间的沟通，所以实质上是一种心理沟通。人都有求知的需要，任何对自己有价值的信息，都是人们渴望了解的。能够提供这样的信息不仅能满足人们的求知需要，而且必然会产生"补偿效应"，即增加公众对组织的信任感、亲近感，信任感和亲近感又推动公众对组织发送能满足其求知需要的信息，由此构成信息沟通的一次完整过程。公共关系的主体和客体在这种信息沟通中互相得到求知需要的满足，并彼此提供这种满足，显然这是一种心理沟通。当然，这种沟通只是相互关系中的一次沟通过程，而不是整个信息沟通或心理沟通的过程。

为了在公共关系的各种活动中能够始终做到信息沟通，公关人员就需要对信息沟通的模式、内容以及应当注意防止的倾向做一番考察和研究。

小知识 6-1　　　　　　　信息与消息、情报、知识、资料的关系

信息与消息、情报、知识、资料等概念有密切联系，但严格来说又有所区别。当消息是指包含某种内容和意义的音信时，它与信息相近，但人们通常把它看成新闻学上的一种体裁。信息是消息的内核，消息是信息的外壳。不同的消息中所包含的信息量不同，有的消息中信息量多一些，有的消息中信息量少一些，有的消息中甚至不包含信息。情报一般是指通过某种秘密手段取得的信息。信息的范围比情报广，情报与信息是局部与全局、部分与整体的关系。情报一般是重要信息，但信息不一定是情报。知识与信息的关系，与情报和信息的关系类似。而资料，若和信息联系起来，则可以看成信息物化后的一种存在形式。

资料来源　张英奎、孙军. 现代管理［M］. 北京：清华大学出版社，北京交通大学出版社，2004.

6.1.2　信息沟通的模式

信息沟通也叫信息传递，是信息的形成、补充和发展过程，也可以说，信息沟通是一个运动的过程。简单地说，就是信息由信源发出，通过信道到达信宿的过程。详细地讲，实际上是信源发出信息，经过编码转换成信号，信号在信道内传输，此时要受到噪声的干扰，通过信道后的信号又经译码转换成原来的信息，为信宿所获得。信宿在获得信息后，又将接收信息的情况反馈到信源，以便信源根据反馈来调整和控制整个发送过程，从而取得更佳的信息交流效果。这就是一个完整的信息沟通过程（如图 6-1 所示）。

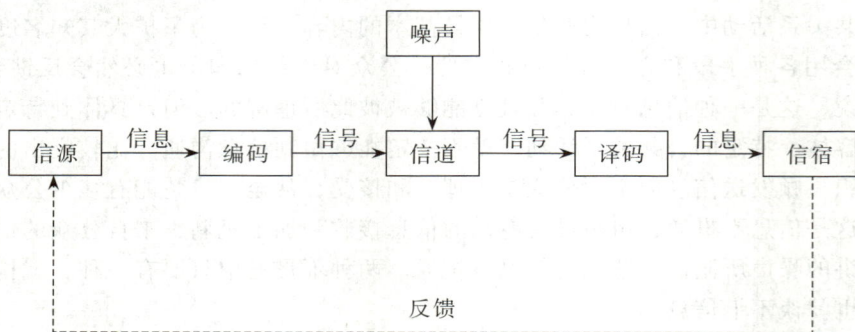

图6-1　信息沟通的过程

当然，不同类型的信息沟通，其运动过程是有差别的，但总的来说，基本的运动模式是一致的。

1）信息沟通过程

信息沟通的过程一般应具备如下基本要素：

（1）信源。它是信息的来源，即传播者。公共关系信息传播的双向性使组织和公众分别具有信源、信宿的双重身份。

（2）编码。它就是把信息转换为便于传输的信号的措施，即用符号表示信息。例如，企业把向公众传播的信息用文字、声音、图像、画面等形式传送出去。

（3）信道。它是传播信息的通道或媒介。它是信息传播的重要组成部分。在公共关系活动的信息传播中，常用的信道包括新闻媒体，如报纸、杂志、广播、电视、网络等；人际媒体，如各种会议等；通信媒体，如信函、电话、电报、传真等；实物媒体，如文献资料、音像资料、电脑硬盘资料等。

（4）噪声。它是信息在传播过程中受到的各种影响。由于噪声的存在，信息的传播数量和质量会受到一定的影响，容易造成信息丢失或者信息失真。在信息传播过程中，噪声是客观存在的。

（5）译码。它是编码的逆变换。信息经过一定的传输到达信息接收者之前，必须经过翻译解码，把信号译成接收者所能理解的文字、图像、声音等。

（6）信宿。它是接收信息的对象，即接收者。在公共关系活动的信息传播过程中，信宿可能是社会公众，也可能是社会组织。

（7）反馈。它指的是信源把信息传给信宿后，由信宿将信息接收后的反应逆向传递回来，以便信源对信息的再度传播进行调控的过程。在信息交流中，信息从信源发出并进行编码后，经过一定的通道输送给信宿。发送中信源通过反馈来了解其想传播的信息是否被对方准确地接收。反馈构成了信息的双向沟通。

2）公共关系沟通障碍

在公共关系活动中，沟通并非总是顺畅的，常因各种情况导致沟通障碍。

（1）语言的运用方式造成的沟通障碍。语言本身是复杂的，吐字不清、方言土语、语义不明等，都会招致接收者误解、反感甚至抗拒，影响沟通效果。如在方言方面，我国地域辽阔，有八大方言区，即北方方言区、吴方言区、湘方言区、赣方言区、客家方言区、闽北方言区、闽南方言区、粤语区，而每个地区的方言还可以分出大体上近似的一些次方言，这往往导致沟通障碍。比如，初次到南方的北方人饱受语言不通之苦，问路走错路、乘车下错站，甚至有时会因语言误会而引起纠葛等。

（2）认知与偏见造成的沟通障碍。信息沟通常为人的认知、情感、态度等心理因素所制约。这些心理因素往往形成某些认知定式，从而使人产生心理偏见，影响人们间的相互了解，甚至会产生人际冲突。例如，有的人在分析、推断他人和自己行为的原因时常常发生错误，这种归因过程中的错误就是归因偏见。持有归因偏见的人总是把他人的成功、成绩归因于外因，而把他人的失败、失误归因于内因；把自己的成功、成绩归因于内因，而把自己的失败、失误归因于外因。持有归因偏见的人往往把自己的错误推测四处传播，以致人与人之间产生曲解、抱怨、冲突。

（3）习俗造成的沟通障碍。习俗就是风俗习惯，即在一定历史文化背景下形成的社会行为规范。它对于调整人际关系具有约束力。公关人员必须掌握必要的民俗知识，在信息传播中消除习俗障碍。例如，"天气转冷了，多穿点衣服，别感冒了。"这在中国人看来是一句富有爱意的劝告，但如果你对美国人说，他会认为这是一种站在优越地位上的教训口吻，认为自己被当作一个孩子，连穿衣服这样的小事也不知道，因而会很不高兴。显然，这样的劝告与美国人强调自我的独立个性意识是背道而驰的。

（4）组织及沟通方式造成的沟通障碍。合理的组织机构有利于信息沟通。如果机构过于庞大，中间层次过多，人浮于事，就会造成沟通障碍。层次过多易造成信息流失和失真，机构重叠易造成沟通缓慢，渠道单一易造成信息不足。

小知识6-2　　　　　　　　　　　　　信息的特性

信息作为一种特殊的资源，具有明显的特性。

事实性：这是指信息的核心价值。它是信息的第一属性，不符合事实的信息不仅没有价值而且可能价值为负，既害别人，也害自己。

时效性：这是指从信息源发出信息，经过接收、加工和传递等过程，直到用于决策的这段时间间隔及其使用的效率。时间间隔越短，信息的使用越及时，使用程度越高，时效性越强。

不完全性：这是指反映客观事实的信息通常难以一次就全部获得，它与人们认识事物的程度有着直接的关系。

变换性：这是指同一信息可以根据使用者的不同要求采用不同的表达方式。这有利于人们对信息的处理和利用。

价值性：这是指信息是经过加工并对生产经营活动产生影响的数据，是劳动创造的，是一种资源，因而是有价值的。信息价值等于使用信息所获得的收益减去获取信息所用的成本。

资料来源　张月玲，卢潇. 管理信息系统［M］. 北京：清华大学出版社，2004.

6.1.3　信息沟通的原则

在公共关系活动中，信息沟通应当是社会组织（主体）的自觉要求，相对而言，公众（客体）则处于被动的地位，因而客体发出信息往往是无意的，而主体发出信息往往是有意的。为充分发挥信息沟通的作用，信息沟通的内容必须符合有用、新颖、健康和真实的要求。

（1）有用原则。组织所传递的信息应是有用的消息。也就是说，组织在与公众进行沟通时，必须分清公众的性质和公众的求知需要情况，根据公众对象不同，求知需要的不同，选择对公众有用的信息进行传播沟通。这样，就能满足双方的需要。对公众无用的信息，公众不会接受，因而组织就无法实现与公众的沟通。

（2）新颖原则。信息传递的内容必须是新颖的，是人们尚不知道的东西，千篇一律不会引人注意，也没有吸引力。公众的求知需要有强有弱，各不相同，但对新颖的东西往往有强烈的好奇心和求知欲，并且往往给予更多的注意，形成的印象也格外深刻。因此，选择新颖和信息量大的内容才会对公众有吸引力，才能推动信息的多级传递，从而增大信息的传播范围。

（3）健康原则。有用而新颖的信息并非一定健康，组织传送内容不健康的信息是对公众和社会的毒害，必然要受到舆论的谴责或法律的制裁。公共关系的主体要对公众和社会负责，与公众沟通的内容既要符合组织和公众的双边需要，又要符合社会道德准则和社会主义精神文明建设的要求，因而必须选择和传递对公众有益的信息。

（4）真实原则。信息的内容有真实、虚假和不确定之分。如果组织传递的信息是虚假的，长此以往就会使公众产生被愚弄之感，失去对组织的信任，从而无法继续沟通。在公共关系活动中，组织在与公众沟通时，必须坚持实事求是的原则，选取的内容必须真实、可靠，保证信息真实地反映事物本质，不能以任何形式发布虚假的信息欺骗公众；否则，组织将失去公众的信任，其声誉和形象将受到严重损害。

案例窗 6-1

某市森林公园在某年国庆节正式对外开放。开放之前，公园方曾在上海的一些报纸上做过宣传，然而有些宣传明显过了头。公园方自己编印的宣传资料也有些名不副实。公园方将松树稀少的地方美称为"松涛幽谷"，枫树稀少之处称为"枫林爱晚"，没有花的地方称为"花架"，并且声称公园"景色迷人，令数万游客神往"。结果，许多人去后连呼"上当"，发誓"再也不来了"，也有人说这是"花钱买罪受""后悔不已""早知如此，就不会跑到这个地方来了"。

案例窗 6-1

案例点评

6.2　组织与公众的意见沟通

6.2.1　意见沟通的意义和功能

意见沟通就是组织与公众相互交流看法和想法，达成意见一致的过程。意见沟通贯穿于公共关系活动的始终。公共关系是一种组织与公众之间对立统一的互动互利关系，因而出现意见分歧甚至冲突是在所难免的。为了赢得公众的支持与合作，组织就必须倾听公众的"呼声"，自觉地与公众交换意见，并在此基础上说服公众，或修正自己的意见，从而达成认识上的一致和关系上的和谐。因此，从某种意义上说，公共关系活动的整个过程也就是组织与公众不断交流意见、最终达成一致的过程。

社会心理学家迈耶尔说："意见沟通就是将一个人的意见和观念传达给别人的行动。"这里的意见有广义与狭义之分。广义的意见是指公众对组织的认识、看法、见解和主张，也就是公众对该组织在信息沟通基础上所形成的主观看法。狭义的意见则是指公众对组织的不满、批评性的看法和主张。这两种含义的意见对组织来说都很重要。组织只有经常地、主动地和广泛地听取公众的意见，并及时有效地传播和发送本组织的意见，才能在意见交流中形成与公众一致的看法，从而实现组织的公共关系目标。

第一，从公共关系目标、职能来看，建立公共关系主体与客体的和谐关系，树立组织在公众心目中的良好形象是公共关系最主要的内容。这实质上就是组织期望的形象和公众认可的形象的一致，也就是组织期望的意见和公众意见的趋同。

第二，从公共关系手段来看，双向传播是公共关系的工具和手段，而双向传播的核心内容和实质是建立组织与公众的良好关系，因此双向传播主要是双方意见的传播。

第三，从公共关系效果来看，只有增强组织与公众的信息交流，提高组织决策的透明度，使组织在与环境的相互制约作用中获得良好发展，才能说公共关系向好的方面、有利于组织的方面发展，使组织与公众意见趋同、利益共享，获得共同发展。

由此可见，意见沟通的意义和功能从根本上来说是由公共关系的目标决定的，意见沟通在公共关系活动中具有十分重要的意义，发挥着重要的功能。

（1）意见沟通是实现公共关系目标的基础。公共关系目标的主要内容是建立组织与公众之间的合作关系，在公众心目中树立组织的良好形象。这一目标只有在公众意见与组织期望趋向一致的条件下才有实现的可能。如果组织与公众的意见有分歧，甚至相互抵触，则公共关系活动就会处处受阻，也不可能实现其目标，而意见沟通的理想效果是保证组织与公众意见交流的畅通和趋向一致。因此，意见沟通是实现公共关系目标的基础。

（2）意见沟通有利于完善公共关系决策。当今社会是信息化社会，无论进行何种类型的决策，只有全面掌握信息，才能使决策较为完善，公共关系决策同样如此。在公共关系决策中，不仅要收集组织外部环境与组织内部环境的一般信息，更要注重收集组织内外环境的特殊信息——公众的意见。公众的意见不仅会使公共关系决策更有针对性、完善性，而且可以进一步提高公共关系决策的水平。

（3）意见沟通有利于公共关系目标的实现。在公共关系活动中，意见沟通不仅包括互相阐述自己的想法，而且包括最终达成相互间意见的一致。在公共关系活动中，组织和内外公众的意见不一致的现象是经常发生的，公共关系主体和客体的关系本来就是既对立又统一的矛盾关系。公共关系主体通过有目的的公共关系活动实现公共关系目标，就是要让公众认同自己的意见，并且在意见交换中修正自己的意见。所以，从这种特定的意义上说，公共关系目标的实现也就是组织和公众意见的一致，为实现公共关系目标而做的一切努力都是为得到公众认可。

意见沟通既是实现公共关系目标的基础，又是公共关系活动的目的。这说明它贯穿于整个公共关系活动过程中，和公共关系活动过程须臾不能分离。只要开展公共关系活动，就必须进行组织和公众之间的意见沟通。

小知识6-3   **组织沟通**

组织沟通是指组织之间的信息传递。组织沟通有两层含义：一方面是指组织内部成员、部门之间的沟通；另一方面是指组织与组织之间的沟通。因此，同事关系、部门关系、领导与群众的关系、单位与单位的关系以及个人与单位的关系等都是组织沟通所要探讨的问题。组织内部的信息沟通有两条渠道，即正式渠道和非正式渠道。两者均载有信息，同等重要。所谓正式渠道，是指组织内部按正规的方式建立起来的渠道。信息既可以从上级部门传递到下级部门，如政策、规范、指令等；也可以从下级部门反映到上级部门，如报告、意见、请示等；还可以是同级部门之间的信息交流。而非正式渠道是由组织内部成员之间因为彼此的共同利益而形成的，这些利益既可能因为工作而产生，也可能由于组织外部的各种条件而产生。

资料来源　张英奎，孙军．现代管理［M］．北京：清华大学出版社，北京交通大学出版社，2004.

6.2.2　意见沟通的过程、方法和实施要求

1）意见沟通的过程

组织和公众意见沟通的过程，包括四个环节和两个矛盾转化阶段。

意见沟通的四个环节是：①从意见不通到意见互通；②从意见互通到意见分歧；③从意见分歧到意见冲突；④从意见冲突到意见调停。上述四个环节中，从意见不通到意见分歧是一个矛盾转化阶段，从意见冲突到意见调停是另一个矛盾转化阶段。

意见沟通的起点是从意见不通开始的，意见不通是最危险的信号，尤其是对沟通的主体——组织来说，如果听不到公众的意见，必然使公共关系活动陷入盲目和被动，也难以实现公共关系的目标。因此，组织受公共关系目标的驱使，必然会把自己的意见做不懈的、广泛的传播，并以此引发公众对主体意见的反应，从而实现意见的互通。事实上，公众受自身宣泄需求、表现需求及自我实现需求的驱使，有时也会主动、积极地向组织传播自己的意见，因此从意见不通转变为意见互通的状况有其必然性，也可以这样认为：只要有公共关系活动，就必然会有意见的互通。

意见的互通会伴随着意见分歧的产生。这是因为任何一种意见都有可能引起不同的甚至完全相反的意见，尤其是公共关系的主客体所处的地位不同时，由于其考虑问题的角度和重点不同，各自的利益出发点也不一样，因此意见互通过程中，意见分歧的发生是经常的，也是难以避免的。如果把意见不通看作主客体还处于矛盾的统一体之中，则意见分歧是由于主客体各自的观点、看法和主张有差异，两者处于矛盾的对立体之中。因此，从意见不通到意见分歧是公共关系的主客体从统一面转向对立面的矛盾运动过程，这是意见沟通的第一个矛盾转化阶段。

意见分歧是意见冲突的萌芽，由于不能及时地消除分歧，往往导致沟通的主客体之间关系紧张且这种态势愈演愈烈，最终导致剧烈的冲突。

意见的冲突是主客体关系破裂的前兆，因此组织应采取积极的姿态和有效的措施，

及时地调停，以修补裂痕。从意见冲突到意见调停是公共关系的主客体关系从对立面转向统一面的矛盾运动过程。这是意见沟通过程中的第二个矛盾转化阶段。

认识意见沟通的四个环节和两个矛盾转化阶段，对我们实施意见沟通、提高意见沟通的有效性具有实践指导意义。

2）意见沟通的方法和实施要求

意见沟通的方法是多种多样的。开民主生活会、发放意见调查表征询意见、开展合理化建议有奖活动等都是意见沟通的有效方法。在具体实施意见沟通时，要求组织做到以下几点：

（1）谦而诚。"谦"是指在沟通过程中公关人员要谦虚、要尊重对方。"诚"是指在沟通过程中公关人员要有诚意，要以诚恳的态度参与沟通，要诚心诚意地听取公众的意见，善于接纳公众的不同意见，并以"同理心"的态度对待公众意见。

（2）勤而快。"勤"是指组织要勤于发表自己的意见，勤于征询公众的意见，勤于实施意见沟通。"快"是指组织要快速、及时地进行意见沟通，尤其是当意见分歧发生后，应及时、迅速地做出反应，采取措施，把意见冲突"消灭"在萌芽状态之中。

（3）广而深。"广"是指意见沟通的对象要多、内容要广，组织意见传播的范围要广。"深"是指了解公众的意见要深入，要能够透过现象看本质，要在与公众充分交换意见和进行深入探讨的基础上把握意见正确与否的客观性，防止主观臆断。有些意见沟通貌似达成了共识和一致，但实际上沟通对象只是没有公开自己的意见或表面上附和不同的意见，这也是沟通不深入。

（4）异而别。"异"是指组织要分清各种意见的差异，区别各类意见对象。"别"是指在沟通过程中，不同的意见或不同的公众应使用不同的沟通方式，以提高意见沟通的针对性。

案例窗 6-2　　　　　　　**通用电气公司的"门户开放"政策**

在通用电气公司，从公司的最高领导到各部门领导都实行"门户开放"政策，欢迎员工随时进入他们的办公室反映情况，对员工的来信、来访均妥善处理。

公司的最高领导层和全体员工每年至少举办一次生动活泼的"自由讨论会"。公司努力使自己更像一个和睦、奋进的大家庭，从上到下大家相互直呼其名，无尊卑之分，相互尊重，彼此信赖，人与人之间的关系十分融洽。

案例窗 6-2
案例点评

6.3　组织与公众的情感沟通

公众感情主要包括情绪和情感两个方面。由公众心理的一般特征可知，情绪是由具体原因引起的，具有情境性、外在性、短暂性、爆发性等特征；情感则是由各种原因造成的，具有稳定性、深刻性、含蓄性等特点。

从公共关系的角度看，公众的情绪变化与两种情况有关：一是与组织的活动无直接关联，但表现的时间和空间同组织有关。如家庭矛盾、邻里纠纷、工作不顺、身体有病等产生的不良情绪会影响公众与组织的正常交流；提升、中奖产生的愉快情绪也会被带入与组织的关系之中，从而产生情绪变化。二是由与组织的行为活动等直接相关的原因造成的情绪变化。例如，公关人员态度的好坏、产品的质量优劣等引致的情绪变化，这类情绪变化会直接影响组织的形象以及组织的生存和发展。因此，组织对公众的情绪一定要仔细分析，尽量避免公众不良情绪的产生。

6.3.1　情感沟通的意义

情感沟通就是组织与公众相互交流情感，产生情感共鸣的过程。情感沟通伴随意见沟通的始终。情感是人们对客观事情的态度的体验。当公众对组织及其所作所为抱有某种看法与想法的时候，必然会产生相应的情感，并以愉悦、赞赏、喜欢、敬佩或厌恶、愤怒、忧虑、憎恨等形式表现出来。同时，公众的某种情感一旦产生，会对其原有意见起强化和激化作用。因此，在公共关系活动中，组织与公众之间的意见沟通和情感沟通是相互联系、相互制约、密不可分的。所以，情感沟通在公共关系活动中具有十分重要的意义。

（1）情感沟通能够打开公众的心扉。公众在不同的情感状态下，其心理活动的倾向性是明显不同的。在积极的情感状态下，公众会以一种愉悦、友好、宽容的心态看待周围的事情，容易接受新事物、新观念，即使碰到反对意见也能以一种开明的态度加以对待。因而，当公众处于这种情感状态时，组织与公众的意见沟通就容易顺利进行，组织容易说服公众接受自己的意见，至少容易避免产生对立的可能性。而当公众处于消极的情感状态时，他们会以一种抵制、敌意、厌烦的心态去看待周围的事物。如果此时组织与公众进行意见沟通，公众就很难接受组织的说服，会下意识地寻找各种理由来反对或挑剔组织的意见，甚至会把心中的不快发泄到组织头上。因此，情感沟通常常是意见沟通的先导，它能打开公众的心扉，使之以一种积极、开放的心态投入到与组织的意见沟通中，从而提高达成意见一致的可能性。

（2）情感沟通有助于组织与公众建立良好的关系。在现代社会，公众不仅有求知的需要，也有情感的需要，不仅需要物质的满足，也需要情感的满足。情感沟通能较好地满足公众的情感需要，使公众对组织产生感激、亲近之情，从而为建立和发展彼此间的合作、支持等关系奠定基础。

（3）情感沟通是塑造良好组织形象的手段。组织要赢得公众的好评，首先要赢得公众的好感。公众对组织的整体评价，既有客观认知成分，也有强烈的主观体验色彩。

案例窗 6-3　　　　　　　　　　　**聪明的推销员**

　　汽车推销员乔·吉拉德在他从事汽车销售业务的 11 年中，卖出的汽车比任何人都多。他成功的奥秘在于"我每月都要送出 1.3 万张以上的贺卡"。顾客只要在他手中买过一辆车，就再也不会忘记他。他们会像刚买车时一样，每月都收到一封信或一张贺卡，他们也会复信给他，一种特殊的沟通就这样形成了。乔·吉拉德每月 1.3 万多张的贺卡真正体现了他对顾客的关心。

案例窗 6-3

案例点评

6.3.2　情感沟通的过程和要求

1）情感沟通的过程

组织与公众的情感沟通过程包括两个相互联系、相互制约的阶段：

（1）对公众情感的体察阶段。组织对公众情感的体察是把握与公众情感沟通的时机，实现与公众情感沟通的重要条件。可以说，它是实施与公众情感沟通的必经阶段。

对公众情感的体察，包括体验和观察两个方面。体验就是要把自己放在对方的位置上，设身处地地为公众着想，乐公众所乐，急公众所急。观察就是要把自己放在主动者的位置上，积极主动地观察公众的情感状态及其变化状况。只有既把自己放在对方的位置上，又把自己放在主动者的位置上，才能真正认清和理解公众的情感。也只有真正认清和理解公众的情感，才能取得情感沟通的理想效果。

（2）公众情感的满足阶段。公众情感的满足是组织与公众进行情感沟通的另一个重要阶段。这不仅是人的社会性要求，也是公共关系根本任务的要求。如果公众合理的基本需要得不到满足，则难以实施组织与公众的情感沟通。

案例窗6-4　　　　　2014年首期《新闻联播》结尾：2014爱你一世

央视《新闻联播》是全国乃至全球收视人数最多的新闻类节目之一，它的一举一动都具有"风向标"的意义。近年来，此档新闻在逐渐改版，改版后的节目"更接地气"、更有亲和力和活力。

一直以来，央视的《新闻联播》给人留下的都是严肃的印象，而就在2014年元旦当晚，《新闻联播》在结束时首次向全国观众进行了一场浪漫的"告白"，并配以全国各地新年日出景色的风光片。此"告白"举动一经播出，立即引发网友热烈讨论，不少网友大赞《新闻联播》的此次"卖萌"之举。

以往的《新闻联播》在每天节目快结束时，都是由两位主播伴着背景音乐做简短结束语，然后打出结束字幕。而就在2014年1月1日当晚，《新闻联播》表现了新年新气象，不仅以全国各地新年日出景象的风光片为结尾，主播的画外音也适时响起："朋友们都在说，2013就是爱你一生，2014就是爱你一世，那就让《新闻联播》和您一起传承一生一世的爱和正能量！"节目一经播出，立即引起网友热议。"今天的《新闻联播》太浪漫了！""《新闻联播》配着这温暖的背景音乐和这样的'告白'，觉得真是温馨，好有爱！"从反响来看，大多数网友都对央视此举大大点赞。细心的网友会发现，近年来《新闻联播》一直在改版，包括播出文娱、体育类的预告性节目，还让青春偶像剧在《新闻联播》上"露脸"。改版后的节目更加接地气，网友、观众也愈发喜欢《新闻联播》走这样的"亲民"路线。

资料来源　谭昆智. 公关原理与案例剖析［M］. 2版. 北京：清华大学出版社，2015.

案例窗6-4

案例点评

小思考6-1

组织进行内部情感沟通的途径一般有哪些？

小思考6-1

分析提示

2）情感沟通的要求

（1）要善于体察公众的心境。这一方面要求组织善于在公众心境良好的情况下，把握沟通的时机；另一方面要求组织善于在公众心境不良的情况下进行沟通。公众心境不良时，实际上正是其最需要关心、理解的时候。因此，组织应该正视现实，采取主动积极的态度进行直接沟通。只有这样才能更全面、更深入地体察公众的情感，实现更稳固的情感沟通；相反，如果采取回避的态度，有可能加剧公众不良的心境，加大情感沟通的障碍。

（2）要善于把握公众的激情。把握公众的激情，要求组织对公众的情绪趋向做出明确的判断。如果激情能给沟通带来积极的影响，组织应及时加以强化并适时地进行沟通；如果激情将给沟通带来消极的影响，应注意如何去克服它。一般来说，当公众处于愤怒和发泄的情绪状态时，组织应保持冷静的头脑，积极分析激情产生的原因、发展的趋向以及可能造成的后果，避免发生直接冲突，并以真诚和理解的态度进行沟通；当公众激情的直接组织引发者已无法再继续和公众进行沟通时，组织的其他成员，特别是公关人员应及时地进行调节。

（3）要善于组织与运用富有情感的信息和富有感染力的沟通方式。富有情感的信息具有吸引的作用。比如，杭州有一个"美食家餐厅"，在顾客使用的筷子上印有这样两行字："假如我的菜好吃，请告诉您的朋友；假如我的菜不好吃，请您告诉我。"这句富有浓厚情感色彩的公关语言同"美食家餐厅"的名字一起传遍了整个杭州。其字里行间产生的情感效应像"磁石"一样，吸引了众多顾客，使该餐厅获得了良好的经济效益和社会效益。

富有感染力的沟通方式要求组织的情感特征在沟通过程中要被充分表露出来，要以情动人。经常开展一些具有爱心性质的活动，可以增强组织与公众之间的联系，这常被称为感情投资。感情投资是一种有目的的沟通方式和手段，可作为公关活动的一种基本方式。

（4）要善于掌握公众的不同情感需要，从不同的侧面着手，以点带面，举一反三，满足公众的情感需要。公众的情感需要是多种多样和多层次的，有基本的友爱、自尊、理解和表现的需要，也有更高层次的自我实现的需要等。因此，情感沟通首先要注意满足公众最基本的需要，这是组织沟通成功的关键。另外，公众的情感需要也是相互联系、相互制约的。比如，当公众自我表现的情感需要得到满足时，他同样会感受到别人对他的尊重、理解和友好，并由此享受到多种情感满足的愉悦。因此，从不同的侧面着手，以点带面，举一反三，可满足公众不同的情感需要，在整体上提高情感沟通的功效。

小知识 6-4   **沟通能力与情商**

1995年，美国《纽约时报》的专栏作家、哈佛大学教授尼尔·戈尔曼出版了他的新作《情绪智力》。此书一出版，在美国社会掀起轩然大波。一个新的概念即EQ，成为各个阶层、各个领域的人们谈论的主要话题。EQ翻译成中文是"情商"，情商概念的提出，揭开了困扰人们的迷雾，也结束了多年来所谓非智力因素的提法。

究竟什么是情商呢？情商是情感智商的简称，用最概括的一句话说，就是人们情绪的自我认知、表达、理解、调节他人情绪和与他人相处、合作的能力。

戈尔曼在他的《情绪智力》一书中提出了在人生发展的过程中"智商决定人生的20%，情商则主宰人生的80%"这一论断。由此，我们可以理解为什么所谓智商高的人，并不一定能都成功，而智力一般但善于控制自己情绪、与人良好沟通的人会表现不凡，这实际上给人的全面素质提出了新的概念。

戈尔曼的情商内涵包括以下六个方面：

（1）自我意识。它是指通过自我感觉来认识自己的情感，并从情绪中脱离出来的能力。一个人在处理他人的情绪时，应不被自己的情绪所左右，更不会产生过激的行为。积极的自我意识包含着对自身素质的清醒认识，也就是所谓的自知之明，对自身素质的有意识运用，能促进自我的发展，使行为更加有效。

（2）情绪控制。它是指针对具体情况采用恰当的情绪表达方式。情绪失去控制时，人就会感到非常烦恼，有时甚至影响正常活动。学会控制情绪是成功和快乐的关键所在。

（3）自我激励。它是指自己树立目标并激励自己努力去实现目标。人本来就有软弱的一面，就是伟人也会有与常人一样的缺点和错误，但不同的是，他们善于通过自我激励去战胜软弱。

（4）认知他人情绪。它是指富有同情心，认知和分享他人情感的能力。

（5）人际沟通能力。人际沟通能力实际上是衡量个人情商水平高低的一个重要尺度。

（6）挫折承受能力。它是指面对挫折而产生的适应能力。挫折承受能力的强弱，直接影响一个人情商水平的高低。

良好的沟通是以双方共同的情绪表露为基础的，在沟通过程中，更好地观察、体验和控制他人的情绪，并能进行很好的情绪表达是尤为重要的。

资料来源 李谦. 现代沟通学［M］. 3版. 北京：经济科学出版社，2009.

小思考6-2

假如组织由于信息发送错误，给公众造成误导，怎么办？

小思考6-2

分析提示

知识掌握

1. 组织与公众之间信息沟通的内容需要符合什么原则？
2. 试述情感沟通的意义并举例说明如何同公众进行情感沟通。
3. 组织如何通过沟通来转化公众的不良情绪？
4. 组织与公众之间的矛盾应该怎样在意见沟通中化解？

知识掌握6-1

答案提示

知识应用

案例分析1　　　　　　　　顾客争座时，该怎么办？

2017年8月，江西一家餐厅开业，生意非常火爆。不想一个月未到，就有顾客因争座被殴打而向报社投诉该餐厅，造成一场不小的风波。

事件经过大致如下：一位女顾客用所携带物品占座后去排队购买套餐时，该座位被一位男顾客坐了而发生争执。先是两位顾客因争座发生口角，尽管已引起其他顾客的注意，但此时餐厅的员工未太在意，未能及时平息两人的争端。接着两人由小声争吵上升到大声争吵，店内所有顾客都开始关注，邻座的顾客则停止用餐，离座回避，带小孩的家长担心事态危险和小孩受到粗话影响，纷纷领着小孩离店。最后两人由争吵上升到斗殴，男顾客大打出手，殴伤女顾客后离店，部分顾客也纷纷离座外逃或远远地看热闹。女顾客非常气愤，当即要求餐厅对此事负责，并加以赔偿。到此时，其影响面还局限于人际范围，如果餐厅经理能妥善处理女顾客的要求，女顾客就不至于向报社投诉。但餐厅经理表示"这是顾客之间的事情，餐厅不应该负责"，拒绝了女顾客的要求。女顾客马上打电话向在当地影响力较大的报社投诉，报社立即派出记者到场采访。女顾客陈述了事件的经过并坚持自己的要求，而餐厅经理在接受采访时对女顾客被殴表示同情和遗憾，但是认为餐厅没有责任，不能做出道歉和赔偿。报社很快对此事做了报道，结果引起众多市民的议论和有关法律专家的关注。事后，根据《中华人民共和国消费者权益保护法》，餐厅被认为对此事负有部分责任，向女顾客公开道歉，并赔偿了部分医药费，报社对此也做了后续报道。

问题：（1）从公共关系角度来看，顾客争座，餐厅到底该不该管？

（2）通过这一事件，我们应该吸取哪些教训？

分析提示：从公共关系的角度来看，塑造企业形象的公关工作应当从点滴做起，而不是在引起轩然大波之后再来处理。同时，要重视培养员工的公关意识。形象对组织来说是无形的资产。对顾客争座一事，餐厅应该管，而且管得越早越好。该餐厅因未及时处理好该事件而使舆论影响不断升级，形象损失越来越大。餐厅经理在沟通方面缺乏认识和技巧。如果餐厅经理能妥善处理女顾客的要求，女顾客就不至于向报社投诉。而接受记者采访时，餐厅经理继续持与女顾客对立的观点，更增添了新闻报道的冲突性和报道价值，从而令餐厅进一步陷入被动局面。

实践训练

到当地一家房地产公司，了解一下该公司是如何与公众进行沟通的。

心理小测验

沟通能力测验

根据你即时的感觉尽快地答复每个问题。答案"是"指通常发生的；"不"指很少发生或从不发生；"有时"指你不能回答"是"，也不能回答"不"，但尽量少用这个答案。

1. 在谈话时，你说出的话是否都像你愿意说的那样说出来？

2. 有人问你一个问题，你觉得他问得不够清楚，你是否要他解释一下？

3. 当你解释某件事情时，别人是否会插嘴？

4. 你是否认为你所说的话别人都懂，不必多做解释？

5.你是否要别人告诉你，他对你所谈的有什么感觉？

6.你和别人交谈是不是一件困难的事情？

7.在谈话中你是不是总能谈些你和别人都感兴趣的事情？

8.如果你的看法和周围人的看法不一样，你是不是觉得很难阐述你的看法？

9.在交谈中，你是否把自己置于对方的地位（即设身处地地替别人想一想)？

10.在交谈中，你是否倾向于多说话？

11.你是否知道你说话的声调会影响别人？

12.你是不是会避免谈那些伤别人感情或使情形变得更糟的事情？

13.你接受他人建设性的批评是不是很困难？

14.有人说话伤了你的感情，你是否还会和他谈论这件事？

15.你伤了别人的感情，事后你是否会向他道歉？

16.如果有人反对你的意见，你是否会感到非常反感？

17.当你对某个人感到愤怒时，你是否觉得很难有条理地考虑问题？

18.你会不会因为怕得罪人而不敢表达不同的意见？

19.在你和另一个人发生争执时，你能不能和这个人继续商谈而不发火？

20.和他人解决了意见分歧之后，你会感到满意吗？

21.有人使你心烦意乱，你会不会恼火？

22.有人赞扬你，你会不会感到不安？

23.一般来说，你能不能信任别人？

24.表扬、夸奖他人，你会感到困难吗？

25.你是否有意对别人隐瞒你的缺点或过失？

26.你会不会对人们谈你的思想、感情和信念，使人们了解你？

27.你是不是很难信任别人？

28.当你在讨论问题时动了感情，你想不想换个问题来讨论？

29.在交谈中，你是不是等人家说完，你才对他所说的做出反应？

30.当你和他人谈话时，你会不会想别的事情而不注意他说话？

31.当有人在说话时，你是不是想听一听他讲的是什么意思？

32.当你在说话时，别人是不是都在听？

33.在讨论问题时，你是不是很难从别人的观点中看出事情的究竟？

34.别人在说话时，你没注意听，你会不会假装在听他说话？

35.在交谈中，你能不能指出对方所说的和你所感觉的这两者之间的不协调之处？

36.在说话时，你知不知道别人对你所说的话做何反应？

37.你会不会感觉到别人希望你变成另外一种人？

38.别人是否能理解你的感情？

39.人家会不会说，你总认为你是对的？

40.当你知道你做错了某件事情时，你是否会承认你错了？

记分方法：

用下面的分数表，对照你每一题的答案，得出你的总成绩。

题号	是	不	有时	题号	是	不	有时
1	3	0	2	21	0	3	1
2	3	0	2	22	0	3	1
3	0	3	1	23	3	0	2
4	0	3	1	24	0	3	1
5	3	0	2	25	0	3	1
6	0	3	1	26	3	0	2
7	3	0	2	27	0	3	1
8	0	3	1	28	0	3	1
9	3	0	2	29	3	0	2
10	0	3	1	30	0	3	1
11	3	0	2	31	3	0	2
12	3	0	2	32	3	0	2
13	0	3	1	33	0	3	1
14	3	0	2	34	0	3	1
15	3	0	2	35	3	0	2
16	0	3	1	36	3	0	2
17	0	3	1	37	0	3	1
18	0	3	1	38	3	0	2
19	3	0	2	39	0	3	1
20	3	0	2	40	3	0	2

评价方法：

在进行自我测验时，要注意你的总分数与标准分数是否接近，相差多少。下表中列出了不同年龄的6个常用的标准：53，80，38，26，56，45。

平均数和标准差

年龄组	男	女
17～21岁	平均数81.79 标准差21.56 标准53	平均数81.48 标准差20.06 标准80
22～25岁	平均数86.03 标准差14.74 标准38	平均数94.46 标准差11.58 标准26
26岁及以上	平均数90.73 标准差19.50 标准56	平均数86.93 标准差15.91 标准45
分性别 不论年龄	平均数86.39 标准差19.46 标准147	平均数85.34 标准差18.22 标准151
不分性别 不论年龄	平均数85.93 标准差19.05 标准298	

第7章
组织外部的公众形象

第7章

【学习目标】

- 了解组织形象的含义、构成及塑造组织形象的意义；
- 掌握制造与引导公众舆论的方式和方法；
- 明确企业形象识别系统（CIS）的含义和心理策略；
- 理解公关危机的含义及心理对策。

思维导图

"蒙牛-超女"的轰动效应

2005 年前后，蒙牛乳业集团积极赞助"神五""神六"上天和"超级女声"PK 活动，产生了巨大的轰动效应，并取得了良好的经济效益，其中最引人注目的就是湖南卫视的第二届"超级女声"大赛了。湖南卫视举办的第一届"超级女声"大赛虽然产生了一定的影响力，但并没有引起太大的关注，可第二届轰动了全国。全国众多媒体跟踪报道，成为全国城乡街谈巷议的话题。其原因就是湖南电视台与蒙牛乳业集团合作带来的超级广告效应，蒙牛乳业集团获得"超女"冠名权，冠名费为 2 000 万元，加上各类广告投入 8 800 万元，总投入达 1.08 亿元。在湖南卫视收视率和社会声望急剧上升的同时，蒙牛乳业集团获得了巨大的收益。"超级女声"其实就是"超级女生"，蒙牛乳业集团要将牛奶饮料变为时尚饮料。蒙牛乳业集团专门聘请第一届超女季军张含韵为酸酸乳产品的形象代言人，一曲《酸酸甜甜就是我》唱响大江南北。他们迎合年轻人的爱好和审美趣味，利用网络传播手段，使该比赛空前轰动，也使湖南卫视和蒙牛乳业集团获得了巨大的经济效益。据当年 6 月调查显示，酸酸乳的销售收入至少达 20 亿元。

分析提示：蒙牛乳业集团的成功之处，就在于其以独到的眼光从"超级女声"大赛中看到了机会，并抓住了社会最关注、影响力最大的焦点新闻，针对目标公众的心理特点，展示了强大的公关能力，利用人们的移情效应，为企业扩大了影响，树立了良好的企业形象。这是组织掌握公众心理、积极开展公关活动最成功的典范之一。

7.1　组织形象概述

社会组织作为公共关系活动的主体，它的一切公共关系活动都应以树立、维护和完善其社会形象为宗旨。组织形象已成为一个组织立足社会的必备条件。组织形象是一个组织向社会介绍自己的最好"名片"。组织形象可以说是组织的一笔无形的财富，树立良好的组织形象能使公众对组织产生好感和信任，使组织得到公众的肯定和支持。《美国周刊》有一篇文章就曾这样写道："在一个富足的社会里，人们都不大斤斤计较价格了，而产品的相似之处又多于不同之处。因此，组织的形象变得比产品和价格更为重要。组织的形象如何，会直接影响到其任务的实施与目标的实现。组织形象好，会给组织带来诸多益处，有助于组织目标的实现；而组织形象不好，则会妨碍组织的发展，不利于组织目标的实现，严重的形象损害，甚至会危及组织的生存。"所以，当今的经济时代亦称为"形象力"时代。

7.1.1　组织形象的含义

从心理学的角度来看，形象就是人们通过视觉、听觉、触觉、味觉等各种感觉器官在大脑中形成的关于某种事物的整体印象，简言之是知觉，即各种感觉的再现。有一点非常重要，形象不是事物本身，而是人们对事物的感知，不同的人对同一事物的感知不会完全相同，因为其正确性受到人的意识和认知过程的影响。由于意识具有主观能动性，因此事物在人头脑中形成的不同形象会对人的行为产生不同的影响。

　　所谓组织形象，是指组织在运行过程中显示的行为特征和精神面貌，包括组织的内在气质和外观形象两个方面。通俗地讲，组织形象即社会公众对组织的整体感觉、印象和认知，是组织状况的综合反映。组织形象是组织在与社会公众通过传播媒介或其他渠道接触的过程中形成的，包括公众印象、公众态度和公众舆论三个层次。

小知识7-1　　　　　　　　　　　组织形象是组织的生命线

　　在现代社会条件下，要想仅通过大幅度地提高质量或降低价格在激烈的竞争中求得发展，无疑要受到多种因素的限制，即使在某一点上有所突破，也不可能长久。在这样的一种竞争状态中，只有组织在公众心目中的形象才是它在竞争中最可靠的实力，事实上，得到公众的信任和认同已成为组织生存与发展的重要条件，也是组织之间较量最为可靠的实力因素。因此，有人假设，如果可口可乐遍布于世界各地的工厂在一夜之间全被大火烧光，那么第二天的头条新闻将是：各国银行巨头争相向可口可乐提供贷款。因为可口可乐以它所创立的信誉使人深信——可口可乐不会倒下。而反观做假账失信的安然公司，由于过分追求多元化、追求创新，以及企业文化的日趋腐朽，最终竟然采取多种手法融资，把融入的资金以利润计入上市公司的账目，而把债务留在了关联企业和子公司，造成上市公司利润在4年之内上涨将近1倍的假象欺诈投资者。事发后导致企业形象一夜之间迅速崩毁，而其股票从90美元高价狂跌到了几乎为0的状态。由此可见组织形象已成为市场经济条件下组织的生命线。

　　资料来源　宁怀远. 市场经济呼唤高信誉度的组织形象 [J]. 陕西行政学院学报，2003（3）.

7.1.2　组织形象的构成

　　组织形象的构成要素是多方面的。总体来看，组织形象的要素可以分为内涵和外显两个方面。如质量和性能是产品形象的内涵，外观和包装是产品形象的外显；素质、能力等是人员形象的内涵，作风、仪表等是人员形象的外显；价值观念、职业意识等是文化形象的内涵，口号、厂歌、厂旗等是文化形象的外显；情调、风格、含义是标识形象的内涵，品牌、商标等文字、图案设计是标识形象的外显等。具体来讲，组织形象需要从以下几个方面去塑造和维护：

　　（1）产品形象，即通过组织的产品反映出来的形象。产品形象是组织形象的基本要素。公众直接通过产品了解一个组织，组织通过产品去争取公众，产品形象是整个组织形象的客观基础。公众通过对产品质量、性能、外观、包装、商标等方面的认知形成产品形象。除了企业的产品，还有餐馆的菜肴、宾馆的客房、出版社的书籍、电视台的节目、学校培养的学生等，都是特定组织的产品形象。

　　（2）经营形象，即通过组织的经营管理活动展现的形象，与组织各方面的行为表现有关，如经营作风和管理效率、财务资信和履行合同的信用、技术开发和市场拓展的业绩，以及人事制度、就业条件、员工福利、价格策略、售后服务等，都从特定的方面体现组织的形象。

　　（3）人员形象，即通过组织成员所展现出来的形象。组织拥有的人才阵容以及各类人员的品行、素质、作风、能力、态度、仪表等具体体现着一个组织的形象。人员形象包括组织领导人的形象、管理人员的形象、技术人员的形象、全体员工的形象，都是组织形象的化身。

案例窗 7-1   **首脑公共关系提升领导人魅力**

领导人形象一直是公众比较关注的国家形象议题之一。有媒体这么描述习近平主席给公众留下的深刻印象：他是强力推进改革和反腐的"硬汉"，又是喜爱足球、跟大家一起吃包子的"习大大"。对于李克强总理，媒体称赞他"沉稳务实"，是中国"能源外交"、"高铁外交"、"光伏外交"及"装备制造和基础设施外交"的代言人，而且开创了"李克强经济学"。有境外媒体认为，习近平"包子公关"的做法表明，围绕衣、食、住、行的细节公关已经引起中国政府的高度重视。我们也看到，2013年关于中央领导人衣、食、住、行的细节报道越来越多，这是领导人形象亲民化、生活化、日常化的重要体现，这必将开启领导人形象塑造的新时代。

资料来源 中国公共关系协会，华中科技大学新闻与信息传播学院. 中国公共关系年度报告（2014）[M]. 武汉：华中科技大学出版社，2015.

（4）服务形象，即通过组织提供的服务所展现出来的形象，包括服务态度是否诚恳、热情；服务过程是否及时、迅捷；服务技能是否娴熟、高超；服务设施是否完备、先进等。如今很多消费者不仅重视商品本身的质量，也非常重视服务的质量，优质服务往往给组织带来更多的客户和利润。

（5）环境形象，即通过组织及相关的环境设施所展现的形象，构成组织形象的硬件部分。环境对组织起着烘托、装饰的作用。环境形象包括组织的门面、招牌、厂容店貌、展览室、会客室、办公室、生产场地，以及橱窗的陈设、装饰等，构成现代办公文明、生产文明、商业文明形象的一部分。

（6）文化形象，即通过组织文化要素展现出来的形象，构成组织形象的软件部分。组织的特定文化体现着组织形象的特定风格。文化形象包括组织的价值观念和管理哲学、历史与传统、榜样人物、职业意识与职业道德、礼仪与行为规范以及口号、训诫、厂歌、厂旗、厂服、各种宣传品等，这些均鲜明地体现出一个组织形象的特色。

（7）标识形象，即通过标志和识别系统所展现的组织形象。标识本身就是组织形象的标志，能够帮助公众识别和记忆组织的形象，如组织的名称，产品的品牌、商标或徽记，广告形象、主题词和典型音乐，特定的字体和色彩、包装的设计，宣传的格调等。

（8）组织形象的其他方面。组织遵纪守法的良好记录、公平处理社会纠纷的风度、为媒介提供消息的透明度、热心支持社会公益事业和参与社区活动的影响等，也都综合地反映着一个组织的形象。

小思考 7-1

联想电脑作为国内知名的电脑品牌，在社会上享有较高的信誉和知名度，人们一提到"联想"就会想到它卓越的产品。因此，有人说：产品形象就是组织形象。你认为这种说法妥当吗？

7.1.3　塑造组织形象的意义

建立组织与公众相互了解和相互合作的良好关系，塑造组织良好的社会形象，提高组织的知名度、信任度和美誉度，推动组织的发展，与公众共同获得利益，这是组织自觉地开展公共关系活动的根本目的。简而言之，公共关系活动的目的就是塑造组织良好的社会形象。塑造良好的组织形象对组织的生存和发展有积极意义。

（1）塑造良好的组织形象，可以增强组织内部的凝聚力。良好的组织形象有利于营造和谐的心理气氛，增强组织成员的自豪感、自信心和归属感，提高成员的积极性。良好的组织形象为保留和吸引人才创造了优越的条件，使员工为自己在一个优秀的组织中就职而感到满意和自豪，处处自觉地维护组织的声誉和形象，外部人才也会慕名而来，使组织得到更多、更优秀的人才。

（2）塑造良好的组织形象，可以使公众对组织产生认同、好感和信任。这种认同、好感和信任，使公众在众多的产品中选择组织提供的产品，久而久之，组织就可以形成固定的销售、服务网络。另外，从心理学角度讲，人们更容易原谅自己所信任的组织犯过失，而对自己不喜欢的组织的缺点则不轻易放过，这就是定式、情感的影响，并且这种影响有持续作用。

（3）塑造良好的组织形象，可以引发正面的公众舆论，赢得社会各界的支持和帮助。良好的组织形象可以获得更多公众的支持与更高的社会声望和社会信誉，为组织创造一种良好的外部生存发展环境，最终赢得自己的目标公众。

（4）塑造良好的组织形象，可以把社会效益转化为经济效益，从而推动组织更快发展。尽管塑造良好的组织形象获得的是社会效益，而不是直接的经济效益，但它通过满足公众的多层心理需求会获得支持与合作机会，从而使其取得更大的经济效益，推动组织的不断发展。

案例窗 7-2　　　　　　　　　　**农夫山泉：一分钱布局公益**

2001年农夫山泉推出了一项颇有创意的活动：每售出一瓶农夫山泉，就从中提取一分钱捐给奥申委，"一分钱一个心愿，一分钱一份力量"，以代表消费者支持北京申奥。2002年3月28日，农夫山泉在北京召开新闻发布会，启动"阳光工程"，继续推出"买一瓶水，捐一分钱"活动，以支持贫困地区的体育教育事业。

案例窗 7-2

案例点评

7.1.4　塑造组织形象的心理策略

公关人员的全部活动必须着眼于组织形象的塑造，即以组织形象构建为内容，以组织形象特征为依据，以提高组织知名度、美誉度为目的。

公关人员所做的种种努力必然会在公众心目中留下痕迹，造成影响。为此，塑造组织形象应该弄清与之相关的最基本的心理策略。

（1）形象的可感性策略。构成企业组织形象的各构件要素都是可以通过人的感官感觉到的。塑造组织形象就是要让组织的优势实实在在地被人们感觉到。许多企业之所以追求"报上有名，广播有声，电视有影"，其目的就在于向社会公众展示自己的形象，让其意识到组织的存在。

根据公关心理学的原理可知，越具体、越个性、越新奇的东西越是容易被人们感知。公关人员在运用形象可感性策略时，应充分运用这条原理。例如，一家经营羊肉馆的老板为了在一条满是"正宗羊肉馆"招贴的小街上立足，开业时，在店门前支起一口大锅来煮羊肉，羊肉在锅中翻滚，香味从锅中溢出……很快，店面前就围满了顾客。视觉、嗅觉并发，使顾客胃口大开，都想先尝为快。

（2）形象的整体性策略。所谓形象的整体性策略，是指在塑造组织形象时，应注意组织形象各构件要素的同步发展，至少不能由于某一构件要素的严重缺陷而使组织形象受损。例如，国内某企业与外商在洽谈一笔生意时，外商对企业豪华的会客厅、一尘不染的地板、彬彬有礼的服务人员赞不绝口，印象颇佳。然而，就在这位外商正要提笔在合同上签字的时候，只见代表团中的一位成员若无其事地把一口痰吐在地板上。外商马上犹豫了，他担心他的设备会蒙受"地板"的遭遇。由此可见，塑造组织形象不允许任何构件要素哪怕是小细节出偏差，否则将会前功尽弃。

（3）形象的系列化策略。系列化是运用刺激频度和记忆保持原理塑造组织形象的一种策略。它体现在组织活动的时间和空间两个方面。时间的系列化，即在时间的流动中表现出组织形象的稳定性。例如，尽管岁月沧桑，许多老字号的招牌仍然没变。之所以要用一种稳定的特征来表示超越时空的事物，是为了引起公众长期对组织的注意。

空间的系列化，即在空间的扩大中表现组织形象的统一性。例如，同一厂家生产的不同产品在包装上采用相同的标志；规模大的组织在自己所有的用品和工具上绘有组织的徽记等。这些做法的目的除了使其容易被辨认外，更是扩大组织被注意的机会，有利于组织形象的塑造。

（4）形象的人格化策略。除了人员形象之外，组织形象的其他构件要素并不具备人格的特点，常常给人一种生硬、呆板的感觉，因而被人们所排斥。因此，组织在塑造形象时应努力使物格变为人格。米老鼠、唐老鸭、美猴王等之所以被作为商标、吉祥物和徽记，频繁用于特定组织的形象塑造中，是因为这些形象已被人格化。当借助这些形象来塑造自己的形象时，形象便具有了人格的力量。

在运用人格化策略时，应注意人格化的形象，要让人们喜闻乐见，这样塑造的形象才易于被人们接受。

（5）形象的空筐式策略。组织在塑造形象时，切忌自我标榜、炫耀，否则人们会产生一种被强迫、被轻视的感觉。因此，企业可适当地留下空白，让感觉对象凭自己的想法去获得满足，去"盛满那空着的筐"。

小知识7-2　　　　　良好的组织形象是一种无形的财富

在现代社会这种开放性环境中，良好的组织形象对组织起着至关重要的作用。就企业而言，良好的企业形象可以使企业得到社会公众的充分信赖和支持，从而为自身的发展营造和谐的内部气氛和外部环境，使企业受益无穷，增强企业的竞争能力。

良好的企业形象可以为企业创造出一种消费信心，即消费公众会认同与信任该企业所提供的产品和服务，使该企业在激烈的市场竞争中处于领先地位。

良好的企业形象能增强内部员工的忠诚感和归属感，使全体员工产生同企业荣辱与共的思想和高昂的工作士气，以主人翁的姿态积极工作，保证企业发挥出最高的经营效率，还能为保留和吸引优秀人才创造优越条件。

良好的企业形象可以增进社区对企业的了解，使企业成为社区的中坚，得到社区居民的信任和支持。

良好的企业形象有助于提升政府对企业的好感，使企业处于某种不利境地或遇到某些困难时，能得到政府的谅解和及时帮助等。

总之，良好的企业形象会给企业带来各种方便与机会，可以给企业带来许多奇妙的东西。

7.2　组织形象和公众舆论

公众舆论是社会上大多数人对组织的看法和意见的公开表达，代表着大多数社会公众对组织的基本态度，可以说是公众印象和公众态度的体现。任何组织都生存在特定的公众舆论环境之中，其政策和行为受公众舆论的左右与影响。特别是在当今这个大众传播时代，公众舆论变得日益敏感，公众舆论对组织的压力也日益增强。一方面，组织要树立良好形象，必须重视公众舆论的评价作用，防止虽有良好的愿望，但仍受公众舆论的指责这样适得其反的事情发生。另一方面，树立组织良好的形象应是组织自觉的社会性行为，因而组织必须以制造和引导有利于组织形象塑造的公众舆论为己任。尽管公众舆论对组织形象的塑造形成一定压力，但组织应看到公众舆论对组织形象的塑造起到推波助澜的作用。组织的知名度和美誉度最终体现在社会公众的意识和舆论中，对组织有明确的良好意识的公众越多、越广泛，组织的知名度就越高；若这种意识越向好的方向倾斜，组织的美誉度就越高。

7.2.1　公众舆论的概念和特征

舆论，即大众意见或群众的言论。"舆论"源于《左传·僖公二十八年》晋文公听舆人之论。《晋书·王沈传》也有类似记载："自古圣贤，乐闻诽谤之言，听舆人之论。""舆"是车上的坐厢，引申为制造、抬车的人，这些人在古代为数众多，所以"舆"就是"多""众"的意思，这些众多的人的怨谤等就是舆论。

1）公众舆论的概念

公众舆论是舆论的属概念。"公众"并非泛指的社会大众，而是公共关系学中所界定的公众概念，即与社会组织生存和发展及目标实现具有现实或潜在的利益关系或者影响力的个人、群体或组织，是一个特定的利益群体。这一特定的利益群体所形成的对组织或肯定或否定、或支持或反对的看法和意见，就是公众舆论。

2）公众舆论的特征

（1）公开性。公众舆论一般都是围绕一个主要的事件而展开的，当某一事件发生后，有些人在有意识地利用事件制造舆论，而有些人则不自觉地被该事件吸引并发表评论。由于事件本身的重要性和新异性，引起了公众广泛的兴趣和关注，使公众不由自主地议论它，并对别人的议论发表自己的看法，从而使事件得以更广泛地传播，一时间成为公众广泛议论的话题。本来公众对某一问题的看法和意见属于态度范畴，但是当这些看法和意见公开发表出来并为许多人接受或批评时，就成为舆论。因此说，公众舆论具有公开性，这种公开性也正是公众舆论的威慑力之所在。

（2）倾向性。公众舆论既然是公众对某一事物的看法和态度，自然会有肯定或否定、支持或反对等倾向性特征，而且这种倾向性往往和人们的情感、兴趣、价值观、社会道德及风俗习惯等密切相关。

（3）冲突性。公众舆论往往以肯定或否定两种恰好相反的形式出现。在一定时期的冲突后，一方逐渐占据上风，赢得大多数人的支持，成为主要舆论。公众舆论的冲突性，一是源于不同群体间利益的冲突；二是源于舆论者观点的差别。

（4）煽动性。公众舆论虽然不像法律那样具有强制力，约束公众的行为，但是公众舆论在一定的场合下具有较强的煽动性。它利用特定场合创造出一种氛围，利用公众情绪的社会传染性激发公众的某种行为。尽管煽动有的是故意的，有的是非故意的，但公众舆论本身的煽动性是客观的、绝对的。

（5）滞后性。公众舆论本身是一时的，当引发公众舆论的事件平息后，公众舆论本身也会渐渐平息。但是，公众舆论形成的看法或态度，成为一种固定化的心理制约力量，作为公众所公认的行为标准以风俗的形式世代延续，这就是公众舆论的滞后效应。

7.2.2　公众舆论的威力

公众舆论是公众态度的一种反映形式，公众的实际态度的综合就是民意。民意具有极大威力，所以反映民意的公众舆论也具有极大威力。

（1）公众舆论能够有效地监督组织的行为。社会组织的行为包括其管理行为、生产经营行为、内部行为、社会行为等，这些行为都关系到公众利益，因而必然受到公众舆论的监督。这种监督是以公众的基本要求、道德观、价值观等为标准的。假如组织经营管理不善或在生产、经营过程中出现质量问题、工伤事故及其他不良行为，给社会造成重大物质或精神方面的损害等，都会受到公众舆论的谴责。当然，如果组织通过支持和发展公益事业等做出了对社会、对公众有益的事，也会得到公众舆论的肯定与赞赏。公众舆论的监督作用督促组织时时保持警惕，杜绝不良行为。

（2）公众舆论能够直接塑造组织的社会形象。组织的社会形象从公众方面说，是靠公众舆论塑造起来的。一方面，对社会组织有利的公众舆论塑造组织的良好形象；另一方面，对社会组织不利的公众舆论又是毁坏组织形象的有力"杀手"。特别是在舆论产生的初期，由于单个人的认识能力有限，对组织发生的问题常常产生认识上的错误，随之产生不正确的意见。假如这些意见被对组织别有用心的人所利用和控制，形成公众舆论，则组织的形象将在短期内受到极大的伤害。

（3）公众舆论对于直接相关的组织和间接相关的组织的行为具有导向作用。强大的公众舆论，对于其评议的对象——社会组织而言，将产生巨大的社会压力。这种压力必然迫使直接相关的社会组织调整其社会行为以适应公众舆论要求。除直接相关的组织外，间接相关的组织也会因受到警示而自觉调整其行为，向与公众舆论要求相一致的方向发展。

7.2.3　制造公众舆论和引导公众舆论

组织的形象具有客观性，但组织形象的塑造过程又受人的主观能动性的影响和制约。影响和制约组织形象塑造的一个重要方面就是制造并引导公众舆论。制造并引导公众舆论是为了引起公众注意、扩大组织影响、消除公众的某些偏见或误解。

所谓制造公众舆论，就是策划和组织重大事件或新鲜事件，以引起公众的广泛议论，即制造新闻；引导公众舆论则是指利用引起公众广泛议论的重大事件，因势利导，使公众产生对自己有利的看法，借公众之口说出自己想说而不便说的话。组织制造并引导公众舆论，一般通过以下几个步骤：

1）策划、组织轰动性事件

制造并引导公众舆论的第一步，是在对目标公众意向进行深入调查、准确了解的基础上，根据组织的总体公关目标要求，策划并组织能够引起目标公众广泛关注和兴趣的事件。而能引起目标公众关注及兴趣的一是重大事件，二是新奇事件。社会组织常用的一般是召开新闻发布会、记者招待会，举办展览会、演讲活动、赞助活动、庆典活动等。

应当注意的是，组织不论采用何种途径和方式，都要遵循符合社会需要、迎合兴趣热点、出奇而不出格的原则。制造公众舆论和引导公众舆论都要顾及目标公众的心理承受能力，顾及产生的社会影响，即不能只顾知名度而不顾美誉度。

2）广泛宣传，引起兴趣，激起议论

一般而言，凡属重大事件或新奇事件，都能自然地引起目标公众的兴趣，激起广泛的议论。但是社会组织应有以下两点考虑，不能听任事件自然反应：一是某些情况下，重大的或新奇的事件未必一定会引起目标公众的兴趣和注意，如当组织策划的事件与社会上其他重大或新奇事件在时间或空间上重合时，往往事倍功半，预期轰动效果被冲淡。二是组织策划的事件有其特定的公众对象和明确的目的性，为顺利达到目的，必须对目标公众进行有针对性的宣传以引起目标公众的兴趣。

这一步骤的关键是选好宣传的媒体和方式。覆盖面广、影响广泛的媒体自然是较理想的可选媒体，但对费用与效果综合考虑，它未必是最佳的宣传媒体。最佳的是那种最易于为目标公众所接触、所接受而费用相对较低的宣传媒体。同时，宣传方式应该灵活，为目标公众所喜闻乐见。

3）正确引导

对公众舆论的正确引导在两种情况下发挥作用：其一是在组织制造舆论的过程中，当其策划的事件引起了目标公众的广泛关注和议论、众说纷纭之时，引导公众舆论走向组织设定的目标；其二是在发生对组织形象有严重损害的突发事件、公众舆论对组织不利时，引导公众舆论向有利于组织的方向转化。组织引导公众舆论的方式有多种，而较常见的有以下几种：

（1）大众传媒正面报道。大众传媒是人民的喉舌，承担着传播真实信息、引导公众舆论的社会责任，是公正、权威的象征。如果组织的主要活动由其正面报道出来，则较为真实可信，易为目标公众所接受。这就要求组织的公关部门能够与大众传媒经常沟通，及时提供其感兴趣的信息，取得其支持和理解。

（2）权威人士的积极评价。每一个行业或领域都有一些知名度较高的专家或权威，他们的言行对目标公众的影响极大。因此，社会组织应该设法让这些专家或权威对组织更加了解，取得他们的积极评价，进而努力得到他们的支持，并使他们明确对组织的正面态度，借其声望来影响公众舆论。

（3）抓住影响力大的目标公众，促使其转变态度，由此带动公众舆论的转变。我国政府在处理大亚湾核电站从安全角度无须考虑的0级事件中，曾成功地运用了这一引导方式。

4）反复宣传，增强效果

公众舆论的形成有一个过程，特别是对组织有肯定意义的公众舆论，其形成更非一朝一夕所能完成。组织制造和引导公众舆论，不应单单是靠策划、组织几项大型活动或轰动性事件，更重要的是要在活动或事件过后坚持不懈、持续不断地做好日常宣传工作，使对组织有利的公众舆论常提常新，效果逐渐增强，以至根深蒂固。

小思考 7-2

企业影响公众舆论的一般方法是什么？

小思考 7-2

分析提示

案例窗 7-3　　　　　　　　　商鞅变法，先造舆论

商鞅是战国时期秦国著名的政治家和改革家。商鞅变法之前，变法法令虽然已经拟好，但没有公布，因为怕老百姓不相信自己。于是商鞅就在都城的南门，竖了一根三丈长的木头，说是如果有谁把它搬到北门，就赏十金。老百姓对这事感到很奇怪，没人敢搬。商鞅便下令说："如果有人能搬就给五十金。"后来有一个人搬了，商鞅果真赏他五十金。

商鞅就是用这种办法来制造舆论，向老百姓表明自己说话是算数的，是讲究诚信的，是赏罚分明的。将来法令一旦公布，如果有人不去执行，必定严肃处理决不客气。

案例窗 7-3

案例点评

7.3 企业形象识别

7.3.1 企业形象识别概述

1）企业形象识别概念

企业形象识别或称企业形象识别系统（corporate identity system，CIS），其主要思想是将企业的经营理念、行为规范和视觉识别进行系统分类，从战略角度来研究企业内涵，丰富企业文化，塑造企业形象，从而使企业逐步走上规范化、系统化和不断完善的轨道。企业引入 CIS 的意义，是通过这一系统将企业的经营理念、企业精神等通过员工

的行为表现和整体识别系统传达给社会公众，使企业得到社会公众的理解、认同和信任，树立良好的企业形象，得到更好的发展。

20世纪50年代中期，美国国际商用机器公司设计了公司的标准字"IBM"和标准色（蓝色），从而揭开了人类历史上CIS战略的序幕。不久美国许多公司紧随其后，形成了美国的"CIS热潮"，60至70年代CIS风行于欧洲和日本，80年代席卷韩国和中国台湾。我国内地企业的CIS推进始于80年代末的南方，最早实行CIS的是广东太阳神公司。该公司前身是一家小的乡镇企业，其产品"万事达"保健口服液销路一直不好，1988年决定导入CIS，太阳神系列产品脱颖而出，营业额增加了200多倍，成为老少皆知的名牌。太阳神的成功，促使深圳、广东及全国许多公司纷纷仿效，随后在我国沿海地区及广大内地推广开去，包括中国电信、中国建设银行等大型国企导入CIS战略，从而掀起了中国CIS的高潮。直到现在，CIS战略的应用仍是企业界的热门话题。

2）企业形象识别系统的特点

（1）CIS是企业形象的塑造过程。CIS是塑造企业形象的措施，更准确地说是采取各种方法塑造企业形象的过程，而绝不是企业形象本身。企业形象塑造不是短短一两天能完成的事情，这也反映了实施CIS同样不是搞一个活动，而是一个长期的过程。

（2）CIS是企业管理的一项系统工程。有的企业负责人认为，本公司已有名称、标志图案、商标，还搞什么CIS策划。这是对CIS片面的理解。因为CIS还涉及企业文化和企业实践的方方面面，是一个系统性很强的企业整体行为。由于不了解这点，有些广告公司承接的CIS只是停留在视觉形象设计的各项美工阶段，导致一些企业花了钱却看不到有什么实效。

（3）CIS是企业的一项投资行为。由于企业往往缺乏通晓CIS的行家，因此其CIS策划基本上都是委托专门的顾问公司、广告公司来承担，且费用颇多。有些企业觉得一下子花这么多钱却不一定能马上见实效，很不值得，这种看法是缺乏战略眼光的。因为从导入CIS到实施完成，往往需要一两年或三五年甚至更长时间，其效果的显现具有滞后性，如果不能认识到CIS是企业的一项有价值的投资，是很难理解这一点的。

（4）CIS是企业经营战略的组成部分。CIS在塑造企业形象的过程中，最重要的就是把企业理念、行为、视觉要素等诸多信息传播出去。我们知道，面对日益激烈的市场竞争，以全局为对象、面向未来的战略管理是企业的必然选择。而企业形象的塑造正是企业发展战略必然涉及的问题，要对此做出正确的回答，导入和实施CIS是有远见的企业家的明智选择。

3）企业形象识别系统分类

企业形象识别系统主要包括企业理念识别MI（mind identity）、行为识别BI（behavior identity）、视觉识别VI（visual identity）三部分。这三部分是相辅相成的：理念识别是要确定核心的经营理念、市场定位以及长期发展战略，是企业发展的主导思想，也是BI和VI展开的根本依据。行为识别是经营理念的进一步延伸，也是MI的具体实施，具体体现在公司机构设立、管理制度制定和员工激励机制等方面。视觉识别是企业综合信息的视觉管理规范。在市场经济条件下，企业竞争日趋激烈，信息日趋繁杂，如何将企业的实力、信誉、服务理念传达给社会公众，是VI实施的重要任务，也是MI、

BI的具体体现。

日本的丰田公司，那"好产品、好主意，一如既往地坚持研制更好的汽车、以飨世界"的目标，那"丰田公司应成为和平企业的旗手"的口号，那世界一流的汽车开发与生产管理，那每个员工必须记日记提建议的制度，那凡是世界级汽车赛争拿第一的参赛战略，还有那遍布世界各地的丰田车广告……这一切互相联系、互为因果的举措，树立起了世界级的丰田集团的整体形象。以我们的话说，就是丰田的CIS设计统摄了千万人各方面的广义灵感。

又如，荣获首届中国企业形象战略研讨会评选的导入CIS十佳企业之一的美菱集团，它的菱形标志，它的"追求卓越"的目标，它的"双向质量管理"，它的实行三个"24小时服务"的售后，它的"引导冰箱市场、进行冰箱革命"的决策，均具创造性，都为树立美菱形象起了重要作用。但这些措施的统一、升华，是在美菱与深圳力创企业形象设计有限公司合作并系统地导入CIS之后。公众可以发现，自1993年下半年以来，美菱的形象明显得到强化、美化；其原因，便是美菱开始实施"力创"为之设计的CIS工程。此时，美菱建立了"超越平凡，再创奇迹"的理念，完成了"国际化、集团化、高科技化"的形象定位，在标志、标准字、标准色、象征图片、吉祥物、产品设计、包装物，乃至全国各地维修站外观等方面实行了统一化。也就是说，至此，美菱人一切创意的广义灵感均纳入系统化的背景之下。

案例窗7-4

案例点评

资料来源　夏昌祥. 现代企业管理［M］. 2版. 重庆：重庆大学出版社，2005.

7.3.2　企业形象识别的内容

根据企业形象的三个层次，可以将企业形象识别相应分为理念识别（MI）、行为识别（BI）和视觉识别（VI）三个层次，其内容主要包括：

（1）理念识别（MI）。理念识别是指一个企业由于具有独特的经营哲学、宗旨、目标、精神、道德、作风等而区别于其他企业。MI是CIS的灵魂和整体系统的原动力，它对BI和VI具有决定作用并通过BI、VI表现出来，就好比一个人具有的内在独特气质只能通过他的行为和外表才能让人感受到。理念识别的要素中，企业的群体价值观是核心要素。

（2）行为识别（BI）。行为识别是指在企业理念统率下企业组织及全体员工的言行和各项活动所表现出的一个企业与其他企业的区别。BI是企业形象策划的动态识别形式，而有别于企业名称、标志等静态识别形式。从BI实施的对象来看，它包括内部活动识别和外部活动识别。由于员工及其群体的行为（包括语言）本身就是一种传播媒介，受众可以不借助其他传播媒介直接产生对企业的认知；而员工的言行无不是在企业价值观等理念要素的作用下表现出来的，因而行为识别实际上是理念识别的最主要载体。

（3）视觉识别（VI）。视觉识别是指一个企业由于独特的名称、标志、标准字、标准色等视觉要素而区别于其他企业。VI的表达必须借助某种物质载体，如厂房、店铺、广告牌、产品外观及包装等。根据人体工程学的研究，人们获取信息的最主要途径是视觉，约占 80%，因此 VI 是整个 CIS 中最形象直观、最具有冲击力的部分。人们对 CIS 的认识是从 VI 开始的，早期的 CIS 策划也主要是 VI 策划。

7.3.3　企业形象识别的心理策略

企业形象识别不是仅仅统一企业的标志、标准字、标准色就可解决的问题，必须深挖 CIS 的内涵，运用心理策略，使企业真正从"形的一致"达到"心的一致"，只有这样才能真正发挥 CIS 的功效。其具体策略包括：

1）深入调查企业关系者的态度，研讨 CIS 目标成果

企业为实现自身的商业目标，一切计划和举措必须建立在广泛的调查研究基础之上，否则企业发展就没有方向，CIS 开发就没有根基，所以调查是导入 CIS 的第一步工作。我们在对企业进行全面调查时，尤其要注意调查企业关系者对企业的态度，因为只有了解员工、消费大众等对企业所持的态度，才能客观、合理地测定其企业形象，才能发现问题，并着实地研讨 CIS 的目标成果。同时，通过全体干部、员工的讨论、交流，可以沟通思想、统一思想，为 CIS 的导入奠定坚实的思想基础。

2）培育独特的企业理念，铸造企业之魂

MI 是 CIS 策划中的一个重要的基本因素，是企业的宗旨、灵魂，是企业赖以生存的原动力。它规定了 CIS 策划系统的整体方向，BI、VI 都由它引导和发展，是员工行动的指南，是推广企业形象战略的出发点。要建立独特的企业理念，必须采取以下心理策略：

（1）明确事业领域，赋予企业的社会存在意义，增强企业关系者的认同感。事业领域也就是企业的业务范围，是企业理念的基本内容之一。每一家企业的创业者都会明确地揭示企业的业务范围。例如，海尔是生产家用电器的公司，而碧桂园则是从事地产开发的公司。企业创建之初，事业领域是根据企业本身所生产的产品而定的，但随着时代变迁、经营环境的改变，企业的事业领域不断扩大，若模糊不清，就会损害企业形象，影响企业的认知度，所以企业必须明确自己的事业领域。但明确事业领域时不应只强调产品价值，更应强调产品对市场、事业或生活的贡献，赋予企业社会存在的意义。这样易使公众产生认同感，提高企业的美誉度。同时，使组织成员能获得工作的意义，满足了高级需要。员工们感到价值能充分实现，才会全身心地投入到工作中去。例如，建筑业者与其强调本身的不动产业形象，不如宣传"为人间创造舒适生活"。吸尘器制造商与其强调"生产吸尘器"，不如强调"形成清洁环境"，效果更为理想。再如，钟表厂商强调"配合时代潮流的钟表业"，石油公司强调"能量之提供"，电视台强调"娱乐之创造"等，更易使公众产生认同感，从而提高企业的美誉度。

（2）确立符合社会公众心理和价值取向的经营战略。企业经营战略是指企业"如何去做"，是企业对外的存在态度和应接方法，是企业理念的重要内容。一个企业的经营战略直接决定企业的成败。一个好的经营战略，首先要符合公众的心理需求和价值取向。因为企业是为公众服务的，只有了解公众的需求和价值取向才会知道"如何为他们服务"，符合他们需求的服务才能受到他们的喜爱。例如，日本的大荣百货公司开业时

坚持"低价方针"取得了成功。但20世纪80年代中期，消费者的消费观念和习惯渐渐改变了，一些消费者不愿购买廉价品，也由于消费价值的多样化，使得每一种产品都很难掀起大量的销售热潮。大荣百货公司无视整个大环境的变迁，无视消费者的心理需求和价值取向的变化，仍然一味采用"低价方针"，因此销售额大减。

（3）建设独特的企业文化，突出企业个性。企业文化是企业形象的主要构成部分，是企业理念中的深层因素，是指企业的组织成员默认的共有的价值体系与思考、行动的规范体系。它的主要内容有企业价值观、行动准则、道德规范和员工的责任感与荣誉感，以及它们的外在表现。目前的工业技术水准在很多行业没有太大等级差别。就文明而言，企业间的无差别时代已经来临，因此必须加强企业文化建设，根据自身的文化来决定自己的生存方式。建设企业文化应从以下两个方面着手：

第一，确立和培育企业精神，增强全员的企业形象意识。企业精神是企业在长期的生产经营活动中形成并为全体员工所认同的一种价值观念与行为准则。它是企业文化的核心和基础。它的确立应该由全体成员共同来参与、提炼。确定了企业精神的标语并不意味着企业精神已形成，还必须在企业生产经营活动中有意识地加以培养。

第二，制定行为规范，将企业精神具体化。企业确立了自己的精神理念，有了具体化的价值观，但如果员工不遵守或与之背离，那么企业精神只是一句空洞的口号。所以，确立员工的行为规范，将企业精神具体化，是CIS推进中的一大策略。世界食品服务企业巨头"麦当劳"确立自己的企业精神为"Q+S+C+V"（Q代表品质，S代表服务，C代表清洁，V代表价值），为了很好地贯彻这一精神，麦当劳又以"与其背靠着墙休息，不如起身打扫"为员工的行为规范。要求员工利用这段无事可做的时间，尽速打扫内部，维持清洁。由于员工忠实而彻底地实行了这条行为规范，使得麦当劳的存在意义更加强化，企业精神更加突出。

3）开发行为识别系统，将企业形象活性化

开发行为识别系统，是将企业理念具体化为行动的过程，主要应做好下列工作：

（1）关心、教育员工，强化企业内部的凝聚力和向心力。通过对员工的教育、关心，使员工对企业理念达成共识，从而增强企业的凝聚力，这是CIS推进中的一个重要的心理策略。世界上成功的企业都非常关心员工生活、关心员工的经济利益，使员工分享企业的股息和利润。企业对员工的关怀使员工感到生活、工作的稳定性，有很强的归属感，从而打心眼里感谢企业，愿意回报企业，拼命工作，这就从根本上增强了企业的凝聚力、向心力。例如，一名普通的大学生罗杰斯，进入IBM公司，在培训后期，其妻子即将分娩，这时他的心情非常矛盾。一方面，担心妻子和即将分娩的婴儿，想回家照顾；另一方面，通过激烈竞争，有幸进入世界知名的大公司，担心请假会影响前途。当IBM总裁小沃森得知这一情况后，立即找罗杰斯谈心，马上给假，帮他买好机票，当天下午罗杰斯就登上回家的飞机。当罗杰斯女儿出生时，小沃森又派人送去鲜花表示祝贺。罗杰斯对总裁的关心从内心深深地感激，从而全身心地投入工作，取得了巨大成绩，最后一步步升为IBM公司的副总裁。

（2）开展有效的公关活动，提高企业的知名度和美誉度。企业公关活动是CIS战略中提升企业形象的重要手段。企业通过公关活动向社会大众传递自己的宗旨、经营战略、价值观及规模、力量、产品等信息，使大众了解、认知，进而信任并产生好感，最终塑造良好的企业形象，提高企业的知名度和美誉度。其具体策略包括：

第一，设计符合公众心理和审美情趣的主题。公关活动的主题设计要符合公众的心理需要，主题要形象化，还要有人情味，让公众觉得可亲可信；公关活动的主题设计要有美感，主题语言要有文采，能使人回味无穷，印象深刻。

第二，公关活动要新颖独特。公关活动要有鲜明的个性，要突出组织自身的特色，要有新意，避免雷同，增强公众的认同感。在开展公关活动时，时机的选择也非常重要。时机恰当会收到事半功倍的效果。选择的时机最好是公众注意力最集中、活动影响的范围最广泛、各种媒体最关注之时。比如，选择企业的纪念日或传统的节假日，如元旦、春节、儿童节、中秋节等。利用这些有意义的节庆日开展公关活动，可加深公众对企业的好感、支持和信任，从而可树立企业良好的形象。

4）统一视觉识别系统，提升企业的知名度

视觉识别系统是确立在企业的经营理念和战略目标的基础上，运用视觉传达企业理念设计的方法，根据与一切经营有关的媒体要求，设计出系统的识别符号，刻画企业的个性，突出企业精神，从而使社会公众和企业员工对企业产生一致的认同感与价值观。它由基本设计要素和应用设计系统两部分组成。企业视觉识别就是通过应用要素表现出来的。心理学研究发现，人类接受信息总和中，由视觉器官获得的约占80%。因此通过视觉设计，最能直观、有效地传达企业的理念、宗旨，特别是应用设计系统的开发。通过各种媒体反复向市场宣传一贯的标志，给社会公众造成强烈的冲击力，不仅能激发人们的注意、兴趣、联想、记忆以至产生购买欲望，还能帮助人们在潮涌般的信息中迅速地选择其产品，从而提升企业的知名度。根据心理学的规律，开发视觉识别系统时，应遵循以下原则：

（1）简约性原则。复杂的设计也许能更好地体现企业理念和实态，但对消费者和公众来说，他们每天都面对一个视觉信息的海洋，根本没时间，实际也不愿意去思考、理解那些复杂的设计。因此，在视觉信息泛滥的今天，企业视觉设计必须遵循简洁、明了、易懂、易识、易记的原则。

（2）联想原则，即要求视觉识别设计符合企业特点，含义深刻，易引起公众的联想并理解其内涵。

（3）情感共鸣原则，即要求企业标志能切合公众的心理需要，引起公众的情感共鸣。

（4）个性化原则，即要求视觉识别设计独具特征，避免与其他企业（尤其是同行）雷同，突出企业的个性，表现出差异化。

（5）动态化原则，即要求标志设计充满力量与动感，体现时代感和开拓进取的精神内涵。

（6）本土化原则。任何国家和民族都因文化的不同而具有各自不同的审美意识和欣赏习惯。这种文化和心理的差异性在很大程度上影响与制约公众对视觉传达的接受状况。因此，企业形象和商品形象的视觉识别设计，必须从民族的文化心理出发，依据民族文化的标准，设计制作符合本民族公众乐意接受的视觉标志。

案例窗 7-5　　　　　　　　　　　"美的"集团企业形象策划

　　华南理工大学的博士生马军没有料到，自己"一不小心"，一夜之间成了名人。1992年5月，《羊城晚报》的一篇专访文章《博士马军在"美的"》引发了全国媒介的关注。"博士去乡镇企业工作"，况且还是全国第一个，怎会不引人注目？一时之间《人民日报》《中国青年报》《文汇报》《南方日报》等发行量较大的报纸及电台、电视台等60多家新闻单位竞相报道，中国香港《大公报》、《文汇报》、"有线"、"无线"电视台也相继采访。马军顿时成了名人，而当初在他求职不顺时招纳了他的"美的"集团也因招贤纳才而名声远播海内外。

　　对马军的报道，只是"美的"集团新形象传播策划中的一个有机组成部分。

　　1992年，"美的"集团已从12年前靠5 000元起家的乡镇企业发展成为中国十大著名乡镇企业之一，统辖5家工厂、5个公司、一个家电研究所。在顺德市北滘镇建成了一个占地28万平方米的家电城，雄心勃勃地向大型集团公司的目标迈进。"美的"集团的管理者心中雪亮，他们之所以能有今天的业绩，"一靠质量，二靠公关"。所以，当他们建成"美的城"之时，策划好的一系列公关活动也拉开了大幕。新闻界当然是主攻目标。除了博士马军这个对新闻界极有吸引力的"全国第一个"客观的新闻"由头"外，"美的"集团还"制造"出了足以吸引新闻界的高层次公关活动，有意识地传播"美的"集团形象。

　　1992年5月22日，"美的杯"名人桥牌赛于人民大会堂举行。万里、阿沛·阿旺晋美、吕正操等20多位国家领导人和其他百余名桥牌爱好者参加比赛，事先得到通知的10余家新闻机构派员进行采访和报道。随后在同年6月6日，"美的"集团又在北京举办名人网球赛，10余名中央领导参加。这样的高规格活动，新闻界当然少不了又进行多次报道。随着这两次漂亮的公关活动，"美的"集团的名气远播大江南北、四面八方。

　　用户是直接的相关公众，怎么可能不重视呢？"美的"空调知识有奖竞答和发展策略有奖征文活动是"美的"集团公关活动的配套策划的又一部分。通过新闻媒介，"美的"集团共向全国发出了40万份答卷，反响异常热烈。在20余天的时间里，传真、电报、信件等如雪花般飞向"美的"集团。有的消费者还以特快专递等形式表达自己对"美的"集团的真诚关心。在这场征询式的公关活动中，消费者感情上和"美的"集团的距离被拉近了。

　　专题活动是公关常用常有效的妙策，"美的"集团在企业庆典的公关策划中将其发挥得淋漓尽致。1992年11月29日，顺德市北滘镇的蓬莱路上，万面广告彩旗随风飞扬，30组气球条幅引人注目。在"美的城"西门口，儿童们用花组成一"车"字长蛇阵，少先队员们则组成奏乐方阵，广州空军军乐队也赶来助兴，中国香港的醒狮队也应邀前来表演。380多个特大鲜花花篮围在"美的"的不锈钢标志旁如众星捧月，20多名身着公关专业服装的公司人员列3队迎接来自世界各地和国内的嘉宾，11名身披绶带的小姐则在来宾中分发礼品。"美的城"内，3条空调生产线、2条静电喷粉分流水线在运转，供来宾参观。一天的欢乐随着夜幕的降临而临近结束。"美的城"内霓虹灯一齐打亮，一台高质量的晚会《美的夜》将庆典再掀高潮。

案例窗 7-5

案例点评

7.4　公关危机及心理对策

7.4.1　公关危机概述

1）公关危机的含义

公关危机是指社会组织由于突发事件或重大事故的出现，导致其面临强大的公众舆论压力和危机四伏的社会关系环境，组织形象遭受损害，组织的公共关系处于危机的状态。

突发事件是指意想不到的突然发生的事或问题。突发事件有广义和狭义之分。从广义上讲，突发事件有良性与恶性两大类：良性突发事件是指突然发生的对社会组织有利的事件；恶性突发事件是指突然发生的对社会组织不利的事件。从狭义上讲，突发事件则是专指恶性突发事件，它又分为一般突发事件和重大突发事件两种。一般突发事件是指组织在经营管理活动中的公关纠纷。重大突发事件主要指重大工伤事故、重大经营管理决策失误、天灾造成的严重损失等。这些都需要公关人员协助组织加以妥善处理，以保持组织的良好形象。

2）公关危机的特征

公关危机有以下 4 个基本特征：

（1）突发性。社会组织发生的危机事件大都具有突发性，它们一般是在组织毫无准备的情况下突然发生的，给组织带来的是混乱和惊恐。

（2）不可预测性。在社会组织正常运转的情况下，危机事件是很难预测的，正是这种不可预测性，给处理危机事件带来了各种困难。

（3）严重危害性。危机事件的危害是很大的。从组织的角度看，它会破坏组织形象，影响其经营运行，给组织带来严重的"形象危机"及巨大的经济损失。

（4）舆论关注性。危机事件能刺激人们的好奇心理，常常成为人们谈论的话题和新闻报道的内容。

3）公关危机的处理原则

（1）预测原则。它是指通过分析研究发现某些引发危机因素，估计可能遇到的问题以及危机事件发生后的发展程度和方向，从而制定多种可供选择的应变措施。处理危机事件是组织公关部门的一项重要工作，要足够重视，提前做好对危机事件的预测，以减少损失。

（2）实事求是原则。社会组织在处理危机事件的过程中，无论是对组织内部人员，还是对新闻记者、受害者、上级领导以及其他公众，都要实事求是，不能隐瞒事实真相，应争取主动，求得公众的谅解和信任；否则会使危机事件愈演愈烈，反而不利于组织。

（3）应急原则。它是指对发生的危机事件采取有效措施及时地予以控制。危机事件一旦发生，极易出现人心散乱的危险局面。如何迅速引导舆论、稳定人心，在最短的时间内解决问题、消除不利影响，便成为处理危机事件的一项重要任务。因此，应根据事前针对估计出的各种可能情况所制订的应急计划和措施，对危机事件进行及时处理、报告，并与新闻媒体取得联系，做好正面报道工作，尽快引导公众舆论转向对企业有利的方向，稳定人心，使危害降至最低。

案例窗 7-6　　　　　　　　　　　肯德基苏丹红事件

2005 年 2 月 18 日，英国最大的食品制造商第一食品公司生产的沙司中发现了被欧盟禁用的"苏丹红一号"色素。同年 3 月 4 日，苏丹红现身中国市场。北京市政府食品安全办公室向新闻界通报，北京市有关部门日前从亨氏辣椒酱中检出苏丹红一号，同批次产品已被责令下架召回。专家提醒广大市民，如购买过相关产品应停止食用，并前往相关销售单位退货。

3 月 16 日晚，中国百胜餐饮集团（以下简称百胜集团）在上海发表公开声明称，其旗下餐饮品牌肯德基的食品新奥尔良烤翅和新奥尔良烤鸡腿堡调料在 15 日检查中被发现含有苏丹红一号成分，国内所有肯德基餐厅已经停止售卖这两种产品，同时销毁所有剩余调料。肯德基表示将积极配合政府有关部门，严格追查此次供应商在调料中违规使用苏丹红一号的责任，确保此类事件不再发生，并且公司已安排好重新生产不含苏丹红成分的调料，预计在一周内，就可以恢复新奥尔良烤翅等的销售。对此次食品安全事件，肯德基深表遗憾，并向公众道歉。之后，3 月 18 日，北京市有关部门在食品专项执法检查中，又从朝阳区某肯德基餐厅抽取的原料中检出苏丹红一号，涉及的产品新增加了包括"香辣鸡腿堡""辣鸡翅""劲爆鸡米花"在内的 3 种产品，从而使肯德基"涉红"产品总数达 5 种之多。据不完全统计，因为苏丹红事件，肯德基全国 1 200 家门店在 4 天时间内至少损失 2 600 万元。其竞争对手麦当劳则借此机会大举抢夺市场。

面对来自公众、媒体和竞争对手的压力，肯德基对于危机的应对可以说是及时有效的。首先，百胜集团先于国家质检机构发布了肯德基部分产品调料"涉红"的消息，并且及时将"涉红"产品撤柜，向公众道歉。在肯德基"涉红"食品重新上市后，随即的消费者态度调查显示，近八成的消费者相信肯德基的产品。其次，肯德基始终以积极的态度与媒体、公众以及政府有关部门进行沟通。在整个事件中，肯德基先后 4 次向媒体发出声明，解释原因，说明情况，并且对曾购买过"涉红"产品的顾客公开道歉，满足顾客的赔偿要求，从而成功地避免了与顾客对簿公堂，淡化了负面影响。同时，肯德基积极配合政府有关部门追查含有苏丹红成分的原料来源，进一步强化了公司敢于承担社会责任、尊重公众权益的企业形象。最后，肯德基的营销策略针对性很强，实现了对产品销售的有力推动。在"涉红"产品重新投入市场后，肯德基在各家门店都张贴了宣传产品安全的海报，并且配合了一定力度的电视广告投入以增强公众信任。同时，肯德基以苏丹红事件为契机，提出"健康快餐"概念，针对中国消费者的口味需求，研发不同的蔬菜产品，不断推出新的产品。

资料来源　游昌乔. 点击 2005 年：中国营销十大危机公关案例 [J]. 销售与市场，2005（12）. 有改动.

7.4.2　公关危机处理的对策

依据处理公关危机的原则，结合对危机的产生原因、发展过程的分析，公关人员在处理危机时可采取以下对策：

1）遵循危机处理的一般程序

（1）辨识危机。危机爆发通常是由某种原因引起的。根据对危机的产生原因的分析，可以通过以下几个设问来辨认某一原因或突发事件是否会导致危机：①如果这一原因不加处理，会不会越来越严重？②这一原因是否引起了新闻界或政府部门的注意？③这一原因是否会影响组织的运营？④这一原因是否会损害组织的形象，或使公众对组织丧失信任？⑤这一原因是否影响组织的利益？

（2）控制危机。如果辨认出某一原因或事件引起了危机，就要勇于接受这一事实，不要自欺欺人。事实上，只有正视危机才能及时处理危机。危机爆发后，并不会慢慢自行消失；相反，它会恶化扩大开来，并且迅速蔓延。因此，危机处理人员一旦认清某种危机，必须先遏制危机的扩散，隔绝危机，使其不影响别的事物。这个紧急控制危机的策略如同消防人员救火一样，刻不容缓。

（3）危机调查。在控制危机时，情况紧急，为避免贻误时机，有时未能对危机做深入调查。因此在危机得到控制后，就要立即展开对危机的全面调查，收集资料，查明原因，为危机处理决策提供依据。

（4）处理危机。处理危机包括决策和行动两个方面。决策就是要在危机调查的基础上制定正确的危机处理对策。一般危机决策要在危机处理小组共同商议的基础上产生。决策方案做出后，就要迅速地被实施，切不可议而不行，优柔寡断，贻误时机，使危机愈加严重。

小知识7-3　　　　　　　　　　企业危机管理"十要"

1.要经常提高警惕，随时准备面对各类危机事件。

2.要事先确定和各类公众相处的策略，处理好各方面关系。

3.一旦发生危机事件，要尽可能快速做出反应，冷静应付。

4.在处理危机事件时，要把自己的一举一动看成公司的形象代表。

5.要假设你对记者说的每一句话都将被报道出去。

6.要及时和公司危机管理部门进行沟通，请求指导。

7.如接到电话，要在记录所有询问的同时，记下对方的名字、电话和来电时间。

8.要想方设法从各种渠道搜集和掌握第一手材料。

9.即使对方怒气冲冲，也要尽可能谦逊、礼貌和友好。

10.要把事件发展的每一过程记录在案，以备查考。

企业危机管理"十不要"

1.一旦发生危机事件，不要犹豫不决而耽误了处理的最佳时间。

2.在没有充分了解事情真相时，不要对危机事件本身做任何推测和判断。

3.不要向任何人提供未经公司危机管理部门认可的信息。

4.不要未经请示就擅自行动，破坏公司的整体计划。

5.在没有确切把握的情况下，不要轻率地回答任何问题。

6.在责任未明的情况下，不要随便向任何人表示道歉。

7.不要强求新闻媒介一定刊登什么或者不刊登什么。

8.对初识者，不要轻易展示你在公司的真实身份。

9.如公司方面确有过失，不要强词夺理，导致矛盾进一步激化。

10.在任何危机事件中，都不要丧失你的冷静和勇气。

小思考 7-3

在处理危机中，最重要的环节是什么？

小思考 7-3

分析提示

2）控制危机信息传播

现实生活中，对危机的处理要比上述四个过程复杂、严峻得多，其原因之一就是在危机处理的同时必须解决好控制危机信息传播的问题。我们知道，任何危机的发生和演变并不是孤立和封闭的，而是与外界环境息息相关的。危机事件发生后，经过新闻媒体的报道和渲染，会引起公众的强烈反应。公众的反应和强大的舆论压力反过来可能加速或减缓企业的危机。因此，作为危机处理人员，特别是公关人员，应注意控制危机信息的传播，以此影响公众对已经发生或正在发生的事情的初步或全部的看法。

控制危机信息传播，并不是试图掩盖或歪曲危机事件真相，而实际上是要保证危机信息传播的流畅和信息的正确；同时，是为了争取组织对危机的解释权，要让公众了解组织的声明和组织正在进行的危机处理的进展。

危机信息传播控制的目的在于使公众获得真实信息的同时，取得公众的谅解和信任。公关人员不仅要制订周全的危机信息传播控制计划，而且要有过人的胆略和娴熟的技巧来与新闻媒体沟通。例如，在举行记者招待会时，面对记者的炮轰，发言人必须能控制住会场，以诚恳的态度，用事实说话，达到使记者和公众心服口服的效果。

案例窗 7-7　　　　　　　　　　　　　　**天价大虾事件**

2015年10月6日，某游客在其微博上称"点菜时就问清楚虾是不是38元一份，老板说是，结账时居然说虾是38元一只"。"某市大排档天价大虾事件"在微博上引发网友热议。

有关部门迅速调查事件过程，并及时弥补该游客损失，市场监管局主要负责人被停职检查，不仅如此，该游客一度还被邀请担任该市旅游监督员。10月7日，一组以"至少，××市还有他们"为主题的图片，通过当地媒体官方微博在网上广泛发布，所配文字直指报道"放大了事件对该市形象的影响"，所以为了表现"该地区人也会反抗，人们都是实在人"，当地媒体推出了这组"多数人在默默无闻地为这座城市付出"的工作图片，这有点像该市形象的危机公关。这组图片包括的"多数人"，有救生员、建筑工人、安检员、环卫工人、公交车场充电工人等，属于每座城市都四处可见、在工作岗位上默默奉献的人，他们确实令人敬佩，但他们的存在并不意味着这座城市就完美无缺。

案例窗 7-7

案例点评

资料来源　赵轶.公共关系实务［M］.2版.北京：人民邮电出版社，2017.

3）重建组织形象

对公关人员来说，在危机解决的恢复阶段，其主要的工作任务是，重新建立组织在公众心目中的形象。危机对于任何组织都是一场严峻的考验。大多数情况下，其组织形象都不同程度地受到伤害。只有当组织的形象重新得到建立，组织才能谈得上真正转危为安。

危机处理后期重建组织形象一般包括四个方面的目标：①使受害者及其家属得到最大的安慰并得到他们的谅解；②使怀疑者重新成为忠诚的合作者；③使利益受损者重新获得作为支持者的信心；④吸引新的支持者。

重建组织形象，一方面要建立有效的内部沟通渠道：①组织要积极安排交流活动，以形成组织与员工间的上情下达、下情上达的双向沟通；②组织将交流制度化，以强调组织和员工的相互依赖关系；③组织要特别做好与中层管理人员的沟通工作，这将会提高员工对部门领导的信任度，以增加他们在与员工交流时的信息量；④组织与员工交流时必须做到诚实与坦率，组织要得到员工的信任就必须与其推心置腹、相互了解。另一方面要建立向公众传递信息的通道。危机过后，组织一般都会碰到一个难题：那些平素与本组织交往甚密的企业、银行等公众变得冷淡和怀疑。这时，组织必须借助公共关系活动来消除怀疑者的顾虑，以重建组织的信誉和形象，重新获得公众的信任。

案例窗7-8 <center>上海外滩踩踏事件</center>

2014年12月31日23时35分许，正值跨年活动，因很多游客和市民聚集在上海外滩迎接新年，黄浦区外滩陈毅广场进入和退出的人流对冲，致使有人摔倒，发生踩踏事件。截至2015年1月13日11点，事件造成36人死亡49人受伤，已有41名伤员经诊治后出院，8人继续在院治疗，其中重伤员有2人。

1. 舆论关注度分析

截至2015年1月7日16时，相关网络新闻已超过4万篇，相关传统媒体报道为3 324篇，相关微博超过13万条，相关微信文章超过1 000篇。

2. 微博平台传播分析

微博平台上，@上海发布和@警民直通车上海成为事件发生后信息发布的主要渠道，此外，@人民日报、@央视新闻等媒体微博积极介入事件传播，推升事件微博关注度。

@人民日报发表微评《公共安全是一根松不得的弦》指出："公共安全事关每个人的生命财产，它考验一座城市的管理与服务水平，也是每个人时刻不能放松的弦。前事足戒，尽快查明事故原因，追究责任，吸取教训。"

知名网友@LifeTime发出了纽约警察如何在新年维护公共秩序的微博，引发众多网友关注。毫无疑问，对于人口已经超过2 000万人的超级大都市上海来说，纽约的经验不无借鉴意义。

3. 媒体报道内容分析

新华网发文3问"上海外滩踩踏事件"：风险预防策略是否充分？安全管理手段是否到位？应急控制措施是否及时？

《新京报》将事件追问增加到10条：事发时外滩人流量有多大？灯光秀转场是否及时通知？交通为何没有管制限流？踩踏是否由"撒钱"引发？外滩警力配置是否得当？应急控制措施是否及时？为什么遇难者多是女性？伤亡人员如何救治赔偿？此次踩踏事件如何追责？特大城市缘何出现踩踏？连续的追问，让事件的舆情热度不断上升。

在上海外滩踩踏事件中，绝大部分网友对事件的发生表示痛心，感叹生命之脆弱，纷纷为遇难者祈祷，希望吸取教训，让悲剧不再重演。在众多网友哀悼事故中的逝者之余，许多网友开始反思事件的来龙去脉，在事件发生之前就有网友发言抱怨现场人员拥挤，没有足够的警力维持秩序。有相当一部分网友认为，造成踩踏事件的原因是缺乏应急预案管理措施，管理部门定有失职之嫌。还有相当一部分网友认为，这次事件正是上海人口负荷过重的体现，呼吁加大对上海的外来人口的控制与管理。

案例窗7-8

案例点评

资料来源　谭昆智. 公关原理与案例剖析［M］. 2版. 北京：清华大学出版社，2015.

知识掌握

1.什么是组织形象？塑造组织形象有何意义？

2.构成组织形象的基本要素有哪些？你认为哪几点更为重要？请举例说明。

3.什么是公众态度？什么是公众舆论？它们与塑造组织形象有何关系？

4.如何制造新闻？

5.什么是公关危机？处理公关危机应遵循哪些原则？

知识掌握7-1

答案提示

知识应用

案例分析1　　　　　　　　尼克松与公关策划

1971年，美国总统尼克松派遣基辛格与中国秘密接触，用"小球"推动了"大球"，打开了中美两国建交的大门，但尼克松曾经是总统选举的失败者。

1960年的美国总统选举，竞选人第一次在6 000万名电视观众面前进行辩论。竞选人的形象分别是：尼克松两眼深陷，面色苍白，声嘶力竭，汗滴如雨；肯尼迪意气风发，红光满面，从容镇定，挥洒自如。选举结果：胜方——肯尼迪，败者——尼克松。

原因：

（1）肯尼迪雇用了一大批公共关系专家和广告顾问，替他设计电视形象和演说辩论稿，提纲挈领地抓住了电视辩论这件大事，给选民以良好的形象。

（2）尼克松拒绝公共关系专家和广告顾问为他设计的形象，没有提纲挈领地抓住电视辩论这件大事，带病进行电视辩论，给选民以不良的形象。

资料来源　赵轶. 公共关系实务［M］. 2版. 北京：人民邮电出版社，2017.

问题：为什么会出现如此不同的结果，原因何在？

分析提示：公关策略要迎合公众的心理需求，这样会有助于树立良好形象。

案例分析2　　　　　　　　央视"百家讲坛"的形象定位

中央电视台"百家讲坛"栏目曾经出现过收视率较低的情形，并经历过多次形象的调整。

（1）学者的"百家讲坛"。在较早的定位中，"百家讲坛"走的是"文化品位，科学品质、教育品格"的路线，是一部电视版的"百科全书"。"百家讲坛"将观众群基本定位在受教育程度较高、欣赏品位不俗的知识阶层，主讲人选也瞄准了全国最好的学者、教授。中央电视台推出的"栏目警示及末位淘汰"考核机制中规定，一年内连续两次或计三次被警示的栏目，或收视率最低的节目就会被淘汰。和后来消失的"读书时间""美术星空"一样，"百家讲坛"收视率屡次位于考核的后列。

（2）放下"学术"架子。2003年，"百家讲坛"几度停播。为提高收视率，"百家讲坛"不得不放下"学术"架子，将具有中学文化水平的群体作为主要收视人群，在节目内容上也做了大的改变，如为即将参加高考的学生做了为期一个多月的"备战高考"系列节目；开始请人做专题讲说，如请李银河、陈丹燕等人主讲"女人说话"，请红学家周汝昌、蔡义江、王蒙等人16集"新解《红楼梦》"。此外，在节目的可视性上下了很大功夫，加强画面资料的运用。这些努力都收效不大。后来，"百家讲坛"提出了放弃"百科全书"的定位，重点强化人文类节目系列专题，注重讲说人表达能力而非权威资历，在内容上注意悬念和起承转合，在节目的结构上注重包装，使其更生动，以贴近观众来拉动收视率。在这一指导思想下，"百家讲坛"2004年推出了"品读《水浒传》""2004女人说话""天文系列""民法系列""清十二帝疑案""中国电影百年史"等多个专题。慢慢地，"百家讲坛"的收视率开始攀升。阎崇年的讲说成为"百家讲坛"走出低谷的转折点。"清十二帝疑案"讲完，阎崇年开始讲"清十二帝疑案总说""清十二帝疑案答疑"，创下了当时科教频道75%的最高收视率，这创下的收视率让"百家讲坛"的策划人很振奋，开始抓历史文化选题。

（3）初中生的"百家讲坛"。"阎崇年现象"令人深思，由此"百家讲坛"得出结论："百家讲坛"要找的老师第一要会讲，第二才是学术功底。

在"生存还是死亡"的压力面前，"百家讲坛"的栏目定位从人文、自然和社会转向中国传统文化和历史，还把讲台搬到了室内演播室，加强了内容结构的组合和包装，比如讲皇太极时，编导会插入皇太极的画像。电视画面除了主讲人的身影外，还有解说词字幕以及优美动听的背景音乐等。

在"百家讲坛"讲课的刘心武、易中天、纪连海、王立群等都有过这样的经历，为了让节目更精彩，每个名家在录制节目前，必须进行试讲。通常情况下，只有初中文化水平的打字员是第一道评审。如果他觉得打字很累了，说明这个老师讲的效果不太好；如果他听得很带劲、打字不觉得累，那么证明老师讲的效果好。这样做的结果是，"百家讲坛"把学者变成了说书人，音画故事的高手。特别是刘心武、易中天等人的讲说还引起了各方的争议甚至批评。但这些在节目策划人的眼里都无关紧要，从传播效果上讲，争议正是一种助燃剂，现在的"百家讲坛"不再是给高级知识分子开的学术论坛，而是"一座让专家通向老百姓的桥梁"，主要是给初中以上文化程度的观众看的。

资料来源　朱崇娴. 公共关系原理与实务［M］. 北京：高等教育出版社，2008.

问题：（1）讨论"百家讲坛"形象定位过程。

（2）分析其优点与不足。

（3）提出改进建议。

实践训练

调查当地一家知名企业，了解他们是如何树立并完善企业良好公众形象的。

心理小测验

自信心测验

你对自己有信心吗？回答下面这些问题将有助于你做出自我评价：

1.一旦下了决心，即使没有得到赞同，你仍然会坚持做到底吗？

2.参加晚宴时，即使很想上洗手间，你也忍着直到宴会结束吗？

3.如果想买性感内衣，你会尽量邮购，而不亲自到店里买吗？

4.你认为你是个绝佳的情人吗？

5.如果店员的服务态度不好，你会告诉他们经理吗？

6.你不常欣赏自己的照片，对吗？

7.别人批评你，你会觉得难过吗？

8.你很少对人说出你真正的意见，是吗？

9.别人对你的赞美，你持怀疑的态度吗？

10.你总是觉得自己比别人差吗？

11.你对自己的外表满意吗？

12.你认为自己的能力比别人强吗？

13.在聚会上，只有你一个人穿得不正式，你会感到不自然吗？

14.你是个受欢迎的人吗？

15.你认为自己很有魅力吗？

16.你有幽默感吗？

17.目前的工作是你的专长吗？

18.你懂得搭配衣服吗？

19.危急时，你很冷静吗？

20.你与别人合作无间吗？

21.你认为自己只是个寻常人吗？

22.你经常希望自己长得像某人吗？

23.你经常羡慕别人的成就吗？

24.你为了不使他人难过而放弃自己喜欢做的事吗？

25.你会为了讨好别人而刻意打扮吗？

26.你勉强自己做许多不愿意做的事吗？

27.你任由他人来支配你的生活吗？

28.你认为你的缺点比优点多吗？

29.即使在不是你错的情况下，你也经常跟人说抱歉吗？

30.如果在非故意的情况下伤了别人的心，你会难过吗？

31.你希望自己具备更多的才能和天赋吗？

32.你经常听取别人的意见吗？

33.在聚会上，你经常被动地等别人跟你打招呼吗？

34.你每天照镜子超过三次吗？

35.你的个性很强吗？

36.你是个优秀的领导者吗？

37.你的记性很好吗？

38.你对异性有吸引力吗？

39.你懂得理财吗？

40.买衣服前，你通常会先听取别人的意见吗？

题号	1	2	3	4	5	6	7	8	9	10	11	12	13	14	15	16	17	18	19	20
是	1	0	0	1	1	0	0	0	0	0	0	1	1	0	1	1	1	1	1	1
否	0	1	1	0	0	1	1	1	1	1	1	0	0	1	0	0	0	0	0	0
题号	21	22	23	24	25	26	27	28	29	30	31	32	33	34	35	36	37	38	39	40
是	0	0	0	0	0	0	0	0	0	0	0	0	0	1	1	1	1	1	1	0
否	1	1	1	1	1	1	1	1	1	1	1	1	1	0	0	0	0	0	0	1

分数为25～40分：说明你对自己信心十足，明白自己的优点，也清楚自己的缺点。不过，在此要警告你一声，如果你的得分将近40分的话，别人会认为你很自大狂傲，甚至气焰太盛。你不妨在别人面前谦虚一点，这样人缘才会更好。

分数为12～24分：说明你对自己颇有自信，但是你仍或多或少地缺乏安全感，对自己产生怀疑。你不妨提醒自己，在优点和长处各方面并不比别人差。

分数在11分及11分以下：说明你对自己不太有信心。你过于谦虚并自我压抑，因此经常受人支配。从现在起，尽量不要去想自己的弱点，往好的方面想，先学会看重自己，别人才会真正看重你。

第 8 章
组织内部的心理氛围

第 8 章

思维导图

【学习目标】

在学习完本章以后，你应该能够：
- 了解组织内部心理氛围的内涵与构成的因素；
- 明确组织内部心理氛围与公关的关系；
- 熟知组织中形成与培养凝聚力和向心力的基本理论。

引例　　　　　　　　　　　　　　楚昭王与鞋子

　　楚昭王率兵与吴国交战，败走之际，忽然他的鞋子掉了，忙赶回去拾起来。他的左右对他说："楚国虽然不富有，难道会缺少一只鞋子吗？"昭王说："我悲叹不舍的原因是怕与这只鞋一同出来却不能一同返回啊。"此话传播开来，使国内逐渐形成一种"君不弃臣、臣不弃君，将不弃兵、兵不弃将"的风气。这种不离不弃的精神形成了强大的凝聚力和向心力，也使楚国兵马的战斗力大大提高。

　　这一案例表明：努力营造组织内部良好的心理氛围和团结一致的精神风貌，可以提高组织的战斗力，增强组织的凝聚力和向心力，从而有助于组织目标的实现。

8.1　组织内部心理氛围概述

　　组织形象不仅依赖于组织的自我塑造与公众的认知和情感认同，而且依赖于组织内部心理氛围的营造。良好的组织环境和内部心理氛围，可以增强组织内部的凝聚力，并获得内部成员的支持，从而使组织形象更加丰满，更加有利于组织的生存和发展。

8.1.1　组织内部心理氛围的含义

　　组织内部心理氛围也就是组织内部的心理环境，是组织成员对其组织、工作、人际关系及组织与外部关系的认识和情感的综合反映，也是组织中起主导作用的态度与情感的综合表现。因此，它反映着组织的精神风貌和文化心理特征。

　　组织内部心理氛围一般具有相对稳定性。因为它是组织成员团体意识的反映，这种团体意识一旦形成，就很难立即发生改变；并且，这种团体意识反映的是团体的情感特征与性格特征，它以情感沟通为核心，对成员的感染性极大，会对每个成员产生潜移默化的作用，并最终给组织染上特定的心理色彩。

　　根据组织内部心理氛围的性质，可以将其分为不同的类型，即积极的心理氛围（也就是好的心理氛围）与消极的、恶化的心理氛围。组织内部心理氛围优劣的指标之一，就是组织的凝聚力，即组织具有使其成员愿意在组织内存在的吸引力，使成员具有一致的目标和"自己人"的情感以及主人翁的意识，并给成员带来支持、安慰和归属感的力量。积极的心理氛围主要表现为有序高效、认同相容、宽松和谐、齐心协力、朝气蓬勃。消极的心理氛围则表现为无序低效、消极怠工、紧张排斥、冲突迭起等。很显然，组织内部心理氛围的好坏，会直接影响组织的工作效率与效益，并直接影响组织形象的自我塑造。

8.1.2　组织内部心理氛围的构成

　　组织内部心理氛围简而言之是一种组织团体内部的心理环境，因而它主要是指组织中以集体意识为主要内容的对组织本身、对组织中的工作、对组织内部的人际关系与对外部公众的感知和认识。具体来说，组织内部心理氛围可以从组织成员的集体意识、组织成员的主人翁意识、组织成员的公众意识三方面来认识。

1）组织成员的集体意识

组织成员的集体意识也就是组织成员所持有的积极、正确的态度和努力维护集体形象的行为表现。它体现着组织对其成员的吸引力、凝聚力和成员对组织的向心力。组织成员的集体意识是指组织成员对组织的认同感、归属感和忠诚感。具体来说，组织成员的集体意识表现为服从组织的决定，能够积极地完成组织所赋予的任务，同时自觉地关心本组织的发展，愿意为组织奉献自己的力量。组织成员具有共同的组织荣誉感，在危机出现时能够群策群力地渡过难关。

2）组织成员的主人翁意识

组织成员的主人翁意识是指组织成员在组织中的责任感。它是建立在组织成员所具有的主人翁地位的基础之上的。只有具有主人翁地位，组织成员才会产生主人翁意识。组织成员的主人翁意识是一种积极的自我意识。组织成员的主人翁意识具有权利与义务相统一的特点，组织成员既有管理与监督组织中各种事务的权利，又有为组织创造物质财富与精神财富的义务。组织成员的主人翁意识是和集体意识并存的，二者互相促进，是集体意识的一种特殊表现。

在一个组织中，组织成员的主人翁意识主要表现在：

（1）能积极主动地行使自己的权利，即不论在什么情况下，都能积极发表自己的见解，主动承担分内外的工作，事事以集体利益为主，不计较个人的利益得失。

（2）积极参与组织活动，并具有强烈的义务感。主人翁意识还体现在组织成员对自己的地位、角色都有明确的认识和评价，认为自己负有对自身以外的环境进行改善、改造与促进其发展的责任和义务，并积极地去从事这些活动。

3）组织成员的公众意识

组织成员的集体意识和主人翁意识还明确地体现在组织成员能认识到塑造组织形象的重要性，即具有明确的公众意识和公关意识，并以此来指导自己的行为。

组织成员的公众意识是指组织成员对组织与公众关系的认识。组织成员的公众意识是组织成员作为组织公关活动的主体，对组织的公众地位、作用以及对组织内部公众、社会公众产生影响和作用的必要性的认识。组织成员的公众意识是通过组织成员的公关行为来体现的：

（1）公关行为的计划性。它充分反映了主体的公众意识，使公关行为具有针对性和目的性。

（2）公关行为的主动性。是否具有公众意识，还体现在主体是否会主动地开展公关活动。这种主动性包括善于把握机会，善于处理和化解各种矛盾，善于调整计划并能持之以恒。公关行为的主动性体现了公众意识的强烈度和清晰度。

（3）公关行为的广泛性。公众意识的有无还体现在主体能否广泛地开展公关活动。这种广泛性体现在：开展公关活动不仅要面对外部公众，而且要面对内部公众；不仅包括现实公众，而且包括潜在公众；不仅包括社区公众、政府公众，而且包括媒介公众、意见公众等。公关活动的范围越广，越能体现主体的公众意识。

（4）公关行为的有效性。注重公关行为的有效性，也是公众意识的重要体现。通过公关行为与活动，不仅要增加组织的经济效益，而且要增加其社会效益；不仅要提高其知名度，而且要提高其美誉度；不仅要吸引外部公众，而且要激励内部公众。如此才能使公关活动的有效性得到充分体现。

总之，组织成员的集体意识、主人翁意识与公众意识是相互联系的。在一个公众意识氛围浓厚的组织团体之中，组织成员的集体意识与主人翁意识通常也比较浓厚；同时良好的集体意识与主人翁意识又推动了组织成员公众意识的形成。但是值得注意的是，组织成员的公众意识又具有相对的独立性，它不会在组织成员的集体意识与主人翁意识的基础之上自发地形成，当然它也不会自发地推动组织成员的集体意识与主人翁意识的发展。因而，我们就要在组织中加强心理氛围的建设，使组织成员的集体意识、主人翁意识与公众意识珠联璧合，从而形成组织中积极的对内与对外公共关系。

小知识8-1　　　　　　　　　　**士气高昂群体的特征**

"士气"一词，原用于军队，表示作战时的集体精神，现在也应用于企业中，表示集体精神、工作情绪。心理学家史密斯（G.R.Smith）等人给士气下的定义为：对某个群体或组织感到满足，乐意成为该群体的一员，并协助达成群体目标的态度。因此，士气不仅代表个人需求满足的状态，而且包括以下含义：确认此满足得之于群体，因而愿意为实现群体目标而努力。士气是一支军队、一个集体的精神面貌的鲜明表现，直接关系到战斗的输赢和工作的成败。

瑞士心理学家克瑞奇（D.Krech）等人认为，一个士气高昂的群体应具有如下特征：①团结一致。这种团结来自群体内部的凝聚性，而非起因于外部的压力。②群体内的成员没有分裂为互相敌对的小群体的倾向。③群体本身具有适应外部变化与处理内部冲突的能力。④成员与成员之间有强烈的认同感和归属感。⑤每个群体成员都能明确地掌握群体的目标。⑥成员对群体的目标及领导者都持肯定和支持的态度。⑦成员承认群体的存在价值，并具有维护此群体继续存在的意向。

资料来源　石森. 管理心理学 [M]. 北京：机械工业出版社，2005.

小思考8-1

对于培养公众意识，开展公关活动，树立良好的企业形象，很多人认为这是公司领导者、部门负责人的事情，与其没有关系。这种认识是否正确？

小思考8-1
分析提示

8.1.3　组织内部心理氛围与公共关系

"内求团结，外求发展"是公共关系最响亮、最为人所熟知的口号。所谓内求团结，在很大程度上说的就是营造良好的组织内部心理氛围；而外求发展，在很大程度上也要依靠良好的组织内部心理氛围的支撑。因此，组织内部心理氛围和公共关系有着十分密切的关系。

首先，组织内部心理氛围本身就是组织内部公共关系状态的反映，是组织的现实形象在组织员工心目中的体现。因此，组织内部心理氛围是组织整个公共关系工作的基础，并直接制约组织外部公共关系的效能。

一个组织直接面对而又最接近的公众就是自己的员工，他们是组织赖以存活的细胞。组织的一切方针、政策、计划、措施，首先必须得到他们的理解、支持并使其身体力行，才能得以实现。因此，组织的存在价值和整体形象在取得社会公众的认可之前，首先要得到自己员工的认可；组织的目标和任务在赢得社会公众的支持之前，首先要赢得自己员工的支持和配合，否则组织的价值和目标将会落空，组织将无法作为一个整体面对社会公众。所以，组织唯有首先优化自己内部的心理氛围，增强凝聚力和向心力，使内部上下左右关系融洽和谐，全体员工团结一致齐心协力，才可能在"内求团结"的基础上"外求发展"。

其次，组织对外树立良好形象、扩大社会影响的公共关系工作，有赖于组织全体员工的努力和配合。组织对外的公共关系工作，不仅是专职公关人员的事，组织中的每一个员工都是兼职的公关人员。因为组织中的每一个员工都是组织与外部公众接触的触角，许多具体的公共关系工作都是从他们开始的，并通过他们在生产、服务等各个岗位上的实际行动具体体现出来。如电话总机的接线员，服务台、接待室、问询处的工作人员，直接与顾客打交道的售货员、服务员，与各种供应商和客户来往的供销员、业务员等，他们的一举一动、一言一行都代表着组织的形象。即使是生产线上的工人，下班以后也会和自己的家属、朋友以及其他各类人群打交道。如果他们在组织内部工作不顺、关系不睦、待遇不佳、前途无望，到外面发牢骚、讲怪话甚至唱反调，那么一传十、十传百，就会严重损害组织的形象，还可能将组织已取得的公共关系成果抵消殆尽。可见，组织员工在对外交往中是非常重要的公共关系行为主体，其主体性能否被充分调动和发挥，取决于他们所供职的组织的内部心理氛围，即取决于他们对组织有多大的认同感和归属感，以及组织对他们有多大的凝聚力和向心力。

8.2　组织中的凝聚力与向心力

一个组织要在竞争的环境中获得生存和发展，就必须用一种力量来吸引团结全体成员，把每个人的积极性、主动性、创造性调动出来，发挥出来，合成一股强大的驱动力，把潜在的力量变成现实的力量，把分散的力量聚合成集中的力量，使全体成员对组织产生深厚的感情，并努力为组织目标而工作，不论是处于顺境还是逆境，都能够与组织共荣辱、同命运。这种力量就是组织的凝聚力。组织凝聚力是吸引、组织与影响团体成员最本质的因素。向心力是组织中适应组织目标，并与组织管理中心相互吸引、结合的兴趣、言行等。向心力是组织成员的积极性、主动性、创造性的集中表现，是组织管理中心领导与指挥组织活动的基础和保证，也是组织生存和发展的能力与后劲之所在。可见组织中的凝聚力与向心力也是构成组织内部心理氛围的重要因素。

8.2.1　组织中的凝聚力与向心力的含义

（1）组织中的凝聚力。它是指群体或组织对其成员的吸引力、成员之间形成的吸引力。它是社会组织或群体的相容心理、认同心理和归属心理的表现。

（2）组织中的向心力。它是指群体成员围绕和追随某个中心发挥作用的倾向性与自觉性。组织中的向心力也有两种类型：一种是围绕和追随领导人的向心力，称为权威向心力；另一种是围绕和追随组织目标的向心力，称为目标向心力。

权威向心力的特点是以权威为中心，一般表现为组织的领导人有至高无上的权威，往往被组织成员视为"精神领袖"，组织成员对其无限信任和绝对服从，而其在社会上也有很大的影响。组织领导人是这个组织中的灵魂，是内外影响力的源泉。权威向心力是组织成员围绕领导人权威的合力。

目标向心力是以目标为中心，组织实施的民主决策、目标管理，组织成员的思想和行为都指向完成组织各个层级的目标。目标向心力是组织成员围绕组织目标而形成的一种合力。

8.2.2 组织中的凝聚力与向心力的形成

对一个组织来说，其核心是"人"。如果能够把许多组织成员的力量集中起来，共同指向同一方向，那么这个组织就有了成功的可能；反之，一个组织如果拥有大量优秀甚至很杰出的人才，但没有一个统一的奋斗目标，由于组织成员的方向不同，所做的努力也只能是徒劳的。因此，组织建设的首要任务就是提高组织内部的凝聚力和向心力。组织中凝聚力与向心力的形成包括下列内容：

1）让组织成员感受到组织的温暖

组织成员是组织的内部公众。要让组织成员对组织有感情，首先组织要对组织成员有感情。组织是温暖的，才能让组织成员有家一样的感觉，才会形成组织的凝聚力和向心力。成功的组织都十分重视给予员工全面的关心，总是把自身看作一个扩大了的家庭，努力营造温馨的家庭气氛。他们不仅关心员工的工作、进修、奖励、晋升，而且关心他们的家庭生活和"个人问题"。员工的家庭生活和"个人问题"，是员工的基本生理和心理需要的重要组成部分，不但直接关系到员工本人的情感状态和工作效率，对组织内部的人际关系亦有影响。如果能在组织内予以关心，不仅有助于调动员工的积极性，也掌握了对员工心理的良性调控权。

2）建立共同愿景，用愿景激发组织成员的事业心

"愿景"是指一种愿望、理想、远景或目标。共同愿景是组织中全体成员的个人愿景的整合，是组织中成员都真心追求的愿景，是能成为员工愿望的愿景。它由三个要素组成：目标、价值观和使命感。一个企业光有目标还不行，目标的实现，还必须有共同的价值观和使命感作为强大的支柱。企业的价值观是企业精神的灵魂。价值观是一个体系，一个企业成功与否就要看这个企业能否构筑起科学的、先进的价值体系。有了这样一个明确的价值体系才能使全体员工向一个方向前进。管理大师彼得·圣吉认为，共同愿景是组织中各个成员发自内心的共同目标，是蕴藏在员工心中一股令人深受感召的力量。一旦真正建立起共同愿景，那么它会有足够的吸引力，把员工的所有努力汇集到一点，从而形成强大的凝聚力，激发员工的热情、干劲，调节员工之间的关系，使组织成为风雨同舟、勠力同心的坚强集体，并为组织的生存和发展提供长久的动力。

3）正确处理组织内部的利益关系

随着社会主义市场经济的逐步建立，各种组织内部的利益关系也发生了重大而深刻

的变化。由于利益关系直接与每个组织成员相联系，因而必须慎重处理。

（1）要注意物质利益分配的合理性，金钱不是人们所追求的唯一目标，但金钱可以满足个人的许多需求，有时它代表一个人在组织中的成绩和贡献。同工同酬、以工计酬，公平合理，能提高员工的工作积极性；反之，不合理的薪资制度会引起员工的不满情绪。

（2）组织必须尊重员工的劳动和尊严，使他们处处感受到自己作为组织不可或缺的一分子的"主人翁"价值，认识到组织的兴衰荣辱与他们的工作效益息息相关。这样，员工就会因个人作用受到重视、个体价值受到肯定而增强自己的责任感和使命感，自觉地将自己的利益与组织的利益融为一体，自觉地与组织同呼吸共命运，并在对外交往中自觉地以组织一员的角色维护组织的良好形象。

小思考 8-2

　　有人说：公司给的薪金多，员工的凝聚力就强。这句话对吗？

小思考 8-2

分析提示

案例窗 8-1　　　　　　　　　　　　　**IBM 公司的庆功会**

　　美国 IBM 公司每年都要举行一次隆重的庆功会，主要对那些在一年中做出突出贡献的销售人员进行表彰。这种活动常常是在风光旖旎的地方，如在百慕大或马霍卡岛等地进行，被称作"金环庆典"。在庆典中，IBM 公司的高层管理人员始终在场，并主持庄重的颁奖酒宴，然后放映由公司自己制作的影片。这些影片主要展现那些做出了突出贡献的销售人员的生活，包括他们的工作情况、家庭生活以及业余爱好等。在被邀请参加庆典的人中，不仅有社会名流、股东代表、工人代表，还有那些做出了突出贡献的销售人员及其家属。整个庆典活动的过程都会被录制成电视片（或电影），然后送到 IBM 公司的每一个下属组织去放映。

　　IBM 公司每年一度的"金环庆典"活动，一方面是为了表彰有功人员，另一方面是为了同组织员工联络感情，增进友情。在庆典活动中，公司的主管同那些常年忙碌、难得一见的销售人员聚集在一起，彼此毫无拘束地谈天说地，在交流中无形地加深心灵的沟通，尤其是公司主管那些表示关心的言语，常常能使诸多在一线工作的销售人员"受宠若惊"。正是在这个过程中，销售人员增强了对组织的亲密感和责任感。

案例窗 8-1

案例点评

8.2.3　组织中的凝聚力与向心力的培养

　　一盘散沙难成大业，紧握的拳头打出去才更有力量，而组织的凝聚力与向心力的强化与其成员的目标又紧密相关，因此组织凝聚力与向心力的培养应该从以下几个方面着手：

　　（1）确立理念。企业形成了共同的理念，才可能做到企业与其成员共同来编织企业的愿景。每一个组织都必须有一个价值信念和行为宗旨，以维系和激励全体员工，充分调动他们的积极性、主动性和创造性，才能增进凝聚力和向心力。组织中所形成的共同理念是员工达成共识的最终结果，在认识过程中，员工摒弃了错误、落后、模糊和不恰当的目标，在分析内外因素、自我能力、努力的基础上逐步形成了为共同目标奋斗的结构和精神状态，能够把组织成员聚集在目标周围，即形成"志同道合、共同奋斗"和"价值观相统一"的局面。

（2）树立起企业与员工是合作伙伴的理念。传统的企业与员工的关系是雇用和被雇用的关系，在这种关系下，虽然企业一直强调员工应具有主人翁的精神，但事实上，这个主人翁的地位很难被员工在思想上加以肯定，他们始终认为他们是处于从属的地位，因此很难对员工产生有效的激励。如果树立起企业与员工是合作伙伴的理念，才真正肯定了员工在企业中的主人翁地位，从而让员工感受到企业的认可与尊重，才能够对员工产生持久的激励效应。

（3）增强内部员工的认同感、归属感、向心力。美籍日本管理学教授威廉·大内指出："提高劳动生产率的关键在于建立一种信任、微妙和亲密的人际关系。"有人称注重人际和谐是日本企业成功的"秘密武器"。日本人所追求的企业内部关系要像对待家庭关系那样充满感情与人情味。这样可增强企业内部员工的认同感、归属感和向心力。

（4）完善企业合理化建议制度。合理化建议制度是管理的民主化制度，是一种较为成熟和规范化的组织内部沟通制度。其主要作用是鼓励广大员工直接参与组织管理，并且可以通过下情上达，让组织的管理者与员工保持经常性的沟通。日本丰田汽车公司从1951年起推行合理化建议制度，当年就发动员工提出建议1 831条，到1976年累计达到463 000条，平均每个员工提出建议10条以上。公司会发放高额奖金给好建议的提出者，制度本身的民主性和员工直接参与的快感，大大激发了员工的积极性和荣誉感，满足了员工的成就感，促进了员工的使命感，增强了企业的整体凝聚力。

（5）营造一个充分沟通、信息知识共享的环境。随着社会的发展，组织内部沟通方法和手段也有很大的发展。我们可以充分利用宣传海报、组织内部报纸杂志、内部电视网络、内联网等多种途径，运用座谈、会议、电话交谈、网上聊天等多种方法，使员工能方便地了解到各种所需的信息与知识。

（6）深挖内涵，建设特色组织文化。组织凝聚力和向心力的形成，仅仅依靠外部刺激或者制度的实施是远远不够的，还要通过在组织内部建设符合本组织特色的组织文化，才能真正在组织和成员之间、成员与成员之间建立起富有意义的合作伙伴关系。组织文化是指组织的传统和氛围，其核心内容是组织成员共同拥有的价值观和共同的行为规范。当今的信息时代给各种社会组织带来新的机会，与此同时，快速、激烈的竞争也迫使组织中的结构必须不断优化。信息时代的组织形式还要适应以人为本的价值观，实现制度管理向文化管理的转变，这也正是柔性管理的关键所在。用组织文化来影响组织成员的心理和行动的成功案例不胜枚举。

案例窗 8-2　　　　　　　　　刘备掷阿斗——收买人心

《三国演义》中，赵子龙在长坂坡一场厮杀，硬是从万军之中杀出一条血路，救了刘备之子阿斗。刘备见赵子龙人困马乏，血染战袍，接过阿斗便要将其掷于地上，并说："为了你，差一点损了我一员大将！"赵子龙忙接住阿斗，感动得向刘备泣拜。赵子龙此后为刘备出生入死，忠肝义胆，立下汗马功劳。

案例窗 8-2

案例点评

8.3　组织文化建设

8.3.1　组织文化概述

组织的成功或失败经常归因于组织文化。组织文化是被组织成员共同接受的价值观念、思维方式、工作作风、行为准则等群体意识的总称。组织通过培养、塑造这种文化，来影响成员的工作态度，引导实现组织目标，因此根据外在环境的变化适时变革组织文化常被视为组织成功的基础。

1）组织文化的概念

从广义上说，组织文化是指组织在社会实践过程中所创造的物质财富和精神财富的总和。其中，物质文化可称为"硬文化"，精神文化可称为"软文化"。从狭义上说，组织文化是指在一定的社会政治、经济、文化背景条件下，组织在社会实践过程中所创造并逐步形成的独具特色的共同思想、作风、价值观念和行为准则。它主要体现为组织在活动中所创造的精神财富。

对于任何一个组织来说，由于每个组织都有自己特殊的环境条件和历史传统，也就形成了自己独特的哲学信仰、意识形态、价值取向和行为方式，于是每个组织也都形成了自己特定的组织文化。

就组织特定的内涵而言，组织是按照一定的目的和形式而建构起来的社会集合体，为了满足自身运作的要求，必须有共同的目标、共同的理想、共同的追求、共同的行为准则以及与此相适应的机构和制度，否则组织就会是一盘散沙。而组织文化的任务就是努力创造这些共同的价值观念体系和共同的行为准则。从这个意义上来说，组织文化是组织在长期的实践活动中所形成的并且为组织成员普遍认可和遵循的具有本组织特色的价值观念、团体意识、工作作风、行为规范与思维方式的总和。

2）组织文化理论的由来

组织文化理论是由美国学者在研究日本企业与美国企业管理方式差异的基础上首先提出来的。

第二次世界大战后，日本在短短的20年里，以其锐不可当的势态和惊人的速度，迅速恢复和发展了本国的经济实力，挤进了全球经济强国行列。日本商品不仅很快挤进和占领了欧美市场，而且在电子、信息等生产领域和传统工业部门对长期占据优势地位的美国组织提出了挑战，并通过在美国建立工厂、收购企业、买入债券和股票等方式，对美国进行资本输出。这给美国企业和美国经济带来了巨大震动。正因为如此，美国才开始反省自己，通过研究分析，他们得出结论：形成日本企业巨大生产力和强劲竞争力的，不仅是发达的科学技术、先进仪器设备等物质经济因素，同时包括了更为深刻的社会历史、文化传统、心理状态等文化背景的因素，正是上述诸多因素的融合，形成了日本企业独具特色的风格，铸就了日本企业与众不同的企业精神。美国经济发展速度落后于日本，其主要原因就在于美国的企业管理思想和企业管理方式落后于日本，具体体现在美国的企业管理不像日本那样重视人的作用，对企业文化重视不够。

因此，美国人通过对日本组织管理实践的分析比较和对日本奇迹的研究，充分认识到了企业管理不仅是一门科学，而且是一门艺术，它不仅靠逻辑和推理，而且靠直觉和感情；在管理与文化的关系处理上要更加重视精神的作用和文化力量；在人与物的关系处理上应做到人物并重，以人为主；在"硬"管理与"软"管理关系处理上要"硬""软"兼备，以"软"为主；要把实现企业管理规范化和理性化与激励和引导员工的精神、情感、智慧及调动员工的积极性、主动性和创造性紧密结合，互相弥补。

3）组织文化的功能

（1）导向功能。组织文化有助于把组织成员的思想、行为引导到实现组织所确定的目标上来。它通过对组织群体共有的价值观念的塑造，从精神上引导员工的心理和行为，使员工在潜移默化中接受共同的价值观念。

（2）凝聚功能。组织文化有着把组织成员紧密团结起来，形成一个统一体的凝聚力量。这种凝聚力的产生，一方面是由于组织文化重视人的价值，珍惜和培养人的感情，注重集体观念的形成，因而有利于促进员工间的团结；另一方面组织文化注重从多方面的文化心理去沟通员工的思想，使员工产生对组织目标、准则、观念的认同感、使命感、归属感和自豪感，从而使组织产生一种强烈的向心力和凝聚力。

（3）激励功能。组织文化有助于激励组织成员培养自觉为组织发展而积极工作的精神。组织文化的这种激励作用，一方面，是由于组织文化是一种以人为中心的管理，尊重人、爱护人，注重对人的思想、行为的"软"约束；另一方面，组织文化的激励功能是通过组织的共同价值观的形成，使其转化为员工实现自我激励的动力，自觉地为组织的生存和发展而工作。

（4）约束功能。组织文化具有对组织成员的思想和行为进行约束与规范的作用。由于组织文化是组织群体的文化，必然影响到组织中每个成员的认识、感觉、思想、伦理、道德等心理过程，使其自觉或不自觉地按共同价值观念行事，一旦违反这种价值观念，无论别人知道与否，自己都会感到内疚和不安，从而自己在思想和行为上做出调整，以服从共同价值观念的规范。

（5）辐射功能。组织文化对组织内外都有着强烈的辐射作用。对内，组织文化通过强烈的感染传播力量对员工产生着影响；对外，组织文化通过各种渠道对社会产生影响。例如，通过高质量的产品和满意的服务，使顾客感受到企业独特的文化特色；通过利用各种宣传手段，如电视、广播、报刊、会议等传播方式，宣传组织文化等。组织文化对内对外的辐射过程，也正是组织形象的塑造过程，因而对组织的发展有着重要的意义。

8.3.2　组织文化的结构和内容

组织文化作为一个整体系统，其结构与内容是由以精神文化为核心的三个层次构成，如图8-1所示。

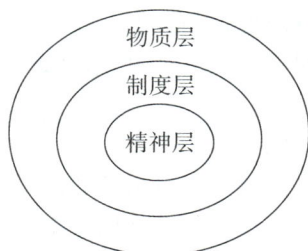

图 8-1　组织文化的结构

1）精神层（观念层）

这主要是指组织的领导和成员共同信守的基本信念、价值标准、职业道德及精神风貌。精神层是组织文化的核心和灵魂，是形成物质层和制度层的基础与原因。组织文化中有无精神层是衡量一个组织是否形成了自己的组织文化的标志和标准。组织文化精神层包括以下几个方面：

（1）组织最高目标（组织愿景）。它是组织全体成员凝聚力的焦点，是组织共同价值观的集中表现，也是组织对成员进行考核和实施奖惩的主要依据。组织最高目标又反映了组织领导者和成员的追求层次与理想抱负，是组织文化建设的出发点和归属。在美国，许多公司把它称为"组织愿景"。

（2）组织哲学。它又被称为组织经营哲学，是指组织领导者为实现组织目标而在整个生产经营管理活动中的基本信念，是组织领导者对组织长远发展目标、生产经营方针、发展战略和策略的哲学思考。组织哲学是在组织长期的生产经营活动中自觉形成的，并为全体成员所认可和接受，具有相对稳定性。

（3）组织核心价值观。它是指组织全体成员共同信奉的价值标准和基本信念，也可称作组织的基本信仰。这是组织文化理念层的核心，也是组织文化中最稳定的内容。随着组织内外环境的改变，组织的竞争策略、经营理念和管理模式可以调整变化，但其核心价值观不会轻易变化，而且长期坚持不变。

（4）组织精神。它是组织有意识地提倡、培养成员群体的优良精神风貌，是对组织现有的观念意识、传统习惯、行为方式中的积极因素进行总结、提炼及倡导的结果，是全体成员有意识地实践所体现出来的。

（5）组织风气。它是指组织及其成员在组织活动中逐步形成的一种带有普遍性的、重复出现且相对稳定的行为心理状态，是影响整个组织生活的重要因素。组织风气是组织文化的直观表现，组织文化是组织风气的本质内涵，人们总是通过组织全体成员的言行举止感受到组织风气的存在，并通过它体会出组织全体成员所共同遵守的价值观念，从而深刻地感受到该组织的组织文化。

（6）组织道德。道德是指人们共同生活及其行为的准则和规范。组织道德是指组织内部调整人与人、单位与单位、个人与集体、个人与社会、组织与社会之间关系的行为准则。组织道德就其内容结构来看，主要包含调节员工与员工、员工与组织、组织与社会三方面关系的行为准则和规范。作为微观的意识形态，它是组织文化的重要组成部分。

（7）组织宗旨。它是指组织存在的价值及其对社会的承诺。组织对内、对外都承担着义务：对内，组织要保证自身的生存和发展，使成员得到基本的生活保障并不断改善其生活福利待遇，帮助成员实现人生价值；对外，组织要为社会的物质文明和精神文明进步做出贡献。

2）制度层（行为层）

这是组织文化的中间层次，主要是指对组织和成员的行为产生规范性、约束性影响的部分，集中体现了组织文化的物质层与精神层对组织和成员行为的要求。制度层规定了组织成员在共同的组织活动中应当遵守的行为准则，主要包括以下三个方面：

（1）一般制度。它主要是指组织中存在的一些带有普遍意义的工作制度和管理制度及各种责任制度等。这些成文的制度与约定及不成文的组织规范和习惯，对组织成员的行为起着约束的作用，保证整个组织能够分工协作，井然有序、高效地运转。

（2）特殊制度。它主要是指组织的非程序化制度，与一般制度相比，特殊制度更能够反映一个组织的管理特点和文化特色。众所周知："日事日毕，日清日高"制度（OEC）、"三工并存"制度、"三干"制度、"中层干部受控"制度等，均是海尔集团的特殊制度。有良好的组织文化的组织，必然有多种多样的特殊制度；组织文化贫乏的组织，则往往忽视特殊制度的建设。

（3）组织风俗。它是指组织长期相沿、约定俗成的典礼、仪式、行为习惯、节日、活动等，如歌咏比赛、体育比赛、集体婚礼等。组织风俗与一般制度、特殊制度不同，它不是表现为准确的文字条目形式，也不需要强制执行，完全依靠习惯、偏好的势力的维持。组织风俗由精神层所主导，又反作用于精神层。组织风俗可以自然形成，又可以人为开发，一种活动、一种习惯一旦被全体成员所共同接受并沿袭下来，就成为组织风俗的内容。

3）物质层

这是组织文化的表层部分，是组织创造的物质文化，是形成组织文化精神层和制度层的条件。从物质层中往往能折射出组织的经营思想、管理哲学、工作作风和审美意识等。它主要包括下述几个方面：

（1）视觉识别要素。视觉识别要素是指组织名称、标志、标准字、标准色等。它们是组织物质文化的最集中的外在表现。

（2）物质环境。物质环境是指组织的自然环境、建筑风格、办公室和车间的设计与布置方式、绿化美化情况、污染的治理等，是人们对组织的第一印象。这些无一不是组织文化的反映。

（3）产品特色。产品特色包括产品的功能特点、式样、外观和包装等。产品的这些要素是组织文化的具体反映。

（4）技术工艺设备特性。产品的技术工艺要求不同，所使用的设备不同，也必然反映出组织文化的不同。

（5）厂徽、厂旗、厂歌、厂服、厂花。它们包含了很强烈的组织物质文化内容，是组织文化的一个较为形象的反映。

（6）组织的文化体育生活设施。这些用于组织文化建设活动的设施，带有很浓厚的组织文化色彩。

（7）组织造型和纪念性建筑。它们包括组织环境中的雕塑、纪念碑、纪念墙、英模塑像、纪念林等。

（8）组织纪念品和日常用品。它们往往具有很强的个性特点，鲜明地反映了组织文化品位。

（9）组织的文化传播网络。它包括组织自办的报纸、刊物、有线广播、闭路电视、计算机网络、宣传栏（宣传册）、广告牌、招贴画等。

从上述可见，组织文化的三个层次是紧密联系的。物质层是组织文化的外在表现和载体，是制度层和精神层的物质基础；制度层则约束和规范着物质层及精神层的建设，没有严格的规章制度，组织文化建设无从谈起；精神层是形成物质层和制度层的思想基础，也是组织文化的核心和灵魂。

案例窗 8-3　　　　培育和践行社会主义核心价值观，提升国家软实力

核心价值观是文化软实力的灵魂和重点，是决定文化性质和方向的最深层次要素。一个国家的文化软实力，其根本取决于其核心价值观的生命力、凝聚力和感召力。培育和弘扬核心价值观，有效整合社会意识，是社会系统得以正常运转、社会秩序得以有效维护的重要途径，也是国家治理体系和治理能力的重要方面。历史和现实都表明，构建具有强大感召力的核心价值观，关系社会和谐稳定，国家长治久安。自党的十八大报告首次提出 24 字的社会主义核心价值观以来，围绕培育和践行社会主义核心价值观这一主题开展了多项公共关系活动。从一系列有关社会主义核心价值观的学习、讨论、培训、教育，到"最美乡村教师""最美孝心少年""最美乡村医生""感动中国""最美村官""最美消防员"，以及"爱国是什么""家风是什么"等系列报道，在广大群众中广泛讨论，社会主义核心价值观正一点一滴渗入人们的内心，成为塑造国家认同与个人认同的重要力量。

案例窗 8-3

案例点评

资料来源　中国公共关系协会，华中科技大学新闻与信息传播学院. 中国公共关系年度报告（2014）[M]. 武汉：华中科技大学出版社，2015.

小思考 8-3
有人说组织文化很像一个人的个性，对吗？

小思考 8-3

分析提示

8.3.3　组织文化的建设

1）组织文化建设的原则

（1）人本化原则。以人为本，是组织文化建设的第一原则。目前，世界 500 强中卓越的组织，已将尊重人的价值作为第一追求目标。如松下电器的"松下之道"就是将倡导尊重成员放在首位。沃尔玛创始人山姆·沃尔顿曾总结出事业成功的"十大法则"，其中有七条与成员关系有关。组织文化建设要真正把人放在中心地位，强调以人为中心的管理，以对人的价值关怀为目标，充分尊重人、理解人、关心人、爱护人，为成员搭建充分施展才华的舞台，创造宽松和谐的良好环境，最大限度地调动和发挥人的积极性、创造性。以人为中心的文化，还要坚持顾客至上、消费者优先，实现组织与顾客双赢。组织只有得到消费者的信任，才能在激烈的市场竞争中立于不败之地。因此，要树

立"顾客永远都是最重要的人"的观念，并贯穿于活动之中，落实到每一个为顾客服务的环节之中。

（2）个性化原则。每一个组织发展历程不同、组织结构不同、经营业务不同、地理环境不同、面对的市场不同，它们应对市场的策略和处理内部冲突的方式也可能不同。所以，各个组织应创建符合本组织特点的组织文化。个性化是组织文化建设的灵魂所在。组织只有形成了自己独特的文化，才能构建核心竞争力。在组织文化建设过程中，既不能照搬他人模式，也不要只排列空洞时髦的词句等。都是一个模式，词语雷同，不能体现组织的差异性，组织文化也就失去了魅力。提到迪士尼就让人想到"让迪士尼乐园的每个人都成为一个尽兴的孩子"的组织理念，提到沃尔玛就让人想到"低价销售，顾客满意"的组织价值观。纵观肯德基、微软等世界著名组织，无不具有深厚的文化意蕴和独特的个性风格。组织的管理者应该认识到一个组织区别于其他组织的特征不只是在产品上、组织的外在形象上，更多的应该是在组织的文化特色上。

（3）长期性原则。组织文化建设不是一时权宜之计，也不是阶段性工作，而是一项系统的长期性的战略任务。要克服急功近利倾向和急躁情绪，不能奢望通过一两个活动、三五个月的建设就能取得立竿见影的成果。思想观念的变革、行为方式的改变、机制和制度的健全与完善，都需要一个过程，需要经过不懈的努力，不可能一蹴而就。因此，我们必须树立长期作战的思想，把组织文化融入组织发展战略，进行战略管理、整体规划，在系统思考的前提下，制订分步实施计划和年度工作计划，与生产经营管理同步实施、同步建设、同步发展，持续建设、常抓不懈。

（4）创新性原则。创新是组织的灵魂。由于组织处在一个不断变化的环境中，组织不能固守一种固定文化表现形式，既要保持其文化的本质不变，又要不断创新它的表现形式，增添新的文化内容，这是组织文化获得巩固和发展的必然要求。因此，组织在进行文化建设时，一定要突破思维定式和传统习惯，换个角度想问题，尝试"不按常理出牌"，处理好破和立的关系，大胆进行变革和创新。同时，要勇于挑战自我，超越自我。没有创新的文化是平淡乏味的，只有创新的文化、与时俱进的文化，才是有活力、有朝气的文化。组织文化的创新是群众性的，不是领导个人的；是连续性的，不是一曝十寒的。把创新植入组织价值观，全方位融入组织文化诸多要素和建设的全过程，培育全体成员的创新精神，使创新成为组织的品质，这是组织文化建设必须始终关注的焦点，也是所有成功组织的共同经验。总之，创新应成为组织文化建设的主旋律。

（5）群众性原则。领导者倡导和认同的文化叫作领导文化，管理层认同和实践的文化叫作管理文化，只有广大成员认同并实践的文化才叫组织文化。成员是组织的主体，也是这种文化建设的主力军。组织文化建设如果只有领导者的意志而无广大成员的参与，就会变成少数人的空忙。因此，在组织文化建设中，要尊重成员的主体地位和心理需求，广泛发动成员，认真听取成员意见，激发和调动成员的积极性和创造性，从而使成员能积极自觉地参与组织领导在组织文化各个方面的建设过程。同时，要把建设的过程作为宣传、渗透、提升的过程。这样，不仅便于集中群众的智慧，而且容易达成共识，更重要的是有利于贯彻执行。组织领导既是组织文化的倡导者，又是组织者和缔造者，所以在强调群众性的同时，不能忽视组织领导在组织文化塑造中的关键作用。

（6）竞争力原则。组织文化是组织竞争力的核心要素。组织文化要素与物质要素相比，具有不可模仿性和不可复制性，是搬不去、带不走、溜不掉的东西。这种独具的特质，是组织最具竞争力的优势部分，一旦拥有，其市场竞争力将大大提升。组织文化建设，要以提高核心竞争力为出发点和落脚点，认认真真做工作，实实在在搞建设，不能图虚名、走形式、搞花架子。在文化建设过程中坚持竞争力原则，必须避免单纯的设计型文化，避免单纯的政治化文化，避免把组织文化建设与组织的生产经营隔离和对立起来，避免把组织文化建设与组织的制度化隔绝开来，避免把塑造成员当成组织文化的唯一目的。

（7）科学性原则。组织文化的建设虽然是一项主观的活动，但必须立足于组织的客观实际，以科学的态度，实事求是，遵循其自身发展的规律，按照科学、合理的程序来进行。要根据组织的定位和目标，确定组织文化的定位和目标；要根据组织发展所处的历史阶段和实际情况来确定组织文化建设的层次与类型。提炼确定的文化理念要内涵清楚、准确，具有质的规定性。制度文化、行为要能为成员接受和认同，并能在实践中执行和落实；形象文化要实事求是，不能任意拔高、夸大其词。总之，只有经得起时间和空间考验的文化，才是有生命力的文化。

2）组织文化建设的内容

组织文化建设的内容主要包括以下几方面：

（1）物质文化建设。它是组织文化的表层建设，目的在于树立良好的组织形象。其内容主要包括：①产品文化价值的创造。要运用各种文化艺术和技术美学手段，作用于产品的设计和促销活动，使产品的物质功能与精神功能达到统一，使顾客得到满意的产品和服务，从而加强企业的竞争能力。②厂容厂貌的美化、优化。要能体现企业的个性化，要有好的厂名、厂徽，有合理的企业空间结构布局，有与人的劳动心理相适应的工作环境，从而促进员工的归属感和自豪感。③企业物质技术基础的优化。要注重智力投资和对企业物质技术基础的改造，以使企业技术水平不断提高。

（2）制度文化建设。它是组织文化的中间层建设，目的是使物质文化更好地体现精神文化的要求。其内容主要包括：①确立合理的领导体制。要明确组织的领导方式、领导结构和领导制度，理顺组织中党、政、工、团等各类组织的关系，以做到领导体制的统一、协调和通畅。②建立和健全合理的组织机构。要明确组织作为一个正式组织，其内部各组成部分及其相互关系，以及组织内部人与人之间的相互协调和配合的关系，建立高效精干的机构，以利于组织目标的实现。③建立和健全开展组织活动所必需的规章制度。要以明确合理的规章制度规范员工的行为，使员工的个人行为服从组织目标的要求，以提高组织系统运行的协调性和管理的有效性。

（3）精神文化建设。它是组织文化核心层的建设。它决定着组织物质文化和制度文化的建设。其内容主要包括：①明确组织所奉行和追求的价值观念，使之成为组织生存的思想基础和组织发展的精神指南。②塑造组织精神。在借鉴古今中外文化的成果，总结历史、展望组织未来的基础上，精练概括组织精神；并利用各种手段，使之渗透于组织的各个方面，成为组织生存和发展的主体意识。③促进组织道德的形成和优化。形成良好的道德风气和习俗，以规范组织及其成员的行为。

案例窗 8-4　　　　　　　　　　将"中国梦"概念化的公关

　　如何传播和解读"中国梦"？这是当前重大的研究课题，遵循习近平主席的"以小博大"公共关系路径，运用元素传播，选择"孔子、饺子、票子"三个元素，将"中国梦"概念进行载具化、符号化、产品化，重点打造"汉字的世界影响力""饺子的食品影响力""人民币的金融影响力"。

　　我们想象，如果有一天，世界上最通用的语言是汉语，最流行的食品是饺子，最通行的货币是人民币，最认可的价值观是"仁爱、和合"，那么中华民族伟大复兴的梦想就真正实现了。

　　资料来源　中国公共关系协会，华中科技大学新闻与信息传播学院. 中国公共关系年度报告（2014）[M]. 武汉：华中科技大学出版社，2015.

　　3）组织文化建设的心理策略

　　（1）培养组织精神。组织精神的培养必须经过提倡、实践、总结、提炼的过程，必须是组织成员的自觉意识和迫切要求。它的确立与发展，与整个组织生存与发展息息相关，并反映了组织的发展过程。培养组织精神是一项长期而艰巨的工作，主要可以通过以下途径进行：

　　①思想教育。组织精神作为一种先进的群体意识，不可能自发形成，不可能在组织实践中自然而然地产生，必须经过对全体员工长期的思想教育，向组织成员灌输组织精神，从而为实现组织的整体目标提供强大的精神动力。

　　②确立激励性的组织目标。首先，要建立组织成员共同认可的目标，即共同目标。组织共同目标可以使组织成员个人的理想与组织的追求同一化，从而使组织的成员达成价值共识，这是培养组织精神的重要的条件。其次，提出的组织目标要适度，必须从本组织的实际出发，既考虑组织的现状，又着眼未来的发展；既不能过高，又不能过低。目标过高难以实现，目标过低不能激发员工的动力，都起不到应有的激励作用。因此，必须采用科学的方法，确立适度的、能够对员工起到充分激励作用的共同目标。

　　③榜样示范。在组织内部树立榜样，可以使精神形象化、具体化，使员工有学习、追赶的目标，从而增强组织精神的可信性和感召力。

　　榜样的力量来自两方面：一是组织领导者的垂范；二是组织中模范人物的启迪。领导者的垂范是培养组织精神的关键。领导者的特殊地位决定了其对组织精神的培养和形成起着重要的作用。领导者越是自觉地实践组织精神，群众的自觉性、积极性和创造性就越高，所形成的群众意识就越强，对实现组织目标、振兴组织就更有力。从一定意义上说，组织精神是组织领导者思想、觉悟、文化素质、经营作风、管理水平、工作态度的反映。先进模范人物则有很强的示范作用。他们的一言一语、一举一动，会使本组织精神人格化，产生生气和吸引力，会使其他员工去模仿，激发出行动热情，久而久之，就会变为自觉的习惯行为。

　　④重视舆论宣传。组织精神作为一种群众意识，要在组织成员心中扎根，需要组织采用多种宣传手段，如利用广播电视、厂报、内刊、画廊等反复宣传自己的组织精神和先进典型，营造一种良好的、浓厚的舆论环境，使员工时刻都能感受到组织精神，并把组织精神自觉地贯彻到行动中。

（2）加强制度文化建设。组织制度文化是组织精神文化向物质文化转化的中间环节。在企业文化的各种形态中，它体现其他文化的结果。组织制度文化的建设主要包括以下内容：

①树立科学的制度意识。首先，科学的制度意识应当体现组织精神文化价值。组织的价值观是企业文化的核心和基石，也是组织制度文化的核心与基石。制度文化之所以被称为一种文化形态，就在于它从制度这个侧面体现了企业文化的价值观。其次，科学的制度意识应当坚持实事求是的原则。应当正确认识组织的传统与现状，以制度的形式巩固优良传统和纠正不良传统，同时，要科学地分析组织各个方面的情况，包括员工素质的分析、市场的状况、行业特点等。然后，在此基础上制定制度文化建设的规划与目标。

②科学地制定制度。首先，按民主程序制定制度。只有通过民主程序才能使广大员工积极参与到制度文化中，才能制定出切合实际的制度，才能使制度观念与条文深植于员工的头脑之中，才能体现出企业文化的作用。其次，制度应当体现责、权、利相统一的原则。这既是制度科学性的要求，更是企业文化建设的要求，其目的在于使广大员工从义务和权利两个方面体会到自己的主人翁地位。义务和职责作为一种限定，实际是从另一个角度对员工主人翁地位的肯定。最后，组织制度应当具有系统性、统一性和可操作性。系统性要求制度应当包括各个方面内容，既有生产程序的管理，又有人员管理，还有财务管理等多方面，不应有缺口，否则会使行为无章可循；统一性要求所有制度应当互相协调，不得互相矛盾与抵触，使人员无所适从；可操作性要求制定规章必须明确具体、切实可行。

（3）提高组织成员的素质。

①要提高管理者的素质。由于组织管理者的特殊地位，决定了其在企业文化建设中的重要作用。企业文化的形成可能是组织成员共同创造的结果，但企业文化中的主导信念，无一例外都是先在上层形成，然后才下达的。提高管理者的素质的内容主要包括：第一，培养管理者的判断力和决策力，包括经营和环境问题协调、经营战略决策、经营信息筛选和组织决策等。第二，培养管理者高度的经营管理能力，包括长期的经营计划与预算控制、经营目标的制定、组织成长与经营多样化管理、权力的授权等。第三，培养管理者卓越的领导能力和指挥能力，包括人际关系管理、员工能力的开发与培训及通过不断提高自身的知识水平在组织中树立威望等。

②要提高普通员工的素质。普通员工是一个组织中所占比重最大的群体，也是组织中最主要的参与者和执行者。因此，他们素质的提高会直接促进组织文化建设水平的提高。提高普通员工素质的内容主要包括：培养普通员工应有的价值观、集体观；提高普通员工的专业知识水平、科研技术能力；提高普通员工的基础科学文化知识。具体的培养途径有：培训，举办各种文化活动，先进工作者和岗位标兵的传、帮、带等。

（4）建立融洽的人际关系。融洽的人际关系对增强组织的凝聚力、活力和竞争能力，保证组织健康发展是非常重要的。要形成融洽的人际关系，必须做好以下工作：

①加强思想教育。思想工作是加强人际关系的基本方法。组织员工思想觉悟和道德水平的提高，有助于组织内上下级之间、员工之间形成相互尊重、相互帮助、关心社

会、关心他人的新型的人际关系。组织思想教育中很重要的一项工作就是加强集体主义观念教育。集体主义观念的增强，可以提高组织的凝聚力，进而增强组织的竞争力和生命力。

②开展各种集体活动。开展多种形式的集体活动，对培养员工的集体主义观念、增强凝聚力、形成融洽的人际关系尤为重要。因为，要建立和谐、团结、友好的新型人际关系，就要加强人与人之间的交流、人与人之间的理解。通过举办各种集体活动，如一些联谊活动、体育比赛、郊游等，可以增加员工之间相互认识、了解的机会，加深人们之间的感情，加强组织团结，有利于组织成员统一思想、统一行动。

③建立、健全民主管理。通过建立、健全民主管理，采用多种方法调动员工的积极性，吸引员工积极参与组织的管理活动，不仅能够发挥员工的聪明才智和工作能力，还能体现出员工在组织工作中的主人翁地位，使员工对组织的重大决策有发言权和否决权，对领导者有监督权、选举权与罢免权。这就能够帮助领导者深入群众，关心群众疾苦，听取群众的批评和建议，不断改进领导作风和工作作风，从而促进领导者和被领导者之间的关系融洽，增进干群之间的沟通了解，改善干群关系。

（5）塑造良好的组织形象。组织形象就是社会公众和组织成员对组织的整体印象与评价。组织形象包括的内容很广，主要有组织外表形象、组织产品形象、组织成员形象、组织公共关系形象等。良好的组织形象要靠组织自身规范的行为去创造。

①提高产品质量、服务质量与工作质量。消费者认识组织首先是从组织提供的产品和服务开始的，所以一个组织要树立良好的组织形象，维护自己的信誉，首先应当提高产品质量、服务质量与工作质量，树立起良好的产品形象和服务形象。

②设计自己的形象标志。每个组织都有自己的标志，有的组织还有自己的产品商标、代表色和建筑风格等，这些都是组织的形象标志。由于形象标志能加强公众对组织的印象，使组织成员产生认同感、责任感和自豪感，所以在设计组织形象标志时，应注意突出本组织特点，设计出具有鲜明个性化特色的形象标志，并反复宣传，使标志频繁出现在公众面前，促使公众加深对本组织的印象。

③积极参与社会公益事业。参与公益活动的组织或个人都会被认为是对社会"行善"，是在做好事，社会公众对这种行为总是报以高度的赞誉。组织参与这种活动，直接或间接地在公众心中树立了良好的形象，这就在客观上为组织产品的畅销创造了条件。

④加强广告宣传活动。一个良好组织形象的树立，仅仅靠优质的产品和服务是不够的，还必须十分注意用广告来宣传自己。一方面，通过产品广告使消费者对产品留下深刻的印象，激起他们拥有和享受该产品的欲望；另一方面，通过广告宣传组织的目标、宗旨和价值观，从总体上塑造组织形象。

⑤加强和新闻界的沟通。一方面，组织形象的塑造有赖于新闻媒介的传播；另一方面，新闻机构的报道又不可能总是客观准确、毫无偏见。因此，组织必须十分注意同新闻界的沟通，向记者通报真实的情况。组织可以通过举办新闻发布会、记者招待会等形式，帮助记者挖掘出他们认为是最重要的和有价值的新闻素材，使其报道有利于组织形象的塑造。

案例窗 8-5　　　　　　　　　　联想企业文化建设规划（部分）

　　第一阶段（1984—1993）：创业期，以求生存为目标，公司上下团结，规模扩大，柳传志提出在公司内部营造有利于协作的湿润空气，制定管理三要素，强调建班子、带队伍，"小公司做事，大公司做人"，体现以人为本的管理理念。

　　第二阶段（1994—1995）：起步期，联想电脑公司成立。面对激烈的市场竞争，杨元庆选择销售骨干，组成"18 棵青松"抱成团打市场，公司业绩上升，与员工直接分享成功；公司继承集团"严格、认真、主动、高效"风格，保持与外界良好的发展关系，树立公司形象。

　　第三阶段（1996—1997）：发展期1，公司规模和业绩不断增长，出台一系列 HR 制度，完善岗位责任制，统一薪酬福利体系，鼓励员工在公司长期发展，给员工创造各种成长和培训机会；在公司内部提出互为客户的理念，要求发扬合作精神；在公司许多部门采用项目团队工作方式。

　　第四阶段（1998—2002）：发展期2，提出亲情文化，通过推行工间操、举办运动会、实行"称谓无总"等活动，倡导"平等、信任、欣赏、亲情"；推行矩阵式管理模式，要求各部门和层次之间相互配合，资源共享。

案例窗 8-5

案例点评

　　资料来源　黄河涛，田利民. 企业文化概论［M］. 2 版. 北京：中国劳动社会保障出版社，2010.

知识掌握

　　1. 试述组织内部心理氛围的内涵。如何理解这一概念？

　　2. 如何才能实现组织中的凝聚力和向心力的形成与培育？

　　3. 什么是组织文化？简述组织文化的由来。

　　4. 组织文化有哪些功能？组织文化的内容有哪些？

知识掌握 8-1

答案提示

知识应用

案例分析　　　　　　　　　　联想集团关爱员工

　　联想集团非常关注员工关系，每年有大量的员工关爱项目。每年都有自己的足球联赛和春节联欢会，每两年组织一次全集团的运动会。为方便、丰富员工的生活，联想集团在网上提供衣、食、住、行等方面的各类信息，开辟专门论坛供员工交流，包括二手信息、租房、自助班车信息、健康旅游等，定期安排内部书市、播放电影、公布联想环球影视最新动态。在员工生日这天，员工会收到联想集团送来的生日蛋糕。联想集团还特别关注员工健康，安排体检及相关健康知识讲座，组织其他体育比赛和联欢、春游活动，举办单身员工联谊活动。每一位新到岗的员工都会在入职第一天看到联想集团为其精心准备的欢迎文字，并给新员工安排一位指导人，使其尽快地融入联想集团的大家庭。所有这些，在不知不觉中增进了员工对联想集团的感情，进而在内部构建起和谐的公共关系。

　　问题：（1）联想集团的做法对企业有何作用？

（2）这个案例对其他组织有何启发？

分析提示：组织关注内部员工的关系，可以增强组织内部的凝聚力，并获得成员的支持，从而使组织形象更加丰满，更加有利于组织的生存和发展。

实践训练

调查了解自己所在学校的相关班风较好的班级，是如何营造内部心理氛围的？

心理小测验

一、群体内聚力量度

请用以下9对形容词来形容，你对于你的同事在大部分时间内的感觉如何，并在与该感觉程度对应的空格中做记号，以说明你对同事的感觉强弱。

	非常	十分	有点儿	说不好	有点儿	十分	非常	
合作	____	____	____	____	____	____	____	不合作
愉快	____	____	____	____	____	____	____	不愉快
吵架	____	____	____	____	____	____	____	情投意合
自私	____	____	____	____	____	____	____	不自私
爱挑衅	____	____	____	____	____	____	____	和蔼可亲
精力充沛	____	____	____	____	____	____	____	行为消极
效率高	____	____	____	____	____	____	____	效率低
聪明	____	____	____	____	____	____	____	笨拙
不帮助人	____	____	____	____	____	____	____	能帮助人

记分与评价：

合作、愉快、精力充沛、效率高、聪明——从最左边的7依次递减到最右边的1计分；情投意合、不自私、和蔼可亲、能帮助人则分别从最右边的7依次递减到最左边的1计分。内聚力的得分是你各项感觉得分之和。

该量表满分为63分，越接近满分说明群体内聚力越大。

二、友好相处能力测验

1.你碰巧知道一个同事的一件隐私之后，你的做法是：

A.努力不转告别人　　　　B.根本没有想到过将它转告别人

C.很快与别人谈论此事

2.你遇到困难的时候：

A.通常尽量自己解决　　　　B.马上求助于友人

C.只求助于最要好的朋友

3.当你的朋友有困难时，你发现：

A.他们都乐于求助于你　　　　B.只有好友求你办事

C.朋友们很少求助于你

4.你认为作为朋友，应当：

A.为人可靠，值得信赖　　　　　　B.能与自己愉快相处

C.有钱有势

5.以下哪一种情况最符合你：

A.与朋友常在一起闲聊　　　　　　B.常能发现朋友的错误

C.使朋友们很愉快

6.在与朋友的交往中，你觉得：

A.对许多朋友都感到不耐烦　　　　B.大多数朋友都与你相处得很融洽

C.必要时迁就一下朋友也是值得的

7.你的做法更符合以下哪一种情况：

A.喜欢发现朋友的优点　　　　　　B.常坚持自己的看法

C.从不评论朋友

8.对于朋友间的交往，你的观点是：

A.应当保持适当距离　　　　　　　B.应当充分信赖

C.应当避免承担责任

记分方法：

题号	A	B	C	题号	A	B	C
1	2	3	1	5	2	1	3
2	3	1	2	6	1	3	2
3	3	2	1	7	3	1	2
4	2	3	1	8	2	3	1

评价方法：

满分为24分，得分越高，意味着与别人友好相处的能力越强，事实上与朋友的人际关系状态也较好；得分越低，表明不太善于与朋友相处，与朋友的人际关系状况也较差，不太受朋友欢迎。

第9章
公关策划心理与公关活动形式

【学习目标】

在学习完本章以后，你应该能够：
- 了解公关策划的含义和意义；
- 明确公关策划的心理原则；
- 理解公关策划的心理策略；
- 掌握公关活动的一般形式。

思维导图

引例　　　　　　　粒粒瓜子寄深情　"傻子"致信邓小平

　　1992年年初，邓小平同志在南方谈话中特意提到安徽"傻子瓜子"。这使得"傻子瓜子"经营者年氏父子感到特别欣慰。为表感激之情，在1992年12月30日下午，年氏父子向邓小平同志寄上几斤自产的"傻子瓜子"，并附上一封情真意切的信。

敬爱的邓小平同志：

　　您好！

　　我们是安徽芜湖"傻子瓜子"的经营者。今年年初，您在南方谈话中提到了我们"傻子瓜子"，我们感到好温暖、好激动。您是对全国人民讲的，但对我们更是极大鼓舞。光是今年下半年，我们"傻子瓜子"就新建了13家分厂，生产了1 400多万斤瓜子。从经营"傻子瓜子"以来，我们已经向国家交纳了200多万元的税，向社会提供了40多万元捐赠。但我们还要兢兢业业地做"傻子"，为顾客提供更多美味可口、价钱公道的瓜子；我们还计划更快地扩大经营规模，把"傻子瓜子"打到国际市场上去，为国家多做贡献。

　　敬爱的邓小平同志，我们时时铭记着您的恩情，在这新春佳节到来的时候，特地寄上几斤瓜子给您尝尝。这是非常微薄的礼物，却代表我们对您深深的敬意，希望您能喜欢。

　　衷心祝愿您新春快乐！健康长寿！

"傻子"年广九

"小傻子"年金宝　年强

1992年12月30日

　　1993年元月18日，"傻子瓜子"委托为其转交瓜子与信的中央某部门给他们打来了电话，表示信与瓜子均已收到，已转交给邓小平身边的同志。

　　1993年元月28日，《安徽工人报》的一位记者采访年广九，无意中得知他们一家给邓小平同志写信并收到回音的消息，立即意识到其中的新闻价值，次日便写成以《粒粒瓜子寄深情"傻子"致信邓小平》为题的报道，于30日头版头条刊出。由于此新闻涉及的人物，一位是当代中国伟大的人物，另一位则是个体户，各级党报均持审慎态度未对此事做相关报道。但其新闻价值较大，各地的周末版、扩大版、文摘报及一些专业报纸、刊物均先后进行了相关报道。同年6月，中国香港《文汇报》记者采访年强并再次对此事进行报道，引起内地报纸又一次的相继转载。直到1994年年初，此事仍在各媒介辗转传播。

　　"'傻子'致信邓小平"的消息经各地100多家媒体报道，有效地传播了"傻子瓜子"经营的规模、计划等信息，树立了良好的形象。自此消息传播后，"傻子瓜子"厂先后收到500多封要求联营或经销代理的来信，来函中有40余家单位成为"傻子瓜子"厂新的业务伙伴。中国科技大一位副教授对此评估测算，认为该公关策划与传播，其效果相当于那时80万～100万元广告费所产生的广告效果。

　　资料来源　田柏强. 纪念邓小平诞辰100周年 邓小平与"傻子瓜子"[J]. 安徽决策咨询, 2004(7). 有改动.

　　分析提示：“‘傻子’致信邓小平”的公关策划案例，其成功之处主要表现在：①突出了情感主题。“傻子瓜子”的问世和发展，确实是邓小平同志的思想路线带来的。“傻子”一家对邓小平同志怀着深厚的感情。以自产的瓜子并附上一封短信表达这种感情，合情合理，顺理成章。②公关实施时机把握恰到好处。在新年即将到来之际，寄上供新春佳节品尝的瓜子，既符合中国的传统习惯，也照应了年初邓小平同志的讲话。③淡化了公关色彩。致信并寄瓜子给邓小平同志，确实是“傻子”一家表达真情的最好方式，公共关系效应只是派生出来的，因此淡化了公关色彩，消除人为策划的痕迹，显得自然贴切。④新闻猎奇性强。此新闻一位涉及改革开放的总设计师——邓小平，另一位则是具有传奇色彩且有争议的个体户——“傻子”，所以新闻价值特强。

　　这一案例表明：有意识地进行公关策划，可增强公关活动的目的性和有效性，扩大组织的知名度和美誉度，树立组织良好的形象，提高组织的竞争力。对组织来说，往往能起到意想不到的效果。

9.1　公关策划心理

9.1.1　公关策划概述

　　1）公关策划的含义

　　古人云：“凡事预则立，不预则废。”预就是预备、准备、策划。根据已掌握的信息，推测事物发展的趋势，分析需要解决的问题，并在行动之前，对行动进行构思、设计和谋划，并形成完整、系统的方案，这就叫策划。

　　现代社会，市场竞争异常激烈，社会环境日益多变，人们为了增强行为的目的性和有效性，对事物和行动进行事先设计与谋划已成为必不可少的步骤，公关活动也是如此。

　　公关策划就是公关人员根据组织形象的现状和目标要求，分析现有条件，谋划、设计公关活动的最佳行动方案的过程。

　　实际上公关策划就是一个行动方案的设计过程。在这个过程中，公关人员首先要根据公关调查中所确定的组织形象的现状，提出组织新的形象目标要求，并具体设计公关活动的主题，然后，通过分析组织内外的人、财、物等具体条件，提出若干行动计划，并对这些计划进行比较、选择，最后确定达到目标要求的最适当、最有效的行动方案。

　　2）公关策划的意义

　　一般来说，公关活动的发展可分为三个阶段：接待型公关、传播型公关和策划型公关。前两个阶段只是公关发展的起步阶段；最后的策划型公关才是公关的高级阶段，也是公关走向科学和“繁荣”的标志。也就是说，策划型公关从日常接待到安排专题活动，任何一种公关行为都是通过科学的谋划、周密的计划安排所进行的有意识、有目的的公关行为。

　　一个成功的公关策划不仅需要了解全面的市场调查资料，进行科学的分析评估，更需要掌握相关公众的心理和动机，发挥人的聪明才智，提出合理、新颖、与其相适应的公关策略。成功的公关策划能迅速地提高组织的知名度和美誉度，并在组织处于危机时，能够减少损失、挽救组织的形象。现代企业的竞争已经从产品竞争发展到企业的竞争，其内涵更深刻、内容更全面、手段更科学，表现为信誉竞争、形象竞争，哪个企业公关策划得好，哪个企业就能树立更好的形象、赢得更多的公众、获得更好的经济效益和发展机会。可见公关策划是公关活动的最高层次，是公关工作的核心，也是公关活动成败的关键。公关策划的意义主要体现在以下几方面：

（1）公关策划是公关活动的核心和先导。有的人以为公关活动就是"公关小姐"或"公关先生"的活动，或者是服务接待、宣传活动，这实际上是以偏概全。"公关小姐"或"公关先生"的接待活动仅仅是公关活动的第一层次或表面层次。公共关系的第二个层次应是协调公众关系，树立组织的整体形象。但从公共关系的角度看，仅仅掌握这两个层次还没有把握公共关系的核心。公共关系的核心应放到策划层次，为领导和决策层设计高水平的策划方案。这种高层次的策划才是公关活动的核心和先导。

（2）公关策划可以确立公关目标，指导公关实践活动。成功的公关策划可以确立公关的目标。目标就是航向。目标明确，就会全员努力，心往一处想，劲往一处使，也为正确指导公关实践活动指明了方向。同时，通过公关策划确立公关的工作内容，选择公关的最佳时机，设置最佳条件，配备最佳人员，从而保证公关活动的目的性和有效性。

（3）公关策划可以增强公关人员的公关意识。通过公关策划，可以增强公关人员的公关意识，提高公关人员的决策水平，使其自觉地将公关工作置于高层次，同一般世俗偏见划清界限；可以消除人们普遍存在的对于公关工作的误解，强化科学的公关意识。

小思考 9-1
公关策划的目的是什么？

小思考 9-1

分析提示

9.1.2　公关策划的心理原则

公关策划是组织公关工作的中心环节，因此公关人员在进行公关策划时不可随心所欲，应遵循下列原则：

（1）公众利益优先原则。它是公关策划的首要原则。公众利益优先，不仅是公关工作的指导思想，也是公关人员所应遵守的职业道德标准。

公众利益优先，并不是要组织完全牺牲自己的利益，而是要求组织在考虑自身利益与公众利益的关系时，始终坚持把公众利益放在首位。要求组织不仅要圆满完成自身的任务，为社会做出贡献，还要重视其行为所引起的公众反应，并关心整个社会的进步和发展，在此基础上获得自身利益的满足。组织只有时时处处为公众利益着想，坚持公众利益至上，才能得到公众的好评，才能使自身获得更大的、长远的利益。

（2）尊重客观事实的原则。公关人员在策划过程中，要始终坚持以客观事实为依据，尊重客观事实。没有事实，便无所谓公关策划。也就是说，在现实生活中不存在的事物，就不能作为公关传播的内容。出现了什么事情，就说什么事情，言出无据，只会失信于公众。另外，要据实公开。组织运作过程中发生的事实，如有必要公开的话，必须依据事实，做到客观、真实、全面和公正。尊重客观事实的原则，对处于不利情况下的组织来说尤为重要。敢于承认不利的事实，才可能理智地进行策划，企图掩盖事实真相的策划，只能使组织走向自己愿望的反面。

（3）目标针对性原则。它是指公关人员在进行公关策划时，要了解和掌握特定公关对象的个性心理特征、兴趣爱好以及年龄、性别、文化层次、经济收入等客观条件，有针对性地制订公关策划方案。比如蒙牛乳业集团，一方面赞助湖南电视台的"超级女声"比赛活动，根据年轻人的个性特点，打造"蒙牛酸酸乳"时尚饮料；另一方面又通过赞助"神五""神六"，打造安全、高品质的乳品饮料形象。

（4）灵活创新原则。它是指公关策划必须打破传统、刻意求新，追求独创性和创新性，使公关活动生动有趣，给公众留下深刻而美好的印象，从而提高公关活动成功的概率。公关策划界素有"创新是天才，跟随是庸才，重复是蠢材"的说法。因此策划设计要个性鲜明，不落俗套。

（5）目标导向原则。它是指组织的公关策划活动必须在一个明确的目标指引下完成。一方面，它是指在公关策划之前，策划者必须清楚此次策划究竟是为了解决什么问题，以及问题的大小和难易程度。另一方面，它指的是公关策划的每一步骤都必须紧扣公关的既定目标来进行。因此，公关策划要与组织的整体目标相一致；否则，再好的行动方案，也只能是一种空想，再好的策划也是劳而无功。所以，公关人员在进行公关策划时，应遵循与组织的整体计划目标相一致的原则。

小知识 9-1　　　　　北京奥运会开幕式：让世界看见的中国元素

2008 北京奥运会开幕式，当东方文化遇上陌生的观众，中国用一个技压群雄的创意，演一场全世界能懂的中国故事，这是 2008 北京奥运会的梦想，也是中国用公关宣传的方式来解读中国的元素。

1. 夸父追日，宾朋满座

高高吊起的李宁在空中疾步奔跑，他为了理想而孤独奔跑。

（1）夸父追日：夸父诞宏志，乃与日竞走。俱至虞渊下，似若无胜负。

（2）有朋之乐：四海之内皆兄弟也。

2. 角徵宫商，绝世华章

（1）民乐：此曲只应天上有，人间哪得几回闻。

（2）戏曲：人间亦有痴于我，岂独伤心是小青。

3. 人间画卷，空中飞天

（1）中国画卷：舟行碧波上，人在画中游。

（2）敦煌飞天：敦煌定若远，一信经年。

4. 方圆寻道，动静由心

（1）古文字：字是活体字，天是有情天。

（2）太极拳：拳无拳，意无意，无意之中是真意。

5. 四大发明，科技之邦

中国的发明远不止造纸、火药、活字印刷、指南针这四种，还有更多发明渐渐逃离后人的记忆。

　　2008北京奥运会开幕式让世界看到了中国元素，仿佛有云雀在夜空思念，有灿烂星汉散落村庄。有那么几十分钟，我们真是邂逅了孔子，三千弟子称颂，击缶声声，竹筒声声；真是重回了汉唐，着我汉家衣裳，奏我绝世华章；真是听了一回昆曲的"水磨腔"，歌声婉转，娇媚性感……真是古意了一把，印象了一把。北京奥运会开幕式匠心独运地打造了一场色彩斑斓的开幕式盛宴。2008，世界看见了这些最为真实的中国元素。同时，坚定地印证了，只有文化的力量、创意的力量，才能最为真实地传播中国元素。

资料来源　谭昆智. 公关原理与案例剖析〔M〕. 2版. 北京：清华大学出版社，2015.

9.1.3　公关策划的心理策略

　　策划、谋划本身就是心理活动的体现，这就要求公关策划人员善于揣摩公众的心理活动规律，运用有效的心理策略，制订科学、高超的策划方案。

　　1）善于运势

　　任何组织都在特定的"势"中生存。就现代社会对"势"的运用来看，这里的"势"一般包括三层含义：①指事物赖以生存和发展的客观环境诸因素运动变化及形成格局的情况，即常说的"形势"；②指形势对事物运动变化进行推动或制约的一种无形的作用力，即常说的"势力"；③指作用于事物的无形之力的方向，即常说的"趋势"。

　　组织的公关策划人员必须积极、敏锐、全面地观察、了解以及预判社会形势运动变化的趋向和力度，使组织的公关活动跟上形势、顺应形势、适应形势，这就叫审时度势。审时度势的另一层含义是要认清组织的优势和劣势，随时捕捉形势给组织带来的机会，努力去利用优势，回避劣势，抓住转瞬即逝的机会，防止突如其来的危难。同时，公关策划人员应变被动为主动，学会通过主观努力去运势，即能动地蓄势、融势、借势、造势和导势。

　　（1）蓄势。它就是企业（或组织）在竞争和对抗行为中，通过积蓄准备，造成双方在实力对比、心理状态、舆论倾向、员工士气等方面的反差。例如，组织重视内部公共关系，加强内部成员之间的沟通和理解，增强组织成员的责任心和归属感，创造出内部上下一致、相互配合的工作氛围，就是一种蓄势的做法。组织的公关策划，理当深思组织形象长期的稳定增进，以达到厚积薄发的功效。

　　（2）融势。它就是把组织自身的力量融入社会大潮中，以此增强组织社会形象的做法。组织关心社会大趋势、大热点，是组织融势的前提。组织是社会的细胞，关心社会、关心人类共存的问题，是现代组织应有的责任。一个组织要想仅凭自己的力量和有限资源来完成一些人类关注的事业，是很难做到的。组织将自己有限的资源融入社会中，在社会的齐心协力的大环境中奉献自己的一份力量，也是一个较好的选择。

　　（3）借势，即借助已有的形势，使用顺风扬帆、顺路搭车、借鸡下蛋等方法运势。组织要想在社会公众心目中塑造自己良好的形象，提高自己的认知度、美誉度，就需要借助现代各种媒体、借助社会各项活动来传播美名。

　　在国内外大量的公关活动案例中，借势之举比比皆是，或借节日之势，或借名人之势，或借文化之势，或借政府之势，或借舆论之势。总之，凡见风使舵、借船下海、借花献佛、借题发挥等，均属借势之为。

案例窗9-1　　　　　　　　　　　总统推荐的书

　　一位出版商手头积压了一批书卖不出去，眼看就要亏大了，情急之下，出版商想了一个点子：给总统送去一本，并频频联系征求其意见。忙得不可开交的总统随便回了句："这书不错。"出版商如获至宝，大做宣传："现有总统喜爱的书出售。"还把"这书不错"四个字印在封面上。于是他手头的书很快被抢购一空。不久，这位出版商又有一批书，便照方抓药，给总统送去了一本。总统有了上次的教训，想借机奚落一番，就在送来的书上写道："这书糟透了。"但总统还是上了套儿，出版商大肆做宣传："现有总统讨厌的书出售。"人们出于好奇而争相抢购，书很快被全部卖掉。又过不久，出版商第三次把书送给总统。总统有了前两次被利用的教训，干脆紧闭金口，不理不睬，然而出版商还有话说。这次他的宣传词是："现有令总统难以下结论的书，欲购从速。"结果，书还是被抢购一空。

案例窗9-1

案例点评

　　资料来源　吴智勇. 一次最成功的策划［J］. 财富智慧，2004（1）. 有改动.

　　（4）造势。它不同于借势，是凭借自己的智慧和力量，去积极主动地创造一种有利于己的态势、格局和趋向。在公关活动中，要塑造良好的组织形象，建立、维系和矫正组织与公众间的关系，常常需要通过制造新闻、发动舆论、渲染气氛等，去人为地创造出提高实力、扩大影响、增进优势的机会与格局。公关策划中的造势，就是去创造设计突出组织形象的舆论影响力和感官冲击力。

案例窗9-2　　　　　　"世界三大男高音"为中国申奥放歌

　　2001年6月23日晚，昔日皇家禁苑正门广场中乐声悠悠，弦歌阵阵。世界著名三大男高音歌唱家在紫禁城午门广场联袂演出，在"6·23国际奥林匹克日"掀起北京申奥活动的高潮。时任国务院副总理的李岚清和数万热情的中外观众一同观赏了这场精彩的演出。

　　当晚，三位"歌剧之王"身着黑色燕尾服，站在了紫禁城的古老红墙之间的舞台上神采奕奕，演唱了近三十首脍炙人口的歌剧选段或歌曲。从卡雷拉斯的《我知道这个花园》，到多明戈的《星光灿烂》，到帕瓦罗蒂的《今夜无人入睡》……洪亮且有穿透力的歌声，赢得了现场三万名观众的热烈掌声。

　　昔日这里曾钟鼓齐鸣，如今西方歌曲声在这里缭绕；昔日皇帝曾在这里议政，如今三位西方音乐大师在这里纵情高歌。东方建筑的神韵与西方艺术经典在这里达成了完美的交融，古老的紫禁城在一个充满激情的夜晚被唤醒，改革开放的中国以一场东西文化交融的音乐盛会，向世界展示其积极走向世界的宽广胸怀。

　　在紫禁城午门广场，由"歌剧之王"帕瓦罗蒂、多明戈、卡雷拉斯深情演绎的音乐盛典，取得了空前的成功，音乐会电视直播可覆盖全球一百一十多个国家和地区的三十三亿名观众。

案例窗9-2

案例点评

　　资料来源　谭昆智. 公关原理与案例剖析［M］. 2版. 北京：清华大学出版社，2015.

　　（5）导势。它就是当形势发展使组织处于不利境地或面临形象危机时，改变和引导形势朝着有利于组织的方向转变的方法。

我们知道，客观形势的发展变化总是不以人的意志为转移的。人们在很大程度上只能去适应客观形势的变化，但难免会出现疏忽、失误，使组织处于不利的境地。导势，就是组织在形势不利时以变应变、夺取主动权的行为，通常又称为危机公关。现代传播业迅猛发展，一个组织的危机往往以极快的速度在本地区、本国，甚至全球范围传开，引起社会极大关注。因此，研究和运用导势之术就非常必要。

小思考 9-2

"公关策划"本身就是一种心理活动，这句话对吗？

2）出奇制胜

小思考 9-2

分析提示

公关策划如同军事谋略，只有别出心裁、独具匠心，才能出奇制胜。公关活动中的"奇"，也许是目标选择新奇，视角独到，不去跟风追潮，而采取人弃我取，出其不意；也许是思维方式新奇，即突破常规，不走寻常路；也许是手段新奇，敢为常人之所忌。其具体策略有：

（1）敢为天下先。公关策划要出奇，就要超越常情、突破常识、冲出常规、匠心独运，才能出奇效。要独创，就要敢为天下先，去创造第一，做第一个"吃螃蟹"的人；或独辟蹊径，想在别人前面；或在竞争和对抗中处处力争主动，抢占先机，先人一步，高人一着，方能脱颖而出，步步领先。

从传播学和心理学的角度看，具有第一、独创的信息，容易给人留下深刻的印象。公关策划是为组织塑造形象服务，这个形象是否良好，是否能引起公众的兴趣、舆论、反响是否热烈，与策划方案是否独特、出奇有很大关系。

（2）想旁人所不敢想。要出奇，首先就要敢想。有人说：世上只有想不到的事，没有做不到的事。善于奇思妙想，是做事的主观前提。策划中创意的产生，通常就在于敢想旁人所不敢想。不破不立，只有敢想，才能出奇。我们常常习惯于千军万马去争过独木桥，而只有敢于突破常规，变不可能为可能，方为非常之举，才称得上是奇。

（3）反其道而行之。公关策划要出奇，不仅要敢想还要善想，其中常见的就是不按正常思路、偏偏喜欢打破思维定式的逆反思维方法，反其道而行之。对策划工作来讲，反其道而行之往往会收到意想不到的效果。

其具体方法有：①冷中求热法。热点是大家热切关注的活动或信息，冷点是无人问津的事物。在大家都对热点趋之若鹜时，反其道而行之，留心冷点，常会在被人遗忘的角落引发新的热点。②平中求奇法。很多人认为新奇一定是超凡脱俗的佳作，都去刻意追求新奇，就不免落入俗套。其实，奇并不等于玄奥，大家都去追求奇异，平淡反见功力而令人称奇。平凡中出新奇才是更高境界。③共性中求个性。人们的习惯思维总是喜欢追求共性的东西，大多数人有从众心理，喜欢追风逐浪、一拥而上。这时，若能不跟风，特立独行，追求个性，反而效果更佳。

案例窗 9-3　　　　　　　　　　　**10 万美元寻找主人！**

中国香港一家公司为宣传其新型保险柜的卓越功能，登出一则这样的广告："10 万美元寻找主人！本公司展厅的保险柜里存放有 10 万美元，在不弄响警报器的前提下，各路豪杰可用任何手段拿出享用！"广告一出，轰动全港。前往一试身手的人形形色色：有工人、学生、工程师、警察、侦探，甚至不露声色的小偷，但都没有人能够得手。中国香港各大报连续几天都为此事做免费报道，影响极大。这家公司的保险柜的声誉随之大增。

案例窗 9-3
案例点评

　　资料来源　李付庆. 公共关系学［M］. 南京：南京大学出版社，2017.

　　3）灵活应变

　　公共关系强调组织与公众环境的动态和谐，说到底就是为了增强组织对环境的应变能力。客观环境和条件千变万化，公关策划也应灵活机动，做到知变、应变和促变。

　　知变就是对环境变化和自身变化的了解与判断，表现为组织对环境信息的灵活反应度。公关策划应从变化中去发现和捕获时机。应变就是在知变的情况下采取相应的变化策略而且是有准备的。有准备的应变应该在事情发生之前，通过调查、分析和预测，对未来可能发生的变化，以及一旦发生这种变化应当采取的措施做提前安排。无论如何周密策划，进入实施阶段以后，都难免会碰到一些事前想不到的事，这时，灵活应变能力就显得非常关键。促变是指促使事物向着有利于组织的方向转变的策略。事物的变化是一种客观存在，并不一定对组织都有利，有积极的，也有消极的。促变就是促使事物向着对组织有利的、积极的方向转变。

　　公关工作实际上就是为使组织适应社会变革，通过组织形象塑造去创造组织应变的条件。因此，公关策划必须破除头脑呆板、思想僵化、死搬教条、墨守成规的弊端，去积极创造，锐意求变。

　　4）合理组合

　　日本的创造学家千叶大学多湖辉教授曾说过："策划内容里96.6%是任何人都知道的、非常常见的、普通的东西，当它们被一种新的关联体系重新组合起来，具有相当的有效性时，就能发展成为策划。"

　　公关策划中，经常需要考虑如何去运用组合这一法则。如目标、需求的组合，传播媒介的组合，时空的组合，组织资源利用的组合，销售、广告、公关活动的组合等，就是利用联想的方式，将一些看似不相关的事物经过有序的思维碰撞去产生组合的创意，都是公关策划非常有效的途径。

案例窗 9-4　　　　　　　　　　**神秘人为洛克菲勒的女儿做媒**

　　在美国一个农村，住着一个老头，他有一个儿子，非常有抱负而且人很能干，可他父亲就是不愿意放他出去闯荡。

　　突然有一天，一个神秘的人找到老头，对他说："我在城里给您儿子找个对象，可以吗？"老头说什么也不答应。"如果她就是洛克菲勒的女儿呢？"老头终于被打动了。

　　过了几天，这个神秘的人又找到了当年的美国首富洛克菲勒，对他说："尊敬的洛克菲勒先生，我想给您的女儿找个对象。""谁能配得上我的女儿呢？"洛克菲勒正准备把他驱逐出门的时候，那人说："如果年纪轻轻的他就是世界银行的副总裁呢？"考虑到高处不胜寒的女儿年龄不小了，洛克菲勒也就同意了。

案例窗 9-4
案例点评

又过了几天，这个神秘的人又找到了世界银行总裁，对他说："尊敬的总裁先生，您应该任命一个副总裁！"总裁先生摇摇头说："不可能，我现在的副总裁已经够多的了，而且都很优秀。""如果您任命的这个副总裁是洛克菲勒的女婿呢？"总裁先生当然很爽快地同意了。

9.2 公关活动形式

组织通过策划、实施可以让公众直接参与的公关活动，并通过活动吸引或转移公众注意力，改善、密切公众关系，塑造组织形象，以提高组织的知名度和美誉度。组织开展的公关活动一般包括新闻发布会、公益与赞助活动、组织开放参观活动、展览会，以及各种联谊、庆典等其他专题活动等。

9.2.1 新闻发布会

1）新闻发布会的含义

新闻发布会是一种由组织召开的、集中向各新闻机构的记者发布有关本组织新闻的特殊会议。组织召开新闻发布会可以达到两个目的：一是广泛传播有关本组织的重要信息；二是与新闻界保持密切的联系。

新闻发布会是组织十分重要的公关活动。要取得这一活动的成功，需要公关人员在会前进行周密的计划，做好充分的准备。首先，要确定新闻发布会的主题。组织在遇有重要的活动或重大的事件时有必要举行新闻发布会。以企业为例，如公司开张；新产品的开发、生产与投放市场；企业重组上市；发生重大（或紧急）事件；企业的重要庆典或纪念活动等。在举行新闻发布会之前，必须对所要发布的信息进行认真的分析，确定新闻发布会的主题。其次，要选择新闻发布会的时机与地点。举行新闻发布会需要选择最佳时机，以便有关本组织的重要新闻能在最合适的时间里向社会公众进行传播。

2）制造新闻

所谓制造新闻，是指公关机构在真实的、不损害公众利益的前提下，有计划地策划、组织、举办具有新闻价值的活动、事件，吸引新闻界和公众的注意与兴趣，争取报道的机会，并使本组织成为新闻报道中的主角，以达到提高组织的社会知名度的目的。

（1）制造新闻的心理效应。

①制造的新闻不是自发的、偶然产生的，而是经过公关人员精心策划安排挖掘出来的。一般而言，新闻传播的主动权不在公关人员方面，而在新闻界方面，但公关人员精心策划出来的新闻事件，因为奇特有趣，具有较高的新闻价值，同样能引起新闻界的兴趣和跟踪追击，并加以报道，起到提高组织知名度的作用。

②制造的新闻比一般新闻更富有戏剧性，更能迎合新闻界及公众的兴趣。要成功地制造新闻事件，吸引新闻界的注意和兴趣，就要使新闻事件更富有戏剧性，更具有新、奇、特的特点，要求公关人员独具匠心、富于创造，也可说是新闻公关里的"攻关"。

案例窗 9-5 强力胶水与"制造新闻"

有一家经营强力胶水的商店，坐落在一条鲜为人知的街道上，生意很不景气。一天，这家商店的店主在门口贴了一张布告："明天上午9点，在此将用本店出售的强力胶水把一枚价值4 500美元的金币粘在墙上，若有哪位先生、小姐能用手把它揭下来，这枚金币就奉送给他（她），本店绝不食言！"这个消息不胫而走。第二天，人们将这家店铺围得水泄不通，电视台的录像车也开来了。店主拿出一瓶强力胶水，高声重复布告中的承诺，接着便在一枚金币背面薄薄地涂上一层胶水，将它粘到墙上。人们一个接着一个地上来尝试，使尽全力试图将金币揭下来，但金币纹丝不动，结果大家都失败了。而这一切都被摄像机录入镜头，这家商店的强力胶水从此销量大增。

案例窗9-5

案例点评

③能明显提高组织的社会知名度。自然发生的新闻有的是对组织的声誉有利的，也有的是对组织的声誉不利的。一般而言，自然生活中出现的新闻是不可控的，而经过公关人员精心、周密策划的新闻活动、事件，则带着很强的目的性，都是围绕提高组织知名度为中心而展开的。因此，成功地策划一个新闻事件，能大大提高组织的知名度。

④促进企业的经营管理朝健康正确的道路迈进。制造有利于企业的新闻公关活动，能引导企业走向勇于承担社会责任和义务、采取民主和开明政策的现代经营管理道路。因为，健康的公关策划要求在制造新闻之前，必须根据一定的主题有计划地做好企业的内部工作，并积极让内外公众了解企业的情况；为了避免在公众心目中形成一味追求企业盈利、不管社会效益的坏形象和由此产生的负面效应，企业在制定公关策略时一定会考虑社会责任和社会义务方面的因素。

（2）制造新闻的心理策略。

①以公众近期最关注的话题制造新闻。例如，奥运会召开的前后一段时期内，公众最关注的当然是有关奥运会的话题。这段时期是经营业务与体育有关的企业制造新闻的最好时机。生产运动鞋的企业可以通过赞助奥运健儿各类运动鞋而获得大加宣传的机会。但是在很多情况下，企业可能很难找到与这段时期公众最关注的内容密切相关的东西，这时就需要公关人员从不同的角度和层次去挖掘。例如，奥运会表面上与手表行业没有什么联系，但经过深入分析，就可以知道：运动员在比赛期间时间观念很强，必须掌握准确的时间，力求争分夺秒。因此，运动员确实需要一块非常准确的手表。有些生产手表的厂商，正是基于这一点，在各种世界运动会上给运动员赞助他们生产的手表，制造了一个又一个宣传其手表的新闻机会。

②抓住"新、奇、特"去制造新闻。从新闻价值的特点可知，一个事件的新闻价值正是在于它的新、奇、特。在激烈的企业形象竞争中要成功地制造新闻，公关人员必须独出心裁，使公关活动具备新、奇、特的条件。日本的一家酒店在这方面就做得非常成功。这家酒店位于市郊的一个偏僻山坡上，尽管景色不错，但旅客还是很少。后来他们想出了一个创意，即在酒店的小山坡上划出一块地方专供旅客种各种纪念树，如结婚纪念树、生日纪念树等，既美化了酒店的环境，又吸引了大批的旅客。由于这一活动构思奇特，富于情趣，吸引了大批的记者前去采访，该酒店成功地制造了一则动人的新闻。

③事先制造一些热烈气氛，使公众有些心理准备，以强化制造新闻的效果。例如，中国香港亚洲电视台在购买了1988年汉城（现首尔）奥林匹克运动会在中国香港的独家转播权后，提早一年就开始有计划地为这件事制造气氛，以引起公众的注意。

④有意识地把企业和某些权威人士或社会名流联系在一起。例如，一个企业的周年庆典活动既可以成为新闻，也可以办得默默无闻。如果这个企业能够拉到几位知名人士为企业的周年纪念剪彩，同时举办记者招待会，发布企业自创立以来所取得的成就、为社会所做的贡献，那么这个周年庆典就有可能成为新闻。

⑤与传统的盛大节日或纪念日联系在一起，制造有关企业的新闻。例如，美国某家食品公司就是利用中国传统春节来制造新闻的。该公司在中国农历新年来临之际，精心收集和制作了系列新年菜谱，介绍了各种用该公司食品为材料烹调的美食，并将烹调过程拍制成了幻灯片，以春节期间全家齐动手烹调贺年美食、享受天伦之乐为主题推出。于是，一直没有什么新奇东西的该公司在那年新年期间获得新闻界的注意，不少报纸和电视台都介绍了该公司的新食谱。

⑥注意与报社、电台和电视台等新闻机构联合举办各种活动，能增加企业在新闻媒体中出现的机会。新闻机构自己有份参加的活动，很可能会在自己的新闻媒体上报道这一活动，企业因此也就得到机会和广大公众见面。例如，一家企业和某家电视台联合举办一次辩论比赛活动。这家电视台一定会将这次活动拍摄成节目在电视上播放，所以这家企业在整个辩论比赛和发奖过程中，将会获得很多在电视上露面的机会。

9.2.2　公益与赞助活动

社会公益活动是为社会公众的公共利益而开展的活动，其目的在于造福公众，造福社会，其客观效果是盛传组织美名。赞助活动也是企业公关活动的重要组成部分，是企业为赢得政府、社区及相关公众的支持，保证企业生存和发展的良好环境，出资来赞助社会福利和慈善事业等活动，并通过这种赞助来证实企业为社会所尽的义务和其所承担的社会责任，赢得社会的普遍好感，树立企业良好的形象。

公益活动与赞助活动实质是一致的，都是切实为他人的行动，而且是最有效地谋求他人好感的行动。而公益行动以出资的形式出现，就是赞助活动。因此，从概念上来讲，赞助活动是公益活动中的一种。

1）公益、赞助活动的心理效应

（1）扩大企业的知名度。企业在对公益事业，尤其是对体育比赛、文娱活动的赞助过程中，企业的名称和产品的商标等都会频繁出现在新闻媒介的广泛报道之中，进而形成一种广告攻势，该企业的知名度会大大提高，社会影响也会进一步扩大。如电视台曾经转播的"脑白金模特大赛""春兰杯围棋邀请赛"等，都使其企业的名称和产品商标深入人心。尤其是通过对世界性体育比赛，如奥运会、世界杯等的赞助，更能让企业的知名度得以在世界范围内弘扬。如"可口可乐"就是赞助历届奥运会的常客。

（2）博得社会公众的好感。开展赞助活动首先是能使企业赢得与赞助项目直接相关的组织和公众的好感，同时能使企业赢得其他社会公众的好感，从而产生一种口碑效应。当年，广州白云山制药厂在某地发生大水灾时，把大批药品运往灾区，免费赠给灾民，赢得社会公众的普遍好感，人们盛赞该厂行为高尚。

（3）提高企业的美誉度。赞助是一种现代的施舍形式。企业通过对某些社会福利事业、社会慈善事业、社会公益活动进行赞助，可以在社会公众心目中留下关心社会、致力于公益事业的美好印象，受到社会舆论的好评，从而为企业赢得良好声誉，提高企业的美誉度。

2）公益、赞助活动的种类

（1）赞助福利和慈善事业。为社会分忧解难，是企业的义务。赞助福利和慈善事业，是企业谋求与政府和社区两大公众的最佳关系的手段。许多有价值的公益性事业，都得益于工商企业的支持。企业的信誉投资、物资投资都有一个选好对象的问题，像社会保险、公共设施建设、社会教育、社会福利事业等，是企业开展公益活动的选择方向。企业可以据此来出资、出力开展活动。如肯德基良好的公共形象，就与其开展的社会公益活动是分不开的。它曾倡导员工每人每年自愿出资 40 元人民币负担一名贫困地区的就学儿童的学杂费；还不定期举办义卖活动，赞助"希望"工程等。这些活动使它得到了社会公众更多的赞誉和支持。

（2）赞助体育事业。这是企业赞助最常见的一种形式。随着人民生活水平的提高，人们对体育运动的兴趣也越来越大。这样，企业通过对体育运动的赞助，给公众施加影响的广度和深度都增大了。进行体育运动的赞助，一般都是出于增强广告效果的目的。例如，可口可乐赞助中国足球队；百事可乐赞助中国足球甲级联赛；李宁赞助中国奥运代表队，李宁牌服装为多届奥运会中国代表团指定领奖服；南孚电池、农夫山泉赞助中国北京申奥等，都取得了良好的社会效益和经济效益。

（3）赞助文化教育事业。赞助文化教育事业是功德无量的事情，因为一个国家文化教育水平的高低，既标志着这个国家经济发展的状况，也显示着这个国家人民的整体文化素养，同时预示着这个国家未来发展的趋势。中国香港企业家霍英东、李嘉诚、邵逸夫、田家炳、曾宪梓等人先后捐资设立各种教育奖励基金，资助国内教育事业的发展。其中，邵逸夫一生捐赠内地教育达 40 亿元，捐建项目超 6 000 个，包括图书馆、教学楼、科技楼、体育馆、艺术楼、学术交流中心等；田家炳在内地捐资也达 10 亿元，资助我国一些师范大学教育学院，因此我国师范大学大部分都建有"田家炳教育学院大楼"。这些赞助活动极大地提高了这些企业家在人们心中的美誉度。

3）开展公益、赞助活动的心理策略

（1）把握社会、企业双赢原则。企业在开展公益活动前，必须由公关部来完成深入细致的调查研究。调研应从社会入手，弄清楚社会最亟须解决的公益问题，这就是企业需要首先安排的活动内容。公益活动不一定都得推出一个大的行动才行，只要是解决公众最关心的问题即可。

（2）选准赞助对象，主动赞助。现代企业在开展社会公益性公关活动时，赞助有两种形式：一是企业主动对某些组织予以支持；二是根据某些组织的请求，企业予以赞助。如果企业想获得更好的信誉投资效果，就应该采取第一种赞助形式，要善于捕捉公关的时机，选准公关的突破口，要选对赞助的项目和资助的对象，主动赞助。

（3）说到做到，恪守承诺。根据计划的目标、时间，积极采取行动，各组织要配合行动，以求整体效应的产生，保证公关活动顺利进行，做到善始善终，即要按目标去做，不要半途而废，更不要开始对社会许诺，最后欺骗公众。比如，汶川大地震后，有些企业许下的"捐助"诺言，后来成了空头支票，被媒体曝光后，给这些企业的形象造成很大损害。

（4）注意自身宣传。公益活动要学会巧妙地借用媒介，让媒介自觉地为企业进行宣传，这是公益活动谋求社会和经济效益双丰收的重要环节。只有宣传，才能使企业开展公益活动的效益有所体现。如北极考察队出征之前在天安门广场举行宣誓仪式时，队员们身着"天鹅"羽绒服，这一镜头，被报纸刊登、电视播放，使全国人民都看到了这个品牌，取得了很好的宣传效果。

9.2.3　组织开放参观活动

开放参观活动是组织欢迎社会各界人士、社区公众到本组织的工作场地观光和考察。其主要作用是加深公众对组织的了解，引起公众对组织的兴趣，解除公众对组织的误解或者扭转公众对组织的不良印象。例如，请新闻界人士到学校参观，可让他们感受到学校优美的环境、严谨的学风、奋发向上的精神和学生杰出的技能等。

开放参观的目的，主要有三方面：一是扩大知名度，维护和扩展良好声誉；二是澄清事实，求得理解；三是密切关系，广结良缘。

9.2.4　展览会

展览会是一种综合运用实物、文字、图片或者音像资料等媒介，来展示组织的成果、风貌和特征，树立组织形象的公关活动。

展览会的内容一般根据参观者的需要而设置，因此较受公众欢迎。与其他公益活动相比，展览会有综合性、生动性、双向性和新闻性的特点。综合性是指展览会综合运用各种传播方式，如文字说明、图片、模型、实物、录像、音响、环境布局、咨询、模拟或操作表演、参与性活动等，可以取得立体性的传播效果。生动性是指展览会直观、生动，还有丰富的知识性、趣味性、娱乐性。双向性是指展览会能够有效地利用讲解、咨询、洽谈、意见征询等形式，在公众了解组织的同时，让组织也了解公众的意愿和要求，达到了双向沟通的效果。新闻性是指展览会往往成为新闻界追踪的对象，容易形成舆论热点，是制造新闻的好机会。参展单位可利用这一大好时机，积极与新闻界广泛接触，争取新闻报道机会。

小思考 9-3

经常看到一些企业利用展览会、展销会、交易会推销积压商品，对此你有何看法？

小思考 9-3
分析提示

9.2.5　其他专题活动

其他专题活动是组织策划的一些主题明确、形式生动、气氛热烈的，能够引起公众兴趣，具有一定新闻价值，对组织树立良好形象有较大影响的事件。其主要形式有：①典礼仪式，如开幕典礼、落成典礼、奠基典礼、就职典礼、通车典礼、毕业典礼等。②周年庆典，如组织成立周年庆典、某一特殊事件的周年庆典、某一特殊人物的周年庆典等。③专题节目，是组织利用或者策划的具有特殊文化色彩或特殊社会意义的专项节目，如泼水节、风筝节、花会、老人节、情人节、旅游节等。④嘉年华会，是以盛会的形式突出某一主题，吸引与这一主题相关的人士参加的聚会，如同乡、同学联谊会、员工生日晚会、集体婚礼、大龄青年联欢会、军民共建联欢会等。⑤学术研讨会，即承办国际性、全国性或者地区性的专题学术研讨会，与有关专家、名流建立良好关系的活动，如心理技术应用研讨会、经济体制改革学术研讨会等。⑥专题竞赛，即组织赞助的以组织名称或者商品命名的比赛活动，如演讲比赛、歌咏比赛、绘画比赛、智力竞赛、征文比赛、摄影比赛、体育比赛等。⑦专题公众咨询，即针对某一专题，为各类公众提供咨询的活动，如法律知识咨询、计划生育咨询、消防安全咨询、美容知识咨询等。⑧公益、慈善活动，是为社会公益事业和慈善事业举办的大规模筹集资金的社会活动，如赈灾活动、为残疾人募捐演唱会、希望小学募捐晚会等。

案例窗 9-6　　　　　　　　　　　　深圳亚洲大酒店奠基典礼

深圳亚洲大酒店开始筹建时，酒店的经营者们就在寻找开展公关活动的机会。他们利用的第一个机会便是奠基典礼。当天，他们邀请了社会各界公众数百人参加典礼，客人入场时，受到了热情的接待，并且每人得到了一个印有"亚洲大酒店"开工纪念字样的小手包。奠基典礼上，宾客们欢声笑语，主持人在介绍了大酒店的建设规模、未来发展和酒店经营的目标后，由筹建大酒店的负责人宣布："两年后，亚洲大酒店建成之时，凡持有纪念包的客人住店，均享受八折优待。"语音刚落，便立即赢得满堂喝彩。

案例窗 9-6

案例点评

知识掌握

1.什么是公关策划？公关策划有何意义？

2.公关活动一般可分为哪三个阶段？

3.公关策划要遵循哪些心理原则？

4.公关策划要运用哪些心理策略？

5.组织开展的公关活动一般有哪些形式？

知识掌握 9-1

答案提示

知识应用

案例分析　　　　　　　　　　　　　习近平包子公关

2013年12月28日中午，国家主席习近平采用排队买包子吃的亲民行动，自然表达了"和人民群众在一起"的真挚情感和实际行动，一举赢得了国内广大民众的衷心爱戴和国际社会的赞叹："太棒了，习近平爱你一生一世！""这就是平民领袖的形象。""共产党有希望！中国有希望！人民有希望！中华民族有希望！"

2013年12月31日，国家主席习近平在其办公室发表新年贺词，这是其办公室在民众面前的首度曝光，通过央视镜头人们看到了他办公室里的两红一白电话机、长城壁画和身后书架上的四幅照片（他与家人推着轮椅上的父亲、他牵母亲的手散步、他与夫人的合影、他骑着自行车载着女儿）。人们在收到他平白朴实的新年祝福之余，更感受到一种与众不同的开明开放和家国情怀。

2013年12月10日，国家主席习近平夫人彭丽媛和普通观众一起排队进入北京音乐厅，参加中国交响乐团纪念李凌100周年诞辰音乐会，让人再次想起她陪同习近平出访时"第一夫人外交"的巨大影响力。

毫无疑问，"习大大排队买包子吃""办公室首度曝光""第一夫人陪同出访"都称得上是可以载入史册、流传千古的"首脑公共关系"事件。

虽然"不当总统，就当公关人"的首脑公关在国外很普遍，如奥巴马买汉堡与带女儿逛书店、默克尔买菜、拜登吃面、骆家辉喝咖啡等国外政客的生活公关秀早已是司空见惯的公关策略，但是在中国，"习大大排队买包子吃""办公室首度曝光""第一夫人陪同出访"等是近年来中国最高领导人最接地气、最提升人气的一组亲民行为，也是最具国际影响力的一组中国特色的阳光公关行动。

包子公关的故事

2013年12月28日中午12时20分，一位名叫@四海微传播的新浪微博博主发了一张微图文："亲们，我没看错吧?！习大大来庆丰吃包子啦！果断上图。""习大大排队买包子，还自己埋单、端盘子、取包子，以后庆丰可以出习总套餐啦。"两张习近平取餐和收零钱的图片附在其后。

与此同时，一位名叫@万丈乡愁的腾讯微博博主，激动地向大家宣布："猜猜我在庆丰看见谁了？就坐在我旁边桌啊，激动。"在他附上的照片中，习近平已经落座开始吃了。

"2两猪肉大葱包子，共6个，1碗炒肝，1份芥菜，共计21元。"

紧接着，@央视新闻、@新华视点、@人民日报等新浪官方微博，以及新浪、腾讯、搜狐、网易、凤凰网，纷纷以最快速度将《习近平用餐包子铺消费21元》《习近平排队买包子自己端盘子》的图文消息推上了首页顶端和移动客户端。

于是"习大大排队买包子吃"的公关故事，一时走红网络，传为美谈。

从整个事件发展过程来看，"习大大排队买包子吃"事件具有爆炸性、真实性、故事性、话题性、示范性特点。

第一，事件具有爆炸性。据报道，2013年12月28日，习近平是去北京供热企业和敬老院考察民生工作，看望一线职工，慰问老年群众后，临时决定去庆丰包子店吃午餐。偶遇习大大，是一种缘分。光是想象一下在拥挤的人流中，国家一号首长和老百姓一起排队买包子的场景，就够"劲爆"了。当这个场景真的发生时，太让人意外惊喜了：包子铺现场群情激动，整个互联网热血沸腾，"我昨天在庆丰包子铺偶遇习大大""太棒了""太激动了"，人们纷纷点赞，甚至有网友兴奋地议论道："人民看到真正的共产党回来了，看到老红军、老八路、老解放军回来了……"

第二，事件具有真实性。"习大大排队买包子吃"前后共计20分钟，一切都没有悬念：习大大吃了什么、说了什么，周围的人干了些什么，一切细节都被挖掘得淋漓尽致，被反复咀嚼：习近平到普通包子铺买包子，自己排队，自己交钱，自己端盘子；不打招呼，不封路，不清场，不浪费食物，不阻拦拍照，不拒绝合影，甚至没有保安，没有警车。新浪官方微博@老徐时评认定："从图片看应该并未经过摆拍。"有网友评论说："这是习大大的自信，因为全国人民就是他的保镖。"

第三，事件具有故事性。没有长枪短炮的摄像机、没有左拥右簇的随行者，自己排队埋单、自己端盘找座，就餐坚持光盘，"来2两包子""北京炒肝，你吃过吗""庆丰可以出主席套餐啦"……这一句句正在流行的民间话语，足见"习大大排队买包子吃"一事，是多么深入人心。这一事件具有故事传播的所有要素，传播效果比《新闻联播》强一百倍。

第四，事件具有话题性。从"21元套餐"到"主席套餐"，从"平民领袖"到"庆丰包子"，所有的传播内容都具有话题性，引发人们高度参与和关注，借助微博、微信等这几个大喇叭，几乎让所有人都加入了全民追星的行列。网友在微博上大呼小叫，在微信上奔走相告，在QQ上议论纷纷，不少网友感慨万千，有的热烈抒情，有的微言大义，有的条分缕析地阐发深意。比如有人说，花21元就餐，证明所有官员花21元就能吃饱吃好，因此再大吃大喝就是故意浪费公款，对不起总书记；排队证明秩序很重要，提醒官员在日常生活中不要利用特权欺负百姓；和北京普通市民一起就餐证明只要领导主动与人民在一起，人民还是喜大普奔的。《环球时报》在《习大大21元套餐，百姓为何这么喜欢》一文中评论道："这个举动客观上发散的'联系群众'意义，不仅大而丰富，而且是不可取代的，这样的联系群众，中国需要，人民喜欢。""习大大排队买包子吃"，必将成为千古佳话。

第五，事件具有示范性，"习大大排队买包子吃"，具有工作示范和生活示范双重效果。《京华时报》在《习近平买包子传递平民情怀》一文中说："这是一种无声的宣示，更是一种行动的示范。"央视评论员杨禹点评："这是吃包子，也是接地气。这是新作风，更是老传统。这可以是新闻，也应该是常态。这是一种自然而然、顺势而为，也是一种党群关系、干群关系的主动示范，共产党人是种子，人民是土地。"

@央视评论员新浪官方微博进一步阐发道："'包子+炒肝+青菜'，庆丰包子的标准配置。'交钱+端盘子+开吃'，普通市民的标准流程。'偶遇+掏手机+发微博'，网民报道的标准动作。这样的遇见，现在还是新闻。这样的遇见，以后可成常态。"

最立竿见影的示范效果就是，人们纷纷从天南地北赶到北京，甚至排起400人的长队去点一份主席套餐，拍照留念，沾一沾喜气。还有老外看了报道后表示：想去中国吃包子。

根据2014年1月1日中青舆情监测室发布的第六期"中青月度舆情指数"榜单，"习大大排队买包子吃"位居舆论满意度榜首，称"2013年12月，总书记排队买包子领跑舆论，给网民留下深刻印象。亲民是继反腐、改革之后，成为本届政府的舆情又一标志"。

资料来源 中国公共关系协会，华中科技大学新闻与信息传播学院. 中国公共关系年度报告(2014)［M］. 武汉：华中科技大学出版社，2015.

问题：你认为这一系列"首脑公关"事件高明在何处，意义何在？

实践训练

选择本地区一家公司或一个产品，为其设计一个简单的公关策划方案，并进行必要的说明。

心理小测验

一、测测你的智力

这是美国一家智商协会设计的一套智力测验题。测验时要求全部试题须在18分钟内完成。测验题及分数如下：

1. 你刚才将硬币任意抛掷10次，掉下后都是正面朝上。现在你若再抛一次，正面朝上的可能性是多少？（2分）

2. 假定你是一个经理，来你这儿的人要么绝对说真话，要么绝对说假话。现在来了一位要求工作的人，显得很真诚。他告诉你，马上就要来你这里求职的一位女人告诉他，她是一位说假话的人。请判断一下他说的是真话还是假话？（2分）

3. 5个人赛车。A不是第一名，B不是第一名也不是最后一名，C刚好次于A，D不是第二名，E比D低两个名次。请排好5个人的名次。（2分）

4. 下面排列的数字中，括号里应是什么数？

3 7 15（   ） 63 127 （1分）

5. 40个人2小时烘20个肉饼。两个人烘10个肉饼需几个小时？（1分）

6. S的女儿是我儿子的母亲，我是男的，那么我是S的什么人？（1分）

7. 我的孙子都在17岁以下，都是红头发、蓝眼睛。孙女都很美丽。最大的孙子头发很长。法定的选举年龄是18岁。下面4句中哪句能从资料中得到证实？（1分）

A. 最大的孙子不能参加选举

B. 最大的孙女是个美丽的女孩

C. 最小的孙子按法定年龄还不能开车

D. 最小的孙子有短的红头发

8. 正如马铃薯与花生的共同点一样，苹果与哪样（香蕉、百合、桃子、番茄、黄瓜）有共同点？（1分）

9. 一只蜗牛从井底向外爬。井底有20尺深。它白天爬上3尺，晚上又滑下2尺。问它爬出井底需要多少天？（1分）

10. 六千六百零六写成6 606，那么十一千、十一百又十一应该怎么写？（1分）

11. 一位妇女收买旧鼻烟壶。她买了两个后因缺钱花又以每个600元的价格把它们卖了。其中一个卖价比原价高20%，另一个低20%，问她是赚了还是赔了？是多少？（1分）

12. 下面第一行的3个图案如此变化下去，会变成第二行图形中的哪一个？（1分）

答案：1.$\frac{1}{2}$ 2.他在说假话 3.DBEAC 4.31 5.20小时 6.S的女婿 7.A 8.桃子 9.18天 10.12111 11.她亏了50元 12.B

A B C D

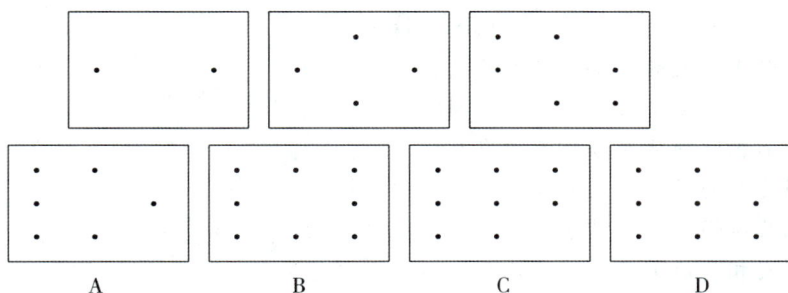

说明：总分的计算方法为：在18分钟之内答完的加1分；在15分钟内答完的加2分；不到13分钟的加3分。

据总分判断智力水平的方法如下：

16～18分：极聪明，天才。

14～15分：智力水平较高，比大多数人聪明。

12～13分：智力水平略高于一般水平。

11分以下：智力水平平常但不必担忧。

二、你的情商有多高

美国耶鲁大学心理学教授彼得·塞拉斯提出：现代社会，凡期盼在人生道路上获得成功者，不但要有高智商（IQ），而且要有高情商（EQ）。你关心过自己的情商水平吗？根据国内外有关情商的研究，这里设计一组测试指标。你不妨试试，自测一下你的情商有多高。

对下列问题请回答"是"或"否"：

1.对自己的性格类型有比较清晰的了解？

2.知道自己在什么样的情况下容易发生情绪波动？

3.懂得从他人的言谈与表情中发现自己的情绪变化？

4.有扪心自问的反思习惯？

5.遇事三思而后行，不赞同"跟着感觉走"？

6.遇有不顺心的事能够抑制自己的情绪？

7.遇到意想不到的突发事件，能够冷静应对？

8.受到挫折或委屈，能够保持能屈能伸的乐观心态？

9.出现感情冲动或发怒时，能够较快地"自我熄火"？

10.听到批评意见包括与实际情况不符的意见时，没有耿耿于怀的不悦？

11.在人生道路上的拼搏中，相信自己能够成功？

12.决定了要做的事不轻言放弃？

13.工作或学习上遇到困难，能够自我鼓励克服困难？

14.相信"失败乃成功之母"？

15.办事出差错，自己总结经验教训，不怨天尤人？

16.对同学、同事们的脾气性格有一定的了解？

17.经常留意自己周围人们的情绪变化？

18. 与人交往知道要了解和尊重他人的情感？

19. 能够说出朋友的一些优点和长处？

20. 不认为参加社交活动是浪费时间？

21. 没有不愿意同他人合作的心态？

22. 见到他人的进步和成功没有不高兴的心情？

23. 与人共事懂得不能"争功于己，诿过于人"？

24. 与朋友相处能够"严于律己，宽以待人"？

25. 知道失信和欺骗是友谊的大敌？

上述25题，测量的情商所包含5个方面的内容：认知自身的情绪、控制自身的情绪、自我激励、了解他人的情绪、处理人际关系。

如果你在第1～4题中答"是"达到3个以上，则表明你对自己的情绪有较高的认知。

如果你在第5～10题中答"是"达到4个以上，表明你对自己的情绪有较高的控制能力。

如果你在第11～15题中答"是"达到4个以上，表明你善于自我激励。

如果你在第16～18题中答"是"达到2个以上，表明你能够了解他人的情绪。

如果你在第19～25题中答"是"达到5个以上，表明你会处理人际关系。

总体衡量：25个题中答"是"达到20个以上者属于高情商；答"是"在14～19个之间，情商属于中等；答"是"在13个以下，则属于情商偏低，应该有针对性地加强自我训练。

第 10 章
大众传播心理

【学习目标】

在学习完本章以后，你应该能够：
- 了解大众传播的含义和特点；
- 明确传播者与受传者的心理效果；
- 掌握大众传播的心理策略；
- 理解五大传播媒体的心理特征。

"战狼2" 获国产电影票房神话

2017年7月，电影《战狼2》在全国热播，一举获得56.7亿元的票房，创造了国产电影的票房神话，在全国引起轰动。究其原因，正如该剧导演——著名功夫影星吴京所言：这部电影切合了"爱国""强国"这个主题，激发了国人的自豪感，充满了正能量，从而获得巨大成功。

分析提示：《战狼2》恰逢中国人民解放军建军90周年，凭借大阅兵时机，利用传播覆盖面快而广的电影手段，彰显中国军人血性的正能量，点燃了沸腾的爱国热情，从而造成空前流行和轰动，获得巨大成功。这也是一个人或组织有效利用大众传播手段扩大知名度最成功的案例之一。

这一案例表明：任何社会组织要使自己与社会公众之间达到相互沟通、相互了解和相互适应，必须运用大众传播这一手段，通过恰当巧妙的信息传播，去影响公众，引发公众行为。了解大众传播心理，可让组织更好地走向公众，让公众更好地了解、喜欢组织，从而更好地达到大众传播的目的。

10.1 传播者与受传者的心理分析

10.1.1 传播者的心理分析

在传播过程中，传播者是信息的来源，也是信息接受者的影响源，直接影响着传播的效果。影响传播者传播效果的因素主要有：

（1）传播者的权威性。心理测验表明，如果信息传播者是专家、某专业领域的权威人士或有声望的人，他对人们的影响就大，或者人们的观念就容易受其影响。在传统社会中，年龄、经验与地位是决定权威的重要因素。一般来说，信息传播者的权威性越大，他的传播效果就越好。

实际上，传播者的权威性已在广告宣传、思想教育等工作中被人们广泛运用。一些厂商在制作广告时往往引用专家或权威人士对产品的赞誉和评语，机关、团体也经常请某方面的专家、学者做报告，就是为了增强传播效果。

（2）传播者的动机和意图。传播者的权威性固然会影响传播效果，但权威人士的观点一定会被人们普遍接受吗？一种商品经名人使用或名人的推销就一定会引起轰动，使人去抢购吗？不一定。因为如果公众得知某些权威的宣传带有不良的动机或隐藏着利己的企图时，对这种宣传的正面反应就会大打折扣。可见，宣传者的动机也是影响传播效果的重要因素。

一般来说，只要传播者动机纯正，即公正，不谋私利，就能被人们所接受，也就能收到良好的效果。反之，如果在传播过程中借机盲目吹捧自己，赤裸裸地推销产品，就会引起人们的反感，收不到预期的效果，甚至会事与愿违。

同时，传播者必须淡化自己的宣传性企图。一般来说，当人们认为传播者没有直接影响人们观点的企图时，那么传播者的可信性和传播的有效性就会增强。比如，与在直接规定场合听到某种有说服力的信息相比，人们更容易接受意外地听到该信息。因为，人们相信意外地听到该信息，其传播者的行为动机更真实，传播者也不是有意宣传，并且没有劝导的企图。因此，传播者应采取适当的策略和恰当的方式去影响人们，而不要直接给人们展示信息，这样效果会更好。

（3）传播者的吸引力。心理实验表明：如果传播者的外貌、服饰、举止等因素被人们喜欢或认同，其观点与行为对他人的影响比其观点内容本身在通常情况下所应有的影响更大。也就是说，传播者衣着整洁、体格健美、外貌端正、举止文雅等，更容易引起听众的喜欢，从而使听众的态度发生改变。

不仅如此，如果传播者由于外貌、服饰、举止等因素被人们喜欢或认同，人们即使清楚地知道传播者企图影响自己的观点，并知道传播者能从中受益，往往也会受其影响。这主要是情感因素作用的结果。因为有吸引力的传播者能够满足人们追求美的需要，能给其以愉悦之感，人们容易在这种情感的推动下去接受传播者的某些观点，并有可能以自己的行动去反作用于传播者，表现出一种取悦于传播者、力求使传播者满意的心理倾向。

（4）传播者的相似性。心理学研究表明：如果传播者在民族、宗教、政治、阶层、受教育水平、年龄、爱好、职业、经历等各方面与信息接收者相似，那么就会有助于提高信息传播效果。因为人们之间的相似性往往会导致彼此认同，产生人际吸引，人们喜欢传播者就会倾向于接受其观点。

（5）传播者的作风。传播者与公众接触时的态度，即工作作风，也会影响传播效果。一般来说，传播者的民主作风，容易使其工作取得更大成就。因为，从心理学角度分析，民主就是领导者对其下属或成员的尊重、信任、体贴和期望，能满足人的被尊重和自我实现的需要，从而不仅使人对领导者产生好感，而且能唤起人的"成就动机"，提高工作效率。就对外传播来看，传播者的民主作风能缩短与公众的距离，使人产生亲切感，并认同和支持其观点与行为。

（6）传播者的个性品质。传播者的个性品质，特别是真诚与热情，更易受到人们的喜欢和欢迎，人们也就更倾向于接受其所传播的信息。因此，真诚、热情等个性品质能通过人际吸引使得人们接受其所传播的信息。不仅如此，传播者的个性品质还会对公众的人格塑造和社会品质的培养产生重要的影响作用。此外，传播者真诚、热情等良好个性品质也容易形成活跃、生动的气氛，这种气氛能充分利用人们潜在的无意识心理作用，潜移默化影响公众，从而使传播取得更好的效果。

10.1.2　受传者的心理分析

受传者是指传播的对象。对受传者心理活动特点和规律的分析与了解，是提高传播效果的有效手段之一。影响受传者传播效果的因素有：

1）受传者的智力水平和受教育程度

受传者的智力水平会直接影响所要传播内容的性质。人的智力因素主要包括感知、记忆、想象、思维等心理活动因素。一般来说，智力水平不同的人，对信息的接受程度是不同的。智力水平较高的人，往往容易接受那些信息内容复杂、有理有据的信息，而智力水平低的人往往容易接受那些意义浅显、简单明了的信息。

另外，受教育的程度也影响人对信息传播媒介的选择。研究表明，受教育程度低的人和年轻人更喜欢看电视，受教育程度高和年龄大的人更喜欢阅读报纸、杂志。随着年龄的增长和受教育程度的提高，人们更注意关心社会问题和科学问题。这就要求传播者根据信息传播的对象，选择恰当的传播方式和传播媒介，以便收到更好的效果。

2）受传者的选择性心理

受传者在接受信息传播过程时具有能动性，即具有"选择性心理"。选择性心理通常包括选择性注意、选择性理解和选择性记忆。

（1）选择性注意。它是指心理活动有选择性地指向、集中于某一对象、信息。受传者在接受公关传播信息时，会有意无意地注意那些与自己原有的观点、态度、价值观以及兴趣、爱好、需求相吻合的信息；反之则忽视、排斥。因此，选择性过程也就是信息筛选的过程。不同人群、不同个体由于兴趣、观点等的差异，对信息的注意程度也会有很大的区别。

选择性注意提示传播者若要取得好的传播效果，首先要引起受传者注意，否则一切都是徒劳。为了使受传者注意，可有两种途径：第一是丰富公关传播内容方面的"功能性因素"，使之既包括那些指向受传者未来的、观念变化的延续性因素，如信念、理想、人生观、价值观等，又包括那些能使受传者从中很快得到好处、受到启发的即时性因素，如获得消费、娱乐性的知识信息等。第二是丰富公关传播信息形式方面的"结构性因素"，如对比、强度、位置、重复、变化以及色彩等。通过这些变化了的形式来引起受传者的注意，从而提高信息传播的效力。

（2）选择性理解。它是指受传者对同一信息会做出不同的理解，即他们往往会因为自身的社会经历、思维方法、意识观念以及情感、需要、动机、个性等的不同而对所接受的外界信息刺激做出适合自身特点的理解。所谓仁者见仁，智者见智，就是选择性理解的反映。如果选择性注意是信息进入的第一道防线，那么选择性理解则是第二道防线。选择性注意仅仅限于是否注意到公关传播信息，选择性理解则可能导致对信息的曲解。

从传播的角度讲，经过选择性注意筛选后的信息到达受传者后，受传者便开始进行"解码"工作，即把传播者制码而成的信息符号重新还原为具体的、有一定意义的、合乎逻辑的内容，这就是理解的过程。但受传者对信息的理解与传播者所要表达的意见往往并不完全一致，不同受传者对同一信息的理解也往往是有差异的。这就要求传播者有丰富的知识背景和生活阅历，明了受传者的一般心理，以及自己所要传达的信息内容和信息可能在受传者中引起的反应，力求准确传播，减少由于信息不准确、朦胧而造成的歧义。

另一方面，由于受传者之间客观上存在着的差异所导致的对同一信息理解的不同也是经常发生的。受传者的认知水平、需要程度、情感状态、个性特征等都会影响到对公关信息的反应，即使同一个体也可能因时、因地、因自身的状态不同而有不同的反应，这些都会使公关信息的传播效果呈现错综复杂的状况。

受传者对传播信息所具有的选择性理解现象，提示公关传播人员应十分重视信息的编码工作，尽量做得细致、准确，易于理解，减少或消除可能带来的曲解、误解或负面作用；做好传播信息的反馈工作，一旦发现信息被误解或出现负面作用，就应及时采取补救措施。

（3）选择性记忆。它是指受传者总是愿意记住、也往往容易记住那些自己喜欢、需要、感兴趣、认为重要或较容易记住的信息。比较起来，选择性记忆较选择性注意、选择性理解作用的时间更长，影响更深刻，其意义也更大。

为了更好地促进受传者对公关传播信息的记忆，减少由于选择性记忆所可能带来的干扰，公关传播人员可采取积极的措施，包括调整公关传播内容，增加和突出受传者喜欢、感兴趣、有用的部分，把组织形象的塑造寓于对受传者有利、受传者需要的内容中，在潜移默化中影响受传者对组织形象的记忆；采用丰富多彩、受传者喜闻乐见的传播形式，使受传者在生动活泼的气氛中增加对信息的记忆程度；注重信息传播的内容次序，把最需要让受传者注意、理解、记忆的内容放在头、尾两端，借助于首因效应、近因效应以加深印象，也是为了防止前摄抑制、后摄抑制的作用；让受传者参与对公关传播信息的讨论，以扩大信息的传播面，增加对信息的记忆等。

3）受传者的态度

受传者的态度也会影响其对信息的接受。态度主要表现在对自己观点的信奉程度和对传播者观点的接受程度两个方面。一般来说，人们对自己已有的观点越是信奉，那么对这种观点的态度就越牢固、越不容易改变。因此，信息传播者应首先分析人的态度表现。当人们信奉的观点不正确时，传播者应首先分析其对这种观点的信奉程度及其造成因素，并尽可能采取有效措施减弱其信奉程度，进而转变其原有观点和态度；当人们已接受某种正确观点时，则应继续引导他们巩固这种观点，并强化和提高人们对正确观点的信奉程度。

4）受传者的对抗心理

在实际生活中，我们会经常发现：有时传播者千言万语、苦口婆心，受传者却无动于衷。这说明受传者对传播者所提出的观点并不是来者不拒，全部接受，甚至有时会产生抵制或对抗行为。为什么会出现这种结果呢？这主要是由受传者的心理障碍造成的。造成对抗的主要心理障碍有认知障碍、情感障碍和行为障碍。

认知障碍是指受传者往往要按自己已有的态度或观点进行认知，如果传播者要改变这种态度或让受传者接受相反的观点，就会使其有对抗心理，造成认知上的障碍。

情感障碍是指受传者在接受信息时，对那些符合自己需要的信息往往会产生肯定的内心体验，并对之持欢迎、接受的态度；对那些不符合自己需要的信息则会产生否定的内心体验，并对之持拒绝、排斥态度。

行为障碍是指受传者的行为会影响其对信息的接受。当信息传播的观点与受传者的行为一致时，受传者就易于接受传播的观点；当信息传播的观点与受传者的行为不一致时，由于受传者总要给自己的行为寻找辩解理由，在各种理由的支持下，其行为就比较顽固，难以改变，于是受传者也就拒绝接受传播的观点。

总之，受传者由于认知、情感和行为的障碍，会产生对信息传播的对抗心理，就会造成其闭锁性、排外性，从而影响信息的正常传播和接受。这就要求传播者认真研究受传者在信息传播条件下的种种心理特点，摸清心理脉搏，清除心理障碍，疏通沟通渠道，以便使传受双方能进行积极有效的信息沟通，达到信息传播的最终目的。

10.2　大众传播的特点和心理策略

大众传播主要是指组织通过报纸、杂志、广播、电视、网络、书籍、电影等传播媒介，将大量的信息传送给分散的公众的传播方式。

10.2.1　大众传播的特点

（1）传播机构专业化，即大众传播机构都是专业化的，有素质较高的传播人员、现代化的传播设备。如报纸、杂志、广播、电视、网络传播媒介，无一不是专业化的传播机构。

（2）传播对象大众化，即大众传播的受传者分布面广，人数众多，不是某些特定的人群，而是广大的民众。

（3）传播手段技术化，即大众传播借助的是现代化的传播手段，如电视、通信卫星、印刷、摄影、互联网等。这些技术手段能迅速地大量复制信息，并以极快的速度在全国乃至世界范围内传播。

（4）传播内容公众化，即大众传播的内容，都是公众喜闻乐见的，与公众的生活、工作、娱乐密切相关的信息，立场公正，因而可信度高。

（5）传播信息间接化，即大众传播中，在信息传播者与受传者之间，还存在一个媒介，而不是传播者与受传者之间的直接信息沟通。这样，传播媒介就必须根据自身的特点，将原始信息编译和加工成可以利用大众传播媒介传播的信息，如将原始信息制作成电视节目或者录音等。在这个过程中，容易出现信息失真的现象。

大众传播方式已经是现代人获取信息的重要渠道。如果一个组织要扩大自己的影响，要用较快的速度树立起良好的形象，可利用大众传播的舆论导向影响公众，改变公众态度，为组织发展服务。

10.2.2　大众传播的心理策略

1）预热策略

预热策略是指传播者通过由局部到全局、由小到大制造舆论的过程，达到使越来越多的受传者对某种媒体信息的注意、对事态发展的关注和急欲耳闻目睹的期待心理的目的，从而引起轰动效应的手段。预热策略的心理机制是"注意"。预热策略的实施步骤是：首先引起受传者的注意；其次是逐步强化注意的程度。

（1）引起受传者的注意。它是指设法使受传者的心理活动有意识地指向并集中于一定的媒体宣传的对象，增强受传者对该事物进展的关注度。在事物发展的最初阶段，当广大受传者还不十分清楚是怎么回事时，让宣传的"火力"处于微弱状态是符合受传者的注意规律的。因为注意的引起和保持依赖于受传者对该事物的认知程度。

（2）逐步强化注意的程度。在媒介宣传中，让亿万受传者的注意力都能集中在某件或某类事物上是需要一段时间的。在这或长或短的时间内，传媒要逐步"升温"，强化受传者注意的程度，并使其对事态发展的结果产生强烈的期待心理，这是新闻事件出现轰动效应的心理基础。

2）信息传播的"单面法"与"两面法"

单面法是只讲正面观点的宣传方法。两面法是既宣传正面观点，也介绍反面观点的宣传方法。实验表明，当受传者原来就与传播的观点一致时，宜用单面法。因为正面宣传会使受传者视传播者为"自己人"，传播者的观点是对他们的肯定、认可和赞赏，使他们原有观点得到强化和巩固。当受传者的受教育程度较低时亦适用此法，因为受教育程度较低的受传者知识相对少一些，一般很少了解相反的观点，这样就易于受到单面法所宣传的观点的影响。如果对他们列举相反的观点，就会使他们迷惑不解。两面法则适用于以下情况：一是当受传者原来观点就与传播观点不一致时，两种观点同时介绍会使受传者感到客观公正。随着传播者的比较、分析和驳斥，受传者就容易被说服；如果传播者仅以一种观点进行说教，则会使受传者以相反证据来抵制所传播的观点。二是对受教育程度较高的受传者适宜用此法。因为他们往往知识较多，会了解一些相反的观点。如果传播者回避这些观点，他们就会对传播者做归因分析，怀疑其动机和专业知识，认为传播者不是偏见就是无力反驳这些观点。如果传播者能正视反面观点的存在，并据理批驳，就有可能使受教育程度高的受传者信服。

3）信息呈现的"顺序效应"

如果同时推出两种或两种以上的事实或观点，那么这些事实或观点以怎样的顺序呈现效果会更好呢？实验表明：记忆的系列位置效应主要表现为"首因效应"和"近因效应"。首因效应表明最先传播的信息往往容易被人们记住，收到好的传播效果。这就是说，对一个传播者来说，如果发言中间没有间断或其他插入，并且不要求听众立即做出反应，或几天之后才要求听众表态，那么就应当把重要论点放在开头部分，接着提出次要观点或列举相反的观点予以驳斥。近因效应是指在所传播的信息中，最后呈现的观点在时间上、空间上距记忆者最近，刺激强度较大，所以记忆效果也最好。这表明：如果要求听众听到一系列观点之后尽快把信息保持在记忆中或立即做出决定，就应把最主要的信息排在最后，重要性居第二位的信息排在开始，不很重要的信息排在中间。在传播过程中，如有某一个重要观点需要听众接受，则可以先提出观点，在发言结束时再重复这一观点或做简要总结，就可以既发挥首因效应，又利用近因效应。在其他条件不变的情况下，这样收到的效果最好。

此外，在传播中应注意以下一些问题：①当所传播的观点（不一定是最主要的）很可能为听众所欢迎和接受时，那就应先讲这种观点，这样既可以引起听众注意，又可以形成有利的气氛，使后面不大容易为听众所接受的观点也得到考虑。②对于多位传播者或组织领导来说，如果连续宣讲，其目的不求"立竿见影"，而在于给听众以持久稳固的思想影响时，则应当让宣传最重要观点的人第一个发言，以下按重要性程度排列的顺序是最后发言、中间发言。最不重要的应排在中间偏后的位置。③如果多位传播者观点不一致或相互矛盾，有可能引起听众思想混乱时，那么先发言者的观点容易引起听众注意，因而被听众接受的可能性较大。④当多位传播者发言之间有较长的时间间隔（中间有休息），而且要求发言结束后听众立即表态时，应当让宣传最主要观点的人最后发言，以下按重要性程度排列的顺序是第一个发言、中间发言。

4）传播结论的明示与暗示

在信息传播过程中，传播者所传播的信息是否需要有明确的结果？若需要，是让传播者提出好，还是让受传者自己得出结论好？实验发现，有明确结论的传播比没有明确结论的传播说服力更强。因为没有结论或结论不清会使人不知所云，难以收到应有的信息。让传播者提出结论好，还是让受传者得出结论好，则应考虑以下因素：

（1）传播者因素。当传播者由于权威性、动机或人格因素而使受传者产生任何怀疑或不信任时，让传播者提出结论就无助于提高传播效果，因而让受传者自己得出结论会更好。

（2）信息内容因素。如果内容简单易懂、明晰可见，传播者就没有必要提出结论，否则会使人产生"画蛇添足"之感。当内容繁杂艰深或传播的目的在于使受传者接受某观点时，传播者自己提出结论就优于受传者自己得出结论。

（3）受传者因素。如果受传者受过良好的教育，那么让他们自己得出结论显然比让那些文化水平低的人自己得出结论有效得多。

（4）受传者的兴趣、思想的独立性也会影响提出结论的效果。如果受传者有兴趣，结论明示或暗示都无关紧要；若受传者无兴趣，传播者的直接结论会使受传者反感，应设法唤起受传者兴趣或诱导受传者自己得出结论。当受传者思想有独立性时，则应让受传者自己得出结论；反之，一个有"受暗示性"特点的受传者，习惯于以别人所提出的结论作为他自己的见解的依据，应由传播者提出结论。

5）信息传播的情感与理性诉求

传播同样的信息内容，是诉诸情感还是诉诸理性效果会更好呢？实验表明，传播时诉诸情感比诉诸理性可以产生更大的态度改变。但这两种方法很难截然分开，是交织在一起的，只不过使用比重不同而已。因为人的情绪都有感染力和情境性，传播信息时诉诸情感，群众的反应就会较为强烈，因而传播近期的效果也就显著。随着时间的推移，情感的作用就会减弱，理性的作用便相对增强。因为理性的传播是与人们的认识过程特别是思想相碰撞的，容易使人们比较冷静、客观、全面而深刻地认识信息、思考问题。一旦接受影响，就易于形成观点、信念，其作用也比情感深沉长久得多。因此，不同的传播目的、任务，就要争取不同的传播方式。

总之，信息传播中应根据传播的目的、任务、受传者的特点，灵活采用情感和理性的方法，把这两种方法很好地配合起来。一般来说，如果需要传播立即见效（如选举或鼓舞士气），应运用诉诸情感为主的传播方式；如果要给受传者以稳定、持久的影响，形成某种观点、信念，则应采取诉诸理性方式为主的传播方式。在传播开始时应当诉诸情感，引起情感上的震撼和激发兴趣，接下去则应侧重于理性说服，使受传者能进行较为深刻的思考，以形成持久的、更强的观点，产生符合要求的行为。

10.3　五大传播媒体的心理特征

报纸、杂志、广播、电视、网络是大众传播的五大媒体。由于它们的表现形式和构成载体的物质性能不同，因而引发了公众不同的心理特征。

从心理学的角度看，五大媒体对人的感官刺激是不同的，有的源于视觉，例如报纸、杂志；有的源于听觉，例如广播；有的源于多种感觉，例如电视。不同的传播媒体给人的心理影响是不同的。

因此，公关人员要了解不同媒体作用的公众会产生不同的心理特征，从而正确选择媒体，以调动公众的心理功能，引起相应的心理活动。

10.3.1　报纸媒体引发的心理特征

作为五大媒体之一的报纸，在现实生活中成了人们不可缺少的一部分。报纸的主要特点是出版周期短，发行量大，传播广告信息及时、迅速、准确，因而对公众心理刺激的频率高、幅度广，留下的心理印象也较为清晰和深刻。特别在我国，由于报纸多为党和人民的"喉舌"，人们对其有一种依赖感，刊登的广告也有一定的权威性。但由于内容多而杂、时效短，使广告信息缺乏应有的刺激强度和持久力，从而影响公众对广告信息的注意和接受。有经验的公关人员在利用大众传播媒体进行组织形象建设时，对于报纸十分青睐。除了在报纸上刊登广告外，他们还常常主动向报社记者提供组织的情况，然后以新闻、通讯、特写的形式公之于报端，以扩大组织的影响。

报纸作为大众传播的媒体之一，之所以受到欢迎，是因为传播的受众具有以下几个方面的心理特征：

（1）选择性。报纸刊出的内容多，信息的容量大，有的报纸一天刊出的内容竟有几十版。这么多版面，这么多信息，不能天天都一字不漏地看下去，只能选择自己所需要的进行阅读。人们常常说："看书看皮，读报读题。"人们在读报时，常常通过读题，把有些文章同其他文章区别开来，然后阅读选中的文章，再从文章包含的许多信息中优先把某些信息区分出来。

（2）权威性。从我国报业的实际情况来看，最有影响、发行量最大的，当属各级党政机关主办的报纸。这些报纸作为党和人民的喉舌，赢得了人们的信任。因此，运用报纸进行传播，特别是运用规格高的报纸进行传播，更是为公关人员所看重。有这样一个例子，某人将自己发表于各种报刊的文章编成一本剪报集用来自荐，别人看了零零碎碎的剪报，不以为意地翻了翻，婉言回绝了他。第二天，他又来了，拿出了一张发黄了的《人民日报》，指着一篇文章介绍道："这就是拙作。"这下不同了，别人立刻刮目相看。报纸的权威性与光环作用可见一斑。

（3）备忘性。遗忘是记忆的错误或丧失。纠正记忆的错误，克服记忆的丧失，往往要通过重新学习来获得，报纸则为重新学习提供了记载材料。当人们需要提取某种信息而又担心记忆不准确时，保留的报纸便提供了帮助。

除了备忘的作用外，保留的报纸为人们深入研究某些信息提供了帮助。"温故而知新"，便是这种情况的概括。

10.3.2　杂志媒体引发的心理特征

与报纸不同，杂志的保存期长、内容集中，并且有显著的专业性和选择性，读者的类型和层次也相对集中与稳定，因而能根据特定对象的兴趣、爱好和心态进行有针对性的传播。又由于杂志可借助精美的印刷来突出、渲染组织或商品的形象，所以能增强广告的感染力和说服力。不过，杂志的读者群比较狭窄，对公众的影响面也较小，加之出版周期较长，因而难以满足公众快速、便捷地了解组织或商品信息的要求。杂志引发的心理特征主要包括：

（1）注意的稳定性强。它是指在一定事物上注意所持续的时间长，这一点是杂志媒体优于其他媒体的重要特征。

首先，杂志的容量较大。以最快的速度看完一本杂志短的需要半小时，长的甚至需要十几小时。其次，封面、封底是首先映入眼帘且出现频率最高的。再次，彩色的封面很容易引人注目。最后，也是最重要的，组织所进行的大众传播，特别是组织形象、商品形象，常常被安排在封面上。因为这些原因，注意的时间长了，传播的效果也就增强了。

（2）兴趣的导向鲜明。各种各样的杂志，一般都有着特定的对象。例如，《妇女之友》针对妇女群体，《中国语文》针对较高层次的语言工作者。心理学家告诉我们，一个热爱自己工作的人容易对与工作相关的一切事物产生兴趣；一个有着某种生活体验的人容易对与自己体验有联系的事物产生兴趣。不同的杂志之所以有各自的读者群，正是因为它所登载的内容是特定的，能满足特定读者的兴趣要求，能起兴趣的导向作用。《儿童时代》绝不会登载老人病理学研究方面的广告；同理，生产化妆品的日用化工厂总是把眼光首先投向各种妇女杂志。这些正是兴趣导向的作用。

（3）心理的补偿作用。杂志是人们茶余饭后闲暇之时的伴侣。人们阅读杂志，用某种刺激去缓解工作的紧张，用获得的新知识去补偿知识的欠缺。后者实际上也是一种消除紧张的方法，因为知识的欠缺使人产生了紧张，因而必须改变认知元素，以获得心理的平衡，于是杂志便乐于被人们所接受。

与其他媒体比较，杂志二次传播的频率更高，杂志通常不是在订阅者读完后就束之高阁、以备他日之需的，而是被辗转传阅，有的甚至被读"破"。究其原因，也是与杂志具有心理补偿作用分不开的。

10.3.3　广播媒体引发的心理特征

广播是通过电波传递信息的，因而能以最快的速度在最短的时间内让公众接收广告信息，从而增强其心理刺激的强度。加之电台有较高的社会声望，很容易激发公众的信任感和亲切感。然而，广播只能听，不能看，且声音转瞬即逝，因而很难给听众留下直观而深刻的心理印象，而且现在的广播听众越来越少。与其他媒体比较，广播可以有意注意，也可以无意注意。例如，与人闲聊的人，在收音机中听到了他所感兴趣的内容或音响刺激后，他会停止闲聊而注意倾听，这是无意注意的心理反应，其他媒体所引起的这种心理反应就差一些。开着电视与人闲聊的人，若闲聊停止后想进入电视所播放的内容中，需要做出注意的努力。由于广播具有无意注意的心理特征，公众在接收信息时，不必为注意和识记做特别的努力。相应的，接触传播的机会多了，长期的潜移默化就会功到自然成。

10.3.4　电视媒体引发的心理特征

电视是一种传播能力很强的公关媒介。它具有艺术性、形象性、广泛性、感染性等特点，能通过音响与图像的完美组合，调动一切视、听艺术对公众的视觉、听觉进行综合刺激，因而它是表现力最强、影响面最广、效果最好的大众传播媒体之一。但是，其制作成本高，价格昂贵，同时具有极强的时效性。如果播出时间短，就难以给公众留下深刻的印象；若播出时间长，不仅费用昂贵，还可能引起公众的厌倦和反感。但无论如何，电视仍然是威力最大、效果最好的传播媒体之一。利用电视媒体开展大众传播乐于被组织采用，乐于被公众广泛接受，这与它作用后公众具有的心理特征是分不开的。其表现为：

（1）复合感知。幼儿并不是一开始就认识雪的，他们可能把它误认为是盐，因为在他们眼里，盐与雪都是白色的细末。后来，他们到底能区分了：从触觉上感到盐不会像雪那样冰凉；从味觉上感到雪不像盐那样有咸味；从形体上感到盐不像雪那样容易被融化。于是，他们便不会上当了。成人的认识也是这样，只有调动不同感官的功能，对象才能被整体地感知。电视媒体视听兼备，图文并茂，符合人们整体认识的心理规律。心理学实验表明，听过的信息能记住20%，看过的信息能记住30%，而边听边看的信息能记住50%，有声有色、耳濡目染的传播方式比较符合人的心理特点，这也是电视得天独厚的优势。

（2）注意优势。电视画面的动态反映，色彩的运用，音响的配合，对比度的处理，高科技的手段，语言的张力等，都可以收到刺激的效果。因而，比较其他媒体，电视更容易唤起对象的注意。

（3）真实感强。电视传播不像其他传播媒体那样稳定。由于受认知水平和经历的局限，公众对传播的信息可能不了解，或者产生误解，从而使信息的可信度降低。但是，电视可以逼真地再现信息源的多种情景，展示信息发生的真人、真事、真景，因此公众可以通过自己的眼睛和耳朵直接了解与感受信息，有一种亲身经历之感。

（4）共同意识效果。电视走进千家万户，已成为人们获得信息、参与文化活动的重要传播媒介。由于电视传播具有时间的共时性与空间的同位性，因而在接受电视传播时，相同的传播内容会促成公众的共同注意和共同的意识与情感。如2005年"神舟六号"飞船升空，人们之间尽管远隔千山万水，或在异域他乡，但升空现场那种生动的画面、感人的话语，仿佛使13亿人同处在发射现场，置身于欢乐的海洋和民族自豪感的情境之中。

我们还会看到这样一种现象：一家人围坐在电视机前，一边看电视，一边评价。次日早上，熟人见面，相互攀谈，常常很自然地谈起观看某电视节目的感受。共同的话题促进了共同意识的形成，电视发挥了巨大的作用。

《舌尖上的中国》带动经济收益

中央电视台的大型纪录片《舌尖上的中国》开播以来，带火了节目中很多当地的美食，很多食材也由于被《舌尖上的中国》关注，而在淘宝上大卖。凭借该节目获得最大利益的是淘宝。

《舌尖上的中国》刚开播一周，淘宝上就设置了"舌尖美食"频道，一周的搜索量高达 2 000 万人次，成交量达 700 万件。在淘宝上可以找到 300 多种舌尖美食，当时毛豆腐的搜索量比节目播出前增长了 50 倍，诺邓火腿的成交量增长了 17 倍，五芳斋粽子的销量也成倍增长。

《舌尖上的中国》是一部将美食、乡情、生活相结合的大型纪录片，自播放至今，获好评无数，不仅带动了电子商务，如淘宝"舌尖美食"频道中商品成交量的增长，还带动了纪录片中取景地的旅游人数的增长。该片成功的背后得益于公关传播，当一切准备就绪，就是这东风——网络媒介将《舌尖上的中国》推出去面向大众。再好的创意和点子如果没有传播媒介的推广，就像是没有翅膀的蝴蝶，不能自由自在地飞翔。

中央电视台的大型纪录片《舌尖上的中国》通过网络媒介的传播，不仅增强了国人的爱国之情，获得了经济效益，更走向了世界，让其他国家的人从另一个角度看中国，塑造了中国是美食之国的形象。

资料来源　谭昆智. 公关原理与案例剖析 [M]. 2 版. 北京：清华大学出版社，2015.

小思考 10-1

电视是公关效果最好的媒体吗？

10.3.5　网络媒体引发的心理特征

在公关领域，网络的重要性日益加强，正影响着每一位公关从业人员。在互联网上开展公关活动，意味着无穷无尽的机会和挑战。虽然网络时代的到来并没有改变公关的本质，但网络的出现，必将对传统公关理论和实践造成冲击，对组织的社会环境管理、公众沟通、形象管理等提出新的课题。网络是高科技发展的产物。在我国，网络媒体传播的历史并不悠久，但它的作用和地位远胜于其他传播媒体，具有快速便捷之功效。

1）网络媒体的特点

网络媒体公关就是利用互联网技术和网络媒体开展的公关宣传活动。传统的媒体，如广播、电视、报纸、杂志，都只能单向交流，强制性地在一定区域发布信息，受众只能被动地接收，不能及时、准确地得到或反馈信息。而网络媒体，由于含有更多的技术成分，从而具有许多鲜明的特点。

（1）覆盖范围广泛。网络联结着世界范围内的计算机，是由遍及世界各地大大小小的各种网络按照统一的通信协议组成的一个全球性的信息传输网络。互联网的出现使我们生活的地球变成了"地球村"。在这个环境中，地域的界限不再存在，在局部发生的事，转眼之间就可以传遍全球。从媒体角度看，网络传播信息的范围越广、接触的人越多越有利。从媒体用户市场看，用户市场遍及世界各个角落，即使是一家小企业，网络传播活动只要入网，都有可能使其一夜成为国际性公司。

（2）针对性强。网络作为一种媒体，有一些非常特殊的性质。网络传播活动是一种针对目标市场进行广泛劝说的传播活动。和其他大众传播方式相比，有更明确的媒体对象，而且网络技术可以帮助组织选择公众，跟踪用户，多方面掌握用户资料，然后有的放矢，对症下药，因此可望成为一种最富有针对性的传播媒体。因此，必须深入研究目标受众群体的心理需求，才能有的放矢，实现预期的媒体目标。

（3）实现双向互动传播。传统媒体是一种单向的信息传播，由媒体方将媒体信息"推"向目标受众。网络媒体凭借技术上的优势，使传播方式由单向变为双向互动传播，增强了受众与传播者之间的双向交流。

网络媒体是一种推拉互动式的信息传播方式。在网络传播中，受众从被动的信息接收者转变为主动的信息参与者，传播与反馈即时进行。而传统媒体的受众虽然也可以进行信息反馈，但在时间上有很大的滞后性，人数也受到限制。与此相比，网络传播的受众可以在获取信息后立即通过电子邮件等与传播者交流，还可以把对某件事情的看法"贴"到"公告牌"上或者在某个"论坛"发表，或在聊天室交流对某信息的看法，并与其他受众一起讨论等。

（4）传播方式多元化。网络传播呈现一种多元化的特点。网络传播汇集了人际传播和大众传播的优势。传统媒体一般是点对面的大众传播方式，而网络除了点对多即某一网站向网民、某一网民向不特定的其他网民发布电子邮件的方式外，还有众多网民向某一网站发送信息、反馈意见的多对点方式，以及网上聊天室、电子公告牌等多对多的传播方式。网络媒体整合了报刊、广播、电视媒体的优势，实现了文字、图片、声音、图像等传播符号和手段的有机结合。网络受众可以根据需要随时自由选择媒体表现形式。受众在获取信息时，网络能够提供全方位、多感觉的信息。

（5）传播速度更加迅捷。报刊必须等印刷，电视需要拍摄与剪辑、录像等，而网络则可以随事件的发生随时上传。网络传播速度快捷，信息来源广泛，制作、发布信息简便，具有很强的时效性。例如，1998 年 9 月 11 日，美国特别检察官斯塔尔关于总统克林顿性丑闻的调查报告上网后，网络真正"露了一次脸"。在斯塔尔报告上网的第一天内，阅读这份报告的网民人数达 2 470 万人。这种传播速度让人们看到了网络正在改写人类信息传播的游戏规则，它可以全天 24 小时不间断地将信息传播到世界各地。一家市场调查公司曾向 2 200 名网友调查他们的新闻收视习惯，结果显示，虽然广播、电视是一般大众接收新闻快报的主要来源，但遇到突发新闻事件，绝大部分网友会先上网查看最新信息。

（6）超大信息容量。网络媒体信息内容非常丰富，画面绚丽多彩。一般而言，一个网站下面，会有数十乃至数百个网页。网页信息采取非线性文本形式，通过链接方式将不同的网页互相链接起来，组合成一个有机的整体，更为关键的是，网络媒体所负载的信息，可以由媒体受众自主选择。媒体受众强烈的主动性及强大的信息量要求我们要深知媒体受众的需要及根据不同类型的媒体受众对信息进行分类，以便使媒体受众深入点击，获取更多的媒体信息，提高媒体的效率。

而在传统电视媒体上，广告时间往往是几秒、几十秒或长至几分钟，在如此短暂的时间内根本无法传播诸如有关商品性质的数据、专业性用语等复杂的信息，而且时间稍长，广告主就将付出相当昂贵的媒体费用。即使是在报纸、杂志等可以做详情广告的媒体上，也不可能做到像网络媒体这样可以使广告主不加限制地将尽可能详细的产品信息及其他信息提供给媒体受众。因为在报纸、杂志上，广告不可能占据主要版面，除非是专门的广告报纸或杂志。网络媒体的超大信息容量则可以满足广告主低投入、高效率的愿望。

案例窗 10-2　　　　　　　微信，兴起的公关整合营销的推广方式

微信是腾讯公司于2011年1月21日推出的一个为智能终端提供即时通信服务的免费应用软件。作为大众传播媒介的一种，它从一个便捷的通信软件一步步升级，逐渐延展为一个营销与推广的平台。截至2019年第一季度，微信用户数量达11亿个，用户主要以年轻人、白领、学生和高端人士为主，因此微信营销市场的前景十分乐观。

案例窗 10-2

案例点评

企业和商家通过扫码、摇一摇，甚至利用最近兴起的"微生活特权"的平台来吸引消费者，打出商业广告，推广其产品，其目的并不是在短期中获取利益，而是通过微信树立良好的信誉形象从而维持持久宣传的品牌效应。

2）网络媒体的心理效应

网络媒体和传统媒体一样，也是一个信息传播的媒介。消费者接触网络媒体同样会产生认知、情感、态度、行为等心理效应。这些心理学指标同样是网络媒体心理效应评价系统的基本指标。但网络媒体是一个新兴的媒体，它有自己独特的手段和技术，对消费者的心理有着独特的影响效应。

（1）吸引有意注意程度。网络传播是一种非强迫性传播，它不像电视、广播、报纸、户外媒体等具有强迫性，想方设法吸引人们的视觉和听觉，将有关信息塞进人们的脑子，打动人们的无意注意。网络媒体作为一种传播活动，毫无疑问要吸引人们的无意注意，吸引人们在信息的海洋中注意它、点击它，但它独特的交互性主要吸引的是人们的有意注意并力求调动人们的自觉性和主动性。一句话，在一般媒体上，媒体找人看；在网络媒体上，人找媒体看。所以，吸引消费者有意注意的程度水平是评价一个网络媒体心理效应的重要指标。

（2）引起兴趣，满足需要程度。网络提供的是一种双向的沟通方式，并能将信息按照用户的个人情况和需求进行"个人化定制"。人们在网络上是一种自助的信息消费行为，信息的选择和使用完全取决于用户个人的兴趣与需要。只有引起消费者的兴趣、满足消费者的某种现实需要或潜在需要的网络媒体信息才能一步步吸引消费者深入点击，接受媒体信息。因此，是否引起消费者的兴趣、满足消费者的需要是事关网络媒体成败的一个重要因素。

（3）易辨认、易识别程度。全球第一家网络媒体公司 CKS Interactive 总经理 Pete Snell 认为："网络媒体最根本的特性是互动性，互动性媒体的重心应在于互动信息的传递。"超大信息容量是网络媒体优于传统媒体的一个十分突出的特点。一般而言，一个

网站下面，会有数十乃至数百个网页。面对庞大的信息量，如何使消费者辨认、理解这些信息，尽快寻找自己所需要的信息，这也是一个评价网络媒体心理效应不可或缺的指标。

（4）信息的针对性、亲和力。网络互动媒体一对一模式要求信息传播的个人化，让每个接触媒体的人都感到媒体产品是专门为自己准备的，让媒体信息走到每个人身边来，贴近每个人的心，想其所想，爱其所爱。因此，媒体信息是否有针对性、富有个性，是否具有亲和力应是评价网络媒体心理效应的一个重要指标。

（5）引起在线购买程度。网络媒体活动是一种针对目标市场进行广泛劝说的传播活动。与其他大众传播方式相比，网络媒体具有更明确的媒体对象。另外，网络技术可以帮助媒体主选择用户，跟踪用户，多方面掌握用户资料，然后有的放矢，对症下药，因此可望成为一种最富有针对性的促销行为。利用网络这种全天候、全球性的市场交流媒介，不仅能建立品牌认知度，还能吸引人们来仔细打量一种产品，促成购买，并提供售后服务和售后支持。所以，网络媒体能否引起人们的直接在线购买行为也是评价网络媒体心理效应的重要指标。

案例窗 10-3　　　　　　　　　　　**探秘小米微博营销**

　　小米手机在正式发布前，其团队充分发挥了社交媒体——微博的影响力。比如："今天，从现在到 20：00，转发本微博就送出 20 个普通 F 码。欢迎转发！今天只针对老用户。"该微博的转发有 3 万多次，还有好多@小米的。2011 年开始的时候雷军通过他的朋友们，包括过去雷军投资过的公司高管，如凡客 CEO 陈年、多玩网 CEO 李学凌、优视科技 CEO 俞永福、拉卡拉 CEO 孙陶然、乐淘网 CEO 毕胜等，纷纷在微博里为小米手机造势。作为信息技术界的名人，他们中的每一个人都拥有着众多的粉丝。因此，微博的营销功能被小米团队运用到了极致。

案例窗 10-3　案例点评

资料来源　吴少华. 公共关系理论与实务［M］. 北京：人民邮电出版社，2015.

小知识 10-1　　　　　　　　　　**媒体优缺点比较（见表 10-1）**

表 10-1　　　　　　　　　　　　　媒体优缺点比较表

媒体	优点	局限
报纸	灵活，方便，接受广泛，可信度高	时效短，制作质量差，转嫁读者少
电视	大规模覆盖率，可信度高，诉诸感观	绝对费用高，宣传短暂
广播	地理及人口选择性强，费用低	只有听觉效果，宣传短暂，听众较少
杂志	专业性强，可信度较好，制作质量好，读者阅读时间长	受众有限，覆盖率低
网络	覆盖范围广泛，超大信息容量，费用较低，传播方式多元化，传播速度迅捷	网络信息的虚伪性、欺骗性，网络公关是把"双刃剑"，正、负能量都很大

小思考 10-2

国际互联网起源于哪个国家？目前哪个国家网民最多？

小思考 10-2

分析提示

小思考10-3

网络公关要有针对性，对吗？

案例窗10-4　　　　　　　　　　　错卖的鞋子

某鞋店经理发现，前一天刚进的一批皮鞋是假冒伪劣商品。他立即下令柜台停止销售。在清点时发现，有7双皮鞋已经售出，该店经理立即采取措施：一是在鞋店门口张贴退货启事，以诚恳的语言向顾客表示歉意；二是召开员工大会，发动全体营业员回忆寻找购鞋的顾客，并对采购这批鞋的业务员提出严肃批评，杜绝此事再次发生；三是在电视台、广播电台播放退货启事。此举引起了强烈反响，新闻媒介纷纷前来采访，并发表评论消息，广大顾客慕名而来。

知识掌握

1. 影响传播者传播效果的因素有哪些？
2. 大众传播有哪些特点？
3. 简述大众传播的心理策略。
4. 试比较五大传播媒体的优缺点。

知识应用

案例分析　　　　　　　　第七次全国人口普查公关宣传口号

第七次全国人口普查于2020年11月1日零时正式开始，其宣传口号有"大国点名，没你不行""人口普查有你有我有他，准确登记利国利民利家""人口普查进万家，提供信息靠大家"等。这些口号被网络、电视等媒体宣传以后，令人印象深刻、耳目一新。

问题：1. 这些宣传口号创意如何？

2. 请分析其公关宣传效果。

实践训练

结合当前网络发展的新形势，讨论利用网络公关的新途径、新方式，以及运用网络进行公关的必要性。

心理小测验

测测你与人相处的能力

请在每个问题的A、B、C三种情况中选择一个你认为最适合自己的情况。

1. 你最近一次交朋友，是因为：

A. 你发现这些朋友令人高兴、愉快　　　　B. 他们喜欢你

C. 你认为不得不结交

2. 当你度假时，你是否：

A.通常很容易就交到朋友　　　B.喜欢独自一个人消磨时间

C.希望交到朋友，可是发现难以做到

3.你已经定下了要去会一个朋友，可是发现难以做到：

A.不赴约了，希望他会谅解你　B.去赴约，并尽量玩得高兴

C.去赴约，但问他如果你早些回家的话，他是否会介意

4.你和你的朋友能友好相处多久？

A.大多数能多年　　　　　　　B.长短不等，志趣相投者可以多年

C.一般都不久，你不断地弃旧交新

5.一个朋友向你吐露了一件极有趣的个人问题，你常常：

A.尽力使自己不把这件事情再告诉别人

B.没有考虑是否要将这件事情告诉第三者

C.在这个朋友刚离开之后，便立即找了第三者来加以讨论

6.当你有了困难的时候，你：

A.通常总是感到自己能够解决　B.向你能信赖的朋友求助

C.只是当困难确实难以克服时才向朋友求助

7.当你的朋友们有困难的时候，你发现：

A.他们来找你请求帮助　　　　B.只有与你关系密切的才向你求助

C.他们不愿意来麻烦你

8.你通常都是这样来结交朋友的：

A.通过你已认识的人　　　　　B.从各种各样的接触中

C.只在经过长时间接触和有困难的情况下

9.你认为作为朋友，下面三种品质，哪一种是最重要的？

A.具有能够使人感到幸福、快活的能力

B.看来诚实可靠

C.对你感兴趣

10.哪种情况对你最适合？

A.我总是使人们哈哈大笑　　　B.我总是使人们有所思索

C.人们和我在一起感到舒适自在

11.如果有人请你去玩或在聚会上唱歌，你往往：

A.找个借口推掉　　　　　　　B.饶有趣味地欣然应邀

C.断然回绝

12.你属于哪一种情况？

A.我喜欢赞扬朋友的优点

B.我相信诚实，所以有时候我不得不指责他

C.我既不吹捧、奉承朋友，也不批评、苛责朋友

13.你发现：

A.你只能同与你趣味相同的人们友好相处

B.一般来说，你几乎能同任何人都合得来

C.有时候你宁肯同对人不负责任的人接近

14.如果朋友们对你恶作剧，你会：

A.和他们一起大笑　　　　　　B.感到生气并发怒

C.看你的心情和环境如何，也许和他们一起大笑，也许生气并发怒

15.对于他人依赖于你，你感觉如何？

A.笼统地说，我不介意，可是我希望我的朋友们能有一定的独立性

B.很好，我喜欢被人依赖

C.避而远之，对于一些责任我宁肯侧身其外

计分方法：

选项 ＼ 题号	1	2	3	4	5	6	7	8	9	10	11	12	13	14	15
A	3	3	1	3	2	1	3	2	3	2	2	3	1	3	2
B	2	2	3	2	3	2	2	3	2	1	3	1	3	1	3
C	1	1	2	1	1	3	1	1	1	3	1	2	2	2	1

评价结果：

36～45分：你与人相处能力很强，得到了大家的尊重和欢迎。

26～35分：你与人相处能力中等水平，需要努力。

25分及以下：你与人相处能力较差，你需要注意改善自己与人相处的能力。

第11章
公关人员的人际交往和人际关系

【学习目标】

在学习完本章之后，你应该能够：
- 认识加强人际交往和保持良好人际关系的重要意义；
- 了解人际交往的艺术和技巧；
- 明确成功交往的心理基础；
- 理解影响人际关系发展的重要因素；
- 掌握人际关系的艺术和技巧。

神奇的旅行家

美国一位中年妇女喜欢旅行，她到过世界100多个国家，结交了全世界数百名朋友。许多人在她回国后，仍与她保持书信往来，关系十分亲密。有人问她懂多少种语言，她说她只懂英语，其他语言都不会。但是，她每到一个新语种的国家，事先要学会这个国家一些简单的对话，如您好，谢谢您，你真漂亮，您太好了，你们的国家真是太美了……她就凭着这几句常用语，周游列国，广交世界的朋友，真是太神奇了。

这一案例表明：在公关、人际交往中，掌握人的心理规律，学会恰当的赞美，迎合人的心理需要，就能使我们的工作和交往十分顺畅，并取得良好的效果。这也是人际交往的艺术和技巧。

在社会生活中，一个人不可能脱离社会而独立存在，总是要与他人进行接触交往，建立一定的人际关系。特别是在现代社会中，人际交往的水平和人际关系状况如何，已经成为影响人的事业成败的重要因素。美国著名的人际关系专家戴尔·卡耐基说过，一个成功的企业家只有15%是靠他的专业知识，而85%是靠他的人际关系与领导能力。成功的人际交往、良好的人际关系，可以使人们感情融洽、彼此信任、互相关心与支持，能够大大地提高工作效率。对于一个公关人员来说，他的主要工作就是要与各方面的人打交道，和组织内外的公众进行广泛的人际交往。学习和掌握人际交往的知识和技巧，和社会公众保持良好的人际关系，是对公关人员的核心能力要求，对于提高公关人员的工作水平和工作效率是十分有益的。

11.1 人际交往

11.1.1 人际交往概述

1) 人际交往的含义及意义

人际交往是指在社会活动中，人与人之间相互沟通信息、相互施加影响的过程。人际交往是人类社会的本质特征，也是人类个体发展的必要条件。人生在世，无非是处理两大关系：一是人与自然的关系；二是人与人的关系。这两大关系构成了人类社会，而人类社会的各种关系，皆起源于人际交往。

人际交往是社会生活的本质方面，又是社会发展的必然产物。人际交往作为人类的一种最基本的社会活动，体现出人所共有的心理需要，通过人的思想、观点、兴趣、情感和态度的相互交流，目的是达成沟通，协调和建立一定的人际关系。中国古代思想家荀子说："人生不能无群。""人力不若牛，走不若马，而牛马为用，何也？曰：人能群，彼不能群也。"也就是说，人与人之间能够相互交往，建立各种关系，形成群体，并在这个基础上构造出一个分工协作、配合默契、和谐统一的人类社会。

人际交往是人的心理形成和发展的基本条件。人从来到世界上那一时刻起，就需要得到别人的保护、关心、同情和帮助。人的心理就是在一定的相互理解、信任、友爱和关心的群体心理气氛下形成与发展的。一个人只有重视人际交往，充分依靠他人和群体的智慧与力量，学会与他人合作，才能使自己获得知识、力量和勇气，得到全面发展，做出卓越贡献。

人际交往实际上是一种人类的基本技能，是人的一种本质属性和存在形式。社会在人际交往中发展，个人在人际交往中成长，团体也是通过人际交往而形成，并且通过人际交往来影响个体的行为。

从某种意义上说，人际交往直接影响和推动社会的发展。在当代信息社会里，伴随着人际交往形式的多样化，人际交往的作用也越来越明显、越来越重要。同时，人际交往表现出新的特点和形式。如借助电子邮件、互联网等，人与人之间的沟通和了解变得更为容易与便捷。以现代科技为手段的人际交往，正在改变着社会，也改变着每个人的思想和观念。无数事实都证明，人际交往在现代社会的作用更明显、更必要。

小知识11-1

英国作家萧伯纳很形象地说："如果你有一个苹果，我有一个苹果，彼此交换，那么每人只有一个苹果；如果你有一种思想，我有一种思想，彼此交换，我们每个人就有了两种思想，甚至更多思想。"

2）人际交往的功能

一位阿拉伯名人曾说过，一个没有交际能力的人，犹如陆地上的船，是永远不会漂泊到人生大海中去的。人的社会交往，是个体能够适应环境，适应社会生活，担当一定社会角色，形成丰富健全的个性的基本途径。因此，人际交往既有社会功能，又有心理功能。

（1）信息沟通功能。一个人的活动范围是有限的，直接从书本上学到的知识也是有限的。即使是皓首穷经、学富五车，在当今社会如潮水般涌来的新信息中，也只是沧海一粟。因此，一个人要想在一定时间内掌握尽可能多的信息，增加个人的知识、经验，方法之一就是通过人际的交往和沟通。并且，在许多情况下，自己百般探索、长期苦思冥想、不得其解的问题，在与人的偶然交谈中，会突然得到启示，产生灵感。李政道博士曾讲过，他和杨振宁合作打破宇称守恒定律，就是在吃饭交谈时解决的。

心理学家调查认为，一个人除了睡眠的8小时之外，其余时间70%要花在人际的直接、间接的沟通上。一般的沟通中，9%以书写形式进行，16%以阅读形式进行，其余75%则以听取人或自己说话的交谈方式进行。这种时间分配虽然不是绝对的，可它体现出人际的社会交往是沟通的最主要、最基本的形式。

人际交往又是一种思想交换、经验获得的过程。俗话说："与君一席谈，胜读十年书。"可见，人际交往比之于从书本上获得的信息具有内容更广泛、渠道更直接、速度更迅速的特点。

从公关角度看，通过交往，可以了解组织内部公众的愿望和要求、态度与干劲以及个人之间、部门之间的关系，有助于管理工作的开展和目标、制度的制定；与组织外部公众的交往，可以获得大量外界信息，上至国家的方针政策，下至社会的市场行情、小道消息等，以保证组织对外界的适应性。

（2）心理保健功能。在我们人类社会中，每个人都注定要与他人建立一定的关系，而我们每个人本身，也都有一种亲近、接近他人的欲求，即亲和动机。一个人通过人际交往，诉说人生的喜怒哀乐，增进彼此间感情的共鸣，能在心理上产生一种归属感与安全感。这种归属感和安全感对人的心理健康具有保健作用。尤其是当人处于危急、孤独、焦虑的情况下，特别需要与人交往，也最看重这种交往的价值。因为在这种时候，多一个人就多一份力量，彼此能相互影响，自信自强。而当人被剥夺了正常的交往，即使在平静的情况下，也会有一种不安全之感伴随着孤独而来，使人难以忍受。处于极端忧愁苦闷中的人，只要能与同情之人有所沟通，发泄的是怨气，得到的是宽慰，心理上就会好受多了。培根说道："当你遭遇挫折而感到愤懑抑郁的时候，向知心挚友的一席倾诉可以使你得到疏导；否则这种积郁会使人致病……只有面对朋友，你才可以尽情倾诉你的幽怨与欢乐、恐惧与希望、猜疑与劝慰。总之，那沉重地压在你心头的一切，通过友谊的肩头而被分担了。"因此，国外一些心情苦闷而又无法排遣的人，就找心理咨询医生或通过电话咨询方式，使其心中的积郁得到合理的疏导、发泄或转移以免导致精神失常。

有人研究生活在孤儿院的儿童，他们常常面对的是平静而孤单的生活，得不到正常儿童应得的爱抚性刺激，更缺乏良好的社会交往机会，所以不仅在智力发展，尤其在语言能力发展上，低于同龄正常儿童，而且社会适应能力更差。他们或是对人冷淡，缺乏人际交往的愿望和能力，或者是另一极端，表现为情感的饥饿，狂热地需要得到他人的爱抚。由此，我们发现，人际交往也是人维持精神健康的基本需要。人际交往的时间与空间越大，精神生活也就越丰富，人生的情趣也就越浓；反之，在心理上则会产生孤独、惆怅与空虚的感觉，导致人生乏味、性格孤僻、心胸狭窄等。

（3）自我认识功能。自我认识是指个体对自己的生理机制、心理机制、才能特长、行为特点以及与周围关系等的认识。它是在自我体察和分析基础上产生的自我评价。自我认识或自我评价，是在人际交往中与他人相比较的结果，也是从别人对自己的意见、态度和评价中客观地了解自己的结果。没有人际交流，人与人之间就无法进行比较，也就无所谓自我认识。

首先，人以他人为镜，从与别人的比较中认识自己。人们是在具体的交往情境中，从对别人的认识中来形成自我表象。对人的认识越全面，对自己的表象也就越清楚。离开了交往对象或可供比较的对象，就没有衡量自己的尺度或照鉴自己的镜子。生活中有些人可能会对自己的估计出现过高或过低的现象。比如一个普通中学的高才生，会较高估计自己的能力，因为他的交往对象都远远落后于他。而当他跨进一所尖子荟萃的重点大学后，一下子觉得自己处于中下水平，以至过低估计自己的实际潜能。所以，通过与更多更广泛的对象交往和比较，人就能逐渐形成较为恰当的自我表象，既能避免"夜郎自大"，又能摆脱自卑感。

其次，人们通过他人对自己的态度和评价，以及自己与他人的关系中认识自己的形象。进入青年期后，交往内容和范围都扩大了，人们常常从别人对自己的态度和集体中了解自己在他人心目中的形象与在社会中的地位，并参照别人的评价来客观地认识自己。这就标志着自我意识的成熟。

（4）人际协调功能。人际交往是人类在改造自然界中相互协作的产物。人际交往可以使单独的、孤立无援的个体结成强有力的集体。同时，人际交往可以使我们获得社会经验，掌握社会或群体的行为规范，不断调节自己的行为，以适应社会生活和环境的要求。我们每个人在实际的生活中，都希望与他人、与自己所属的团体保持协调一致和融洽的关系，而有效的人际交往，便可以帮助人们实现这一愿望。人际交往可以使个体对社会形成较全面的认识，对各种社会现象有较为深刻的理解。当团体成员之间发生矛盾时，通过合理的交往和沟通，可以及时消除误会、互相理解、缓和矛盾。一般来说，人际交往的协调功能主要表现在两个方面：一是协调团体成员之间的感情，使情感需求得以满足；二是协调相互之间的行为，使其相互理解，达到统一。俗话说"多一个朋友，多一条路；少一个敌人，少一堵墙"，就是这个道理。

（5）增强团体凝聚力功能。团体凝聚力是团体成员之间的一种相互联系、相互交往的向心力倾向。它是任何一个团体生存与发展的前提条件。而团体良好的氛围和凝聚力的形成往往是建立在人际交往基础上的，取决于个体之间通过人际交往形成的共同价值观和共同情感。所以，人际交往状况如何，直接影响到团体气氛的好坏和凝聚力的强弱。充分有益的人际交往，能使群体关系结合紧密，把各方面的力量汇集在一起，"拧成一股绳"；反之，缺乏充分的人际交往，人与人之间就容易产生误会、隔阂或产生矛盾和纠纷，破坏群体良好气氛，导致群体人心涣散，丧失凝聚力。比如，许多组织团体都试图通过围绕各自的企业（组织）文化，举办各种形式的交往活动，来提高组织的士气和凝聚力。

案例窗 11-1　　　　　　　　　　**里根总统演讲的开场白**

　　1984 年，美国总统里根访华期间，曾到上海复旦大学做演讲。演讲前，里根微笑着说道："我来中国之前，碰到了一位你们复旦大学去美国的留学生，她要我代她向谢希德校长问好。"说着，他把身体转向站在旁边的谢希德女士说："现在这个口信我带到了，请您打个电话告诉那位女同学，她的电话号码是……"这个精彩的开场白，赢得了全场百余名师生代表的热烈掌声，也赢得了人们对"平民总统"里根乃至美国政府的好感。

案例窗 11-1

案例点评

11.1.2　人际交往的艺术和技巧

　　人际交往是一项富于艺术性和技巧性的活动。公关人员为使人际交往十分顺畅、人际关系十分和谐，就必须了解人际交往的心理规律，掌握一定的人际交往艺术和技巧，以保证公关活动的顺利开展。这些艺术和技巧主要体现在以下几个方面：

　　（1）坦诚相见，表现真实自我。真实自我是指人作为自由人在社会交往中的真实自然的自我表现。在日常生活中，许多人总是觉得人与人之间隔着一层薄膜，社会中的每个人都是戴着假面具出现的，"知人知面不知心"。许多人和人交往总想提防着什么，"见人只说三分话，不可全抛一片心"，从而严重阻碍着人际交往的效果，许多令人烦恼的关系往往是彼此不讲真话，不能真诚沟通引起的。所以，坦诚相见、表现真实自我，是消除隔阂、打破阻碍最好的方法。

生活中的每个人，都有优点和缺点，有善良的一面，也有阴暗的一面。表现真实的自我，就是老实承认自己的两面性，真诚坦率、洒脱自如地表现自我，反对表里不一的伪善假象。真诚、真实是展现个人魅力的重要因素，也是人与人之间实现良好沟通的基础。

案例窗 11—2　　　　　　　　　　　　　　　**吴仪的坦率**

"心诚能使石开花。"真诚直率是讲话成功的第一乐章。曾经打败过拿破仑的库图佐夫，在给卡捷琳拉公主的信中说："您问我靠什么魅力凝聚住社交界如云的朋友？我的回答是：真实、真诚和真情。"说话直言不讳是内心坦诚的表现，也是谈话得法者的美德……

有一次，一位外国记者向吴仪（时任对外贸易经济合作部部长）提出一个尴尬的问题："请问吴仪部长，为何至今还是独身一人？"对此，吴仪是无可奉告，还是避实就虚含糊了事？人们揣测着可能出现的回答方式。然而，吴仪的回答大出众人的意料，她既不回避，也不闪烁其词。

她说："我不信奉独身主义。之所以单身，和青年时的片面认识有关。一是受文学作品的影响，心里有个标准的男子汉的形象，而这种人现实生活中没有；二是总觉得要先立业后成家，而这个业又总觉得没有立起来。然后就是在山沟里一待20年，接触范围有限。等到走出山沟，年龄也大了，工作又忙，就算了吧。"

这一席坦率的回答使众人感到吃惊，也使众人大为感动。正是这种坦诚直率的风格才使吴仪成为对外贸易谈判中辩才无敌的杰出女性。

案例窗 11-2

案例点评

资料来源　赵菊春. 公关实用口才［M］. 北京：中国戏剧出版社，2000.

（2）树立容纳意识，实现双赢、多赢局面。人们都希望生活在相互尊重、彼此理解、充满友谊、协调一致的社会环境中，但是人们的心态、性格、追求和社会处境各不相同，存在许多差异，这就需要树立容纳意识。只有相互接纳，才能使交往顺利进行，并保持和扩大交往的深度与广度，实现双赢、多赢局面。"人"字的结构就是相互支撑，只有双方皆赢才是人际交往的最佳选择。

树立容纳意识，就需要在人际交往中，能尊重人与人之间的差异，接受别人的个性，在一般的问题而不是重大原则问题上宽容大度，求同存异，谅解别人的过错或缺点，和人融洽相处。

（3）驾驭情绪，保持良好的自我状态。加拿大著名精神病医生、社会心理学家柏恩博士的人格结构PAC分析理论认为：每个人在交往中的自我状态大体上由三个部分组成：P，家长式的；A，客观稳重的；C，孩子任性式的。P是指在交往中表现出来的以权威性和优越感为标志的个性状态，对别人往往是指使、命令、训斥的傲慢态度；A是指在交往中能客观、冷静、平等待人和以从容不迫的态度处理问题，讲起话来总是带着与人商量的口气；C是指在交往中容易冲动、任性撒娇、感情用事的自我状态。每个人都同时具有这三个方面的自我状态，但由于每个人的心态、性格、气质、智力和修养等有所不同，所以在交往中总有一种自我状态处于支配地位，从而形成了这个人的交往水平和风度特征。每个人都有潜在的不良情绪，但每个人也都可以自我控制，学会驾驭自己的情绪，保持良好的自我状态，会使我们冷静而客观地看待一个人和一件事，更好地与别人进行交流，真正实现心灵的沟通。

小知识11-2　　　　　　　　　　　"约哈里窗户"理论

"约哈里窗户"理论是美国社会心理学家约瑟夫·勒弗特和哈里·英厄姆二人共同创立的。他们认为，人际交往的成败、人际关系是否健康，主要取决于各自的自我袒露的程度，也就是要看各自能否敞开心灵的窗户。

在心理上，我们每个人都存在着自己了解、别人也可以了解的"开放区域"，每个人都存在着别人已经了解而自己尚未了解的"盲目区域"，还存在着从未向别人透露过的"秘密区域"，以及自己和别人都不了解的"未知区域"。

在正常而不是钩心斗角、尔虞我诈的情况下，人与人之间要进行有效的交往，就需要尽可能扩大自己的开放区域，而缩小盲目、秘密和未知的区域。一般与陌生人交往之所以拘谨，有所顾忌，就是因为有巨大的未知区域横亘在双方之间。而在已经相识的情况下，有不少人际交往之所以发生困难，以至于常常无话可谈或话不投机，大多是因为缩小了开放区域，而扩大了秘密区域。

小知识11-3　　　　　　　　　　　快乐的学问

你改变不了环境，但你可以改变自己；你改变不了事实，但你可以改变态度；你改变不了过去，但你可以改变现在；你不能控制他人，但你可以掌握自己；你不能预知明天，但你可以把握今天；你不可以样样顺利，但你可以事事尽心；你不能延伸生命的长度，但你可以决定生命的宽度；你不能左右天气，但你可以改变心情；你不能选择相貌，但你可以展现笑容；你不能预支未来，但你可以利用现在。

（4）善用赞美技巧，迎合公众心理。常言道：良言一句三冬暖，恶语伤人六月寒。在与人交往和相处中，恰当地赞美别人，是获得公众好感的最好办法。因为每个人都希望乃至渴望自己是有一定价值的，这是一个人从孩提时代就逐步形成的一种根深蒂固的心理需求和强烈愿望。因而，鼓励和赞扬具有不可思议的力量。

当我们懂得了赞美的妙用和意义，就要牢记歌德的一句名言"最真诚的慷慨就是赞赏"，并遵照去做，经常自觉地给人们播撒心灵上的阳光和雨露——给予恰当的、适时的鼓励、欣赏和赞扬。这样做过几次，你就会发现，你所赞赏的人正在做着你希望他做的事，你和对方不仅会感到情感日益深厚，而且你会使他很愉快地接受你的意见和要求。这就是心理学或管理学上常讲的强化规律。

渴望被尊重、渴望得到肯定的赞扬永远是人类最基本、最普遍的心理要求，在生活中，我们总是喜欢喜欢我们的人，这是情绪传染的结果。在一个组织里，领导的赞扬还会强化员工的归属感、集体荣誉感，调动员工工作积极性。

（5）运用幽默，调节交往气氛。运用幽默风趣的语言往往可以调节交往气氛，回避尴尬，从而使公众在轻松愉快的气氛中达到与自己愉快沟通和良好合作的目的。幽默的语言犹如湿润的细雨，成为人际交往的润滑剂，可使人乐于和你交往，增强个人魅力，可以以不经意的口吻说出平时无法说的话，在一片哈哈声中传达心意。幽默还可以冲淡人际关系的紧张，使过于严肃的氛围通过一笑置之得到缓和。幽默又是一种气质，它伴生于宽容的情怀、机敏的反应和愉快的心境，心底宽宏旷达，不管是喜怒哀乐，还是辛酸苦辣，都可以付之淡淡一笑。

人生充满了笑料，因而充满了幽默的素材。公关人员为了提高自己的交际水平，就要有意识地培养幽默感，以增强人际沟通的感染力。

小知识11-4

倾听的艺术——要与不要见表11-1。

表11-1　　　　　　　　　　倾听的艺术——要与不要

要	不要
1.表现出兴趣，赞许性地点头	1.争辩
2.全神贯注，使用目光接触	2.打断
3.该沉默时必须沉默	3.做出分心的举动或手势
4.选择安静的地方	4.过快或提前做出判断
5.留下适当时间用于辩论	5.草率地给出结论
6.注意非语言暗示	6.让别人的情绪直接影响你
7.当你没有听清时，以疑问方式要求重复	
8.当你发觉遗漏时，直截了当地提问	

案例窗11-3　　　　　　　　　　**难忘的赞美**

法国总统戴高乐1960年访问美国时，在一次尼克松为他举行的宴会上，尼克松夫人费了很大的劲布置了一个美观的鲜花展台：在一张马蹄形的桌子中央，鲜艳夺目的热带鲜花衬托着一个精致的喷泉。精明的戴高乐一眼就看出这是女主人为欢迎他而精心设计制作的，不禁脱口称道："女主人为举行一次正式宴会要花很多时间来进行这么漂亮、雅致的计划和布置。"尼克松夫人听了，十分高兴。事后，她说："大多数来访的大人物要么不加注意，要么不屑为此向女主人道谢，而他总是想到和讲到别人。"并且在以后的岁月中，不论两国之间发生什么事，尼克松夫人始终对戴高乐保持着非常好的印象。

案例窗11-3

案例点评

11.1.3　成功交往的心理基础

在现实生活中，有些人与人交往十分自然顺畅，得心应手；而有些人与人交往则十分困难，非常尴尬，久而久之，就产生恐惧心理，害怕和逃避与人交往。所以，要想使你的交往十分成功，首先要奠定良好的心理基础，克服心理障碍、树立自信，并寻求最佳交往之道。

（1）树立乐观的生活态度。一个人对人生的看法及其处世态度，会很大程度地影响他的交往态度和方式。

每个人在社会中，因为特定的生活经历而形成一定的心境。处于特定心境中的人，往往会戴上一副有色眼镜去看待世界，看待周围的人，这就势必制约着他对别人是抱开放态度还是抱闭锁态度，是热情主动地交往还是冷漠地拒绝一切交往。

人生总是顺利与挫折、成功与失败、幸运与不幸、获得与丧失交织在一起的，然而乐观的人和悲观的人都会对人生做出不同的解释。同样半杯水，乐观主义者会说杯中还有半杯水，悲观主义者则会说杯中已失去了半杯水。对待同样的生活坎坷，乐观者更多看到的是世界的光明面，因此就会以一种不懈追求的劲头去生活和奋斗，就会坦诚地与人交流思想感情，从而得到精神上的满足，而悲观者更多看到的是生活的阴暗面，似乎周围的人都在跟自己过不去，因此就闷闷不乐地与世隔绝开来。解决悲观最好的办法就是通过交往获得新的朋友，在充满欢乐与友爱的集体中获得快乐。这就需要乐观的态度、开放自己的心扉。法国作家大仲马说得好，人生是一串无数小烦恼组成的念珠，乐观的人是笑着数完这串念珠的。

正确地对待人生，就意味着以平等的态度与人交往，学会正确地评价别人的优点和缺点。孔子曰："三人行，必有吾师焉。"与任何人真诚交往都可能有所得。

（2）战胜自卑和羞怯。自卑和羞怯，常常使人不敢大方地与人平等交往。虽然主观上有与人交往的强烈欲望，但在客观现实中，则不敢进入社交圈子，唯恐受到别人的拒绝和耻笑，而在与人交往时又会无法自制地出现脸红心跳、张皇失措的现象，严重者就表现为"社交恐惧症"。

一般来说，自卑感强的人较多是性格内向、勤于反思而又敏感多疑者。他们自尊心也很强，但他们不是积极进取以获得自尊，而是消极退避以保护自尊。正是为了追求一种不使自尊心受到伤害的安全感，为了不在别人面前暴露自己的弱点，于是不愿坦率地与人交往，对集体性的或富有竞争性的社会活动采取躲避态度。

自卑感强的人唯恐别人看不起自己，实际上正是自己低估了自己。而别人的轻视态度，常常是由于他自己的自卑和退避行为造成的。实际上，每个人都有各自的长处和短处，与人比较是为了取长补短，大可不必不敢与人交往。通过与人的相互作用，才能学会正确地评价别人和评价自己，在共同活动中每个人都可能获得自尊和抛弃自卑心理。

羞怯是绝大多数人都会有的一种普通情绪体验，但若与自卑感联系在一起，就会严重妨碍人际交往，有的人缺乏交往的信心和勇气，交谈时面红耳赤，以至于张口结舌、语无伦次。

战胜"社交恐惧症"，关键在于树立起成功交往的信心。充满自信的交往，才能在精神上和肌肉上都有所放松，从而显得坦然自若、沉着镇定。有时候"厚脸皮""无所谓"的态度也是保护自尊、战胜羞怯的良药。

（3）摆脱孤独感。孤独感是一种主观感受，而不同于孤独本身。当然，孤独生活最易产生孤独感。即使生活在茫茫人海之中，每天接触许多人，但都没有与人的心理沟通，同样会感到十分孤独。

孤独感是缺乏健全的社交生活的结果。性格孤僻的人，由于不善合群，难以与人交往，甚至在别人眼中显得格格不入，就会闭锁在自我的小圈子内长吁短叹，觉得自己受到周围人的拒绝，就自然会产生孤独感。

一个人的孤僻性格是一时难以改变的，但只要通过有意识地调节和控制自己的行为，友好地与他人取得默契，热情地沟通彼此的思想感情，达到心理相容，也完全是能够顺利地与人交往的。

摆脱孤独感的基本途径就在于改变不适当的处世态度和生活方式，开阔生活空间，在积极的交往活动中加强与他人的心灵联系，一个人在紧张和充实的生活中，是无暇顾及孤独的，只是在无所事事时才会感到寂寞和空虚。"寻寻觅觅，冷冷清清，凄凄惨惨戚戚……守着窗儿，独自怎生得黑？"所以，人要有理想、信念和生活的目标，明确努力的方向，并积极地从事各种闲暇时间的兴趣活动，培养各种兴趣，比如打球、下棋、欣赏音乐、集邮、写作等，积极参加强身健体的体育锻炼，这样能够使人觉得生活是充实而富有乐趣的。有目标、有追求，才能有乐趣。同时，有意识地积极参与各种社交活动，社交圈子逐渐从亲朋好友、同学同事中扩展开来，有更大的择友范围，也就更能找到知音。真正成功的交往，不仅在于是否接触频繁，更在于能够心灵相通。当自己感到被人理解、接纳，并与别人心理相容的时候，便会抛弃狭隘的自我，抛弃自我闭锁中的孤独感。

（4）敬人者人恒敬之。人际交往的一个本质特征就在于其双向性，体现为一种互动自调的过程。别人对我们一个亲切的微笑、善意的举动，就会引起我们友好的体验和反应。同样，我们期望他人对我们表示友好，我们得先显出善意诚恳的举止言行。因而，交往中的任何一种沟通符号都不是单向传导，而是必然会唤起反馈的。这种反馈应是互惠的，是对应的。"投我以木瓜，报之以琼琚。匪报也，永以为好也。"这时，相互心理上是平衡的。但若双方的信息反馈不对应，即一方的友好试探得不到相应的友好酬答，就难以"永以为好"了，交往就会产生障碍。敬人者人恒敬之，古人的这条遗训按照现代心理学分析，可称为"同类反应法则"。

（5）培养交往风度。良好的交往风度是成功交往的基本条件，因为它制约着你在交往对象心目中形成的印象，也制约着对方以何种方式做出反应。

人的交往风度是其各种心理素质和修养的外部体现。它能反映出你的道德品格、思想情感、性格气质、学识教养、处世态度及交往诚意等。交往风度包括精神状态、待人态度、仪表礼节、行为神态和言辞谈吐等。

第一，饱满的精神状态。与人交往，神采奕奕，精力充沛，显得富有自信，就能激发对方的交往动机，活跃交往气氛。若萎靡不振，无精打采，对方也会感到索然无味乃至不快。

第二，诚恳的待人态度。不管对待什么交往对象，都应以平等的态度，显得诚恳而坦率。既不逢迎讨好位尊者，也不藐视冷落位卑者，即不亢不卑的态度。

第三，洒脱的仪表礼节。根据人际吸引的原则，一个人风仪秀整、俊逸潇洒，就能产生使人乐于交往的魅力。仪表魅力不只取决于长相和仪表，更在于人的气质和仪态，这是人内在品质的自然流露。

第四，适当的行为神态。人的神态和表情，是沟通人与人之间思想感情的非语言交往手段，是交往风度的具体表现方式。面部肌肉放松，微带笑容，是轻快友好的表示，而脸若冰霜，则旁人不敢亲近。朴素大方、温文尔雅会讨人喜欢，粗俗不雅则使人生厌，而过度亲热和冷淡则容易引起对方误会。在异性交往上分寸感尤为重要。

第五，高雅的言辞谈吐。从谈吐中往往能直接反映出一个人是博学多识还是孤陋寡闻，是接受过良好教育还是浅薄无知。谈吐之美，在于用词恰当，言之有物，有一种自然的吸引力使人听得入迷。

（6）学会"角色互换"。在生活中，每个人具有不同的社会角色，在同具体对象交往时又总是以特定角色出现的。由于我们习惯从自己的角色出发来看待自己和别人的行为，所以就可能带有片面性。例如，一个人在做儿子时，觉得父亲不能理解他的心理，当他成了父亲以后，又从父亲的角度看待儿子；他当营业员的时候，觉得顾客是在找麻烦，可当他作为顾客去买东西时，就会以顾客的眼光来指责营业员的不尽职了。角色互换的作用正在于克服这种角色自我中心的缺陷。学会角色互换，也就是设身处地地从对方的角度，把作为主体的自我当作客体的自我来审视和评价，这样就能较为公正地理解别人的想法，也较客观地看待自己的得失了。

交往中的角色互换可包括两个方面：一方面，设身处地替对方着想，这样就能通情达理地谅解对方的行为和态度。另一方面，通过角色互换，以对待"客观之我"的方式来对待他人，就能采取较为适当的行动。当你对别人做出某种行为或表示某种态度时，应当首先考虑到可能会给对方的心理上引起什么感受。如果会造成对方的痛苦的话，就应考虑如何改变自己的行为。

总之，人际交往是心理上的互动过程，一个人的行为，既是与之交往的他人行为之因（刺激）又是他人行为之果（反应）。良好的"同类反应"，能使彼此间随着交往的频率和深度的增进而建立越来越亲密融洽的人际关系。

案例窗 11-4　　　　　　　　　　　　**"善意的谎言"**

生活中的有些情景，讲实话反而对人、对己、对事都无益。既然真话会伤害别人，我们可制造一些"谎言"，它可以起润滑作用，可以使人际关系更融洽、更亲近。

在现代生活中，不是面对每一个人、每一件事我们都必须诚实以对，有时候一个善意的谎言能起到巨大的积极作用。每个人都具有各种各样的弱点，有着喜怒哀乐的情感，在人与人之间的交往中，适当地用一些小小的"谎言"，有时会带给我们生活的希望，甚至能改变我们生命的轨道。

曾经有一位农村教师撒了一个谎，称自己可以预测未来。他对他的学生说："你将来可能成为数学家，他能当作家，那一个具有艺术天赋……"在老师的指点、鼓励和塑造下，孩子们变得勤奋刻苦，懂事好学。几年后，大批学生以优异的成绩迈进了大学的校门，这座小村庄也因此闻名遐迩。

案例窗 11-4

案例点评

人们都以为这位老教师能掐会算，可以预知未来。其实，老师的良苦用心是将一个美丽的谎言种植在孩子的心灵，就像播一粒种子在土里，在条件合适的情况下，终将枝繁叶茂，开花结果。

小知识 11-5　　　　　　　　　　**戴尔·卡耐基：成功交往法则**

（1）展现出你积极的一面：①保持乐观的心态。人类天性就喜欢与和谐乐观的人相处，当人们看那些忧郁愁闷的人，就如同看一幅糟糕图画一样。②显示出你的热情。热情有一种特性，那就是它是具有感染力的，并且能令人有所反应。③自信会让你成功。自信是一种迷人的魅力，能帮你吸引住周围的人，让他们追随你、信任你。

（2）让别人喜欢你：①不过分责备别人。②真诚地付出你的关怀。一个人只要真心地注意别人，两个月内就能比一个要别人注意他的人在两年内交的朋友还要多。③时常微笑。④记住别人的名字。姓名，不仅是一个人的符号，更是语言中最甜蜜、最重要的声音。⑤学会倾听。⑥让对方感到自己重要。

（3）让别人赞同你：①避免争论。天底下只有一种能在争论中获胜的方式，就是避免争论，要像躲避响尾蛇和地震那样避免争论。②勇于承认自己的错误。③友善地对待他人。④让对方畅所欲言。如果大部分时间，都是你在谈话，对方就可能会认为你是个无聊透顶的人。⑤从对方的角度看问题。⑥不满足一时的成功。⑦善于启发他人。⑧维护对方的自尊，别让人下不了台阶。

11.2　人际关系

11.2.1　人际关系概述

1）人际关系的定义

人际关系是指社会生活中，人与人之间相互交往而产生和发展起来的心理关系。人际关系就好比人们心理上的桥梁和纽带，显示着人与人之间的距离，体现的是人们社会交往联系的状况。

随着社会的发展，个体社会化加剧，以及现代化生活方式的变革与普及，人际关系在社会生活中占有的位置越来越重要，对人们生活的影响也越来越大。在日常生活中我们不难看到，一些人由于建立了融洽的人际关系，从而工作顺畅、生活舒心；而另一些人由于搞不好人际关系而导致处处为难、心情抑郁。对于一个公关人员来讲，建立良好的人际关系，不仅是他的主要工作，也是衡量他的基本素质的重要方面。

人际关系与人际交往既有密切的联系，又有一定的区别。首先，人际关系是在人际交往中形成和发展起来的，离开了人际交往，人际关系就难以建立。其次，人际关系的状况是由人际交往的状况决定的。如果人们在思想、情感上存在着广泛而持久的交往，就标志着他们之间已建立起较为密切的关系。相反，若平时缺乏交往，行为上疏远，则表明他们之间心理上不相容，彼此关系不密切。但两者又有不同的侧重面，人际交往研究的重点是人与人之间联系的形式和程序，而人际关系研究的则是人与人在交往基础上形成的心理关系和亲密程度。

人与人之间的亲切或疏远、合作或竞争、友好或敌对，都是心理上距离远近的表现，具有较强的情感色彩，反映了人们的需要是否得到满足时的情感体验。因此，需要满足与否是人际关系的基础。人们总是喜欢给自己带来酬赏的人，讨厌给自己带来处罚的人。因此，分析了解不同人的心理需要，掌握不同人的心理特点，是建立良好人际关系的前提。从公关角度看，人际关系的状况对个人、群体和组织行为都将产生深远的影响。

首先，人际关系影响个体的身心健康。一般来说，良好的人际关系，使人心情舒畅、生活和工作愉快；疏远和敌对的人际关系，使人际交往受阻，导致心理失衡，影响人的身心健康。

其次，人际关系影响群体士气与凝聚力。人际关系状况是群体士气和凝聚力的基本特征。良好的人际关系是高凝聚力群体始终保持高昂士气的前提和保证。一般来说，工作群体凝聚力越强，士气越高昂，群体的人际关系必然越融洽；反之，士气低落、凝聚力低的群体，成员间的人际关系必然很紧张。

最后，人际关系影响群体的工作效率。良好的人际关系，使群体成员感情融洽，心情舒畅，有助于发挥工作的积极性、主动性和创造性，从而大大提高其工作绩效；反之，则容易降低群体成员的工作热情，从而影响其工作绩效的提高。

2）人际关系的类型及行为模式

（1）人际关系的类型。按照不同的分类方法，可以将人际关系划分为许多不同的类型。

按照人际关系的形成基础可，分为血缘关系、地缘关系、业缘关系。血缘关系是指以血缘为纽带而结成的人与人之间的关系，例如，父（母）子（女）关系、兄弟姐妹关系。地缘关系是以地缘为纽带而结成的人与人之间的关系，例如，邻里关系、同乡关系等。业缘关系是指以工作和行为为纽带而结成的人与人之间的关系，例如，师生关系、师徒关系、同学关系、同事关系等。

按照人际关系的性质，可分为正式关系和非正式关系、临时关系和持久关系等。正式关系指的是正式群体组织中的人际关系。非正式关系指的是非正式群体组织中的人际关系。所谓临时关系，是指那些依据一定的时间、地点、条件的变化而改变的人际关系。所谓持久关系，是指那些比较稳定、不容易发生变化的人际关系。一般来说，人与人之间的血缘关系、地缘关系、业缘关系都是相对较为持久的人际关系，商店中服务员与顾客的关系、旅游时游客与导游的关系等都是临时性的人际关系。

（2）人际关系的行为模式。人际关系是在人与人相互接触、交往中形成的。一定的人际关系表现一定的人际行为模式，它对人际关系的形成和巩固有着重要的影响。一般来说，一方的积极行为会引起另一方相应的积极反应；一方的消极行为会引起另一方相应的消极反应。例如，售货员对顾客热情有礼貌，顾客也会向他表示感谢和尊重；相反，服务员态度粗暴或漫不经心，就会引起顾客的不满和愤怒。

美国心理学家李雷（M.Leland）运用心理统计方法归纳出人际关系行为模式的八种类型：①由管理、指导、教育等行为而促使对方尊敬和顺从等反应；②由帮助、支持、同情等行为而促使对方信任和接受等反应；③由赞同、合作、友谊等行为而促使对方协助和友好等反应；④由尊敬、赞同、求助等行为而促使对方劝导或帮助等反应；⑤由怯懦、礼貌、服从等行为而导致对方的骄傲或控制等反应；⑥由反抗、怀疑、厌倦等行为而导致对方的惩罚或拒绝等反应；⑦由攻击、惩罚、责骂等行为而导致对方的仇恨和反抗等反应；⑧由夸张、拒绝、自炫等行为而导致对方的不信任或自卑等反应。

当然这只是心理学家调查的一个粗糙的框架。在考察人的行为时，必须注意到行为发动者和行为反应者的个性心理特点、角色与地位，尤其应加注意的是当时所处的情境对人际行为产生的强大影响。

11.2.2 人际关系的艺术和技巧

公关人员在处理人际关系时，要注意学会使用各种技巧。一是要注意审时度势，根据具体的情境选择合适的方法；二是要注意因人有别，根据具体的交往对象采取不同的方法；三是要注意情理并用，做到"以情感之，以理晓之"。

1）在组织内部要注意的关系

（1）上下级间的相处。

首先，下级要尊重上级。领导布置的工作，下级应尽职尽责认真执行；不要经常打扰领导，小事不必请示，说话简明扼要；不要当众批评上司，不要越级呈请，不要伤害领导的自尊心；在上级情绪激动时，不要辩解顶撞。

其次，上级对下级要善于做思想工作，在许多情形下，权威比不上疏导或帮助。若领导者滥施权威，则易激起下级的逆反心理，从而降低自己的威信。领导要体谅部属的难处，关心下级的疾苦；要善于表扬和鼓励下属；应正确对待下属的缺点或错误；要经常与下级对话，交换思想；要尊重部下，不轻易丢他们的面子。

（2）同事间的相处。

诚实守信是赢得别人信赖的第一要素。同事之间要互帮互助，和蔼可亲会使人愿意接近你；欣赏别人的优点，最容易博得别人的好感；切忌妒忌和排挤别人，要使人有安全感；应该严于律己，宽以待人；与人交谈，不应以常占上风为荣，殊不知你恰恰在自鸣得意时却失去了朋友；在平时交往中，应做到与人为善、心胸坦荡，不打别人的"小报告"，能设身处地为别人考虑，就能取得同事们的合作与支持。

2）在与社会一般公众的交往中，更要注意交往的艺术和技巧

下面，我们介绍美国著名人际关系专家戴尔·卡耐基在《人性的弱点》一书中提出的"怎样使你受到人们欢迎"的六个技巧：

（1）对别人真诚地感兴趣。必须先欢迎别人，而不是事事以自我为中心。那种时刻牵挂着自己利益的人，将很难受到人们的欢迎。

（2）给人留下良好印象的简洁方法是微笑。法国大作家雨果曾说过："笑是阳光，它能消除人们脸上的冬色。"当然，这种微笑是真诚的，是发自内心的，这是一种极有价值的笑。那种不真诚的笑，不仅不会给人留下好的印象，反而会使人感到讨厌。笑可以使人赢得更多的朋友。笑可以给你创造一个友好的环境。

（3）要想获得别人的好感，请记住别人的名字。因为你在与那些不经常打交道的人交往时能直接叫出他的名字，这说明你对他有着特殊的好感和关心。事实表明，每个人对自己的名字都很重视，甚至人们不惜任何代价要使自己的名字永垂不朽。例如，人们在各种捐赠物上，各种收藏品上，甚至在自己游览过的风景名胜处，都想留下自己的名字。如果一个人的名字留在了别人心中，他自然会感到格外高兴。自己的名字是我们所感受到的语言中最甜蜜、最重要的声音。

（4）在交谈中尽量做一个好的听众。专心地听别人讲话无疑是一种暗示性的赞美，我们每个人都需要别人的这种赞美，特别是在别人讲话到兴头上时，做一个好的听众更容易被对方所喜欢。如果一个人碰到苦恼的事情后，他就更需要一个具有同情心的听众。

（5）谈论对方感兴趣的话题。谈论对方感兴趣的话题容易引起对方对你的兴趣。每个人都有自己感兴趣的事情，如喜欢集邮、喜欢书法等。要想实现交往中的顺利沟通，寻找共同的话题，特别是谈论对方希望别人了解的事情，对方会非常高兴，会珍惜与你交谈，从而对你发生兴趣。

（6）要使对方立刻喜欢你，你必须以一种真诚的态度去赞美对方，去谈论对方。因为我们每个人都希望获得他人的赞赏。而将这条法则运用于他人则是"己之所欲，请施于人"。赞赏对方意味着尊重对方，而一些礼貌性的用语，无论是抱歉性的，还是感谢性的等，都会获得人们的好感，就是因为这里面包含着自谦，而自谦就是对他人的尊重。

戴尔·卡耐基以许多生动的事例论证了上述各技巧的巨大效用。公关人员在交往时应该注意灵活运用这些技巧，有助于建立和谐融洽的人际关系。

案例窗11-5　　　　　　　　　　带着微笑与人结交

微笑是世界上最通用的语言，因此不论走到哪里，都要带着微笑，与人结交更要如此。

俗话说得好："眼前一笑皆知己，举座全无碍目人。"

的确，没有人能轻易拒绝一个笑脸相迎的人。笑是人类的本能，要人类将笑容从脸上抹去是件很困难的事情。由于人类具有这样的本能，因此微笑就成了两个人之间最短的距离，具有神奇的魔力。真诚的微笑是交友的无价之宝，是人际交往的一盏永不熄灭的绿灯。

美国的希尔顿酒店是世界上最负盛名的酒店之一。董事长唐纳·希尔顿认为：是微笑给希尔顿酒店带来了繁荣。为什么希尔顿这么重视微笑呢？许多年前，一位老妇人在希尔顿心情不好的时候去拜访他，希尔顿不耐烦地抬起头，看见的是一张微笑的脸。这张笑脸的力量是那么不可抗拒，希尔顿立即请她坐下，两人开始了愉快的交谈。交谈中他发现这妇人真是那么慈祥，她脸上真诚的微笑完全感染了他。从此，他把微笑服务作为酒店的宗旨。每当他在世界各地的希尔顿酒店视察时，总会问员工："今天，你对顾客微笑了吗？"如果你去任何一家希尔顿酒店，你就会亲身感受到希尔顿酒店员工的微笑。唐纳·希尔顿总结说：微笑是最简单、最省钱、最可行也是最容易做到的服务，更重要的是，微笑是成本最低、收益最高的投资。因此，他要求员工不管多么辛苦、多么委屈，都要记住任何时候对任何顾客，都要用心真诚微笑。在20世纪30年代的大萧条中，各行各业不景气，每个人的脸上都挂着愁云惨雾，而希尔顿酒店的员工仍然用自己的微笑给每位顾客带去阳光。大萧条过后，希尔顿酒店率先进入了繁荣期。也许是希尔顿人的微笑赢得了"上帝"。

资料来源　郑秀.人际交往心理学［M］.长春：吉林文史出版社，2018.

小知识11-6　　　　　　　　　　微笑的魅力

（1）微笑具有丰富的内涵。微笑，一半是天生的，另一半是培养的。在人际交往中微笑是最珍贵的见面礼，它向人们传播友善、谦恭、融洽、和蔼、可亲等心理信息。微笑的秘密在于含蓄、真诚，富有魅力。它向人们表达：很高兴见到你，以及信任、力量等一切美好的东西。有一首关于《微笑》的小诗是这样描写的：

它不需要成本，却创造的价值连城；

它并不使给予者贫穷，却使接受者富有。

它发生在一瞬间，却在记忆中永存。

没有人富裕得可以不要它，

贫穷的人却因受益于它更充实。

它是朋友给予的回报。

它给疲乏者带来慰藉，

给灰心者带来希望，

给悲哀者带来光明。

它是消除烦恼的天然良药。

在人际交往中，微笑是一种感情，也是一种技巧，是打开人际交往的钥匙。

（2）微笑是一座心桥。微笑会给人以较好的印象，是一座人际关系的桥梁。以微笑对待素不相识、初次见面的人可以很快缩短心理距离，为随后的交往搭起一座桥梁。即使民族不同、语言不同，但只要始终微笑做伴，就能融洽相处，它是世界共通的语言。

（3）微笑是种力量。在西方曾经流行一段话：宁愿雇用一个小学未毕业的女职员——如果她有一个可爱的微笑，而不愿雇用一个面孔冷淡的哲学博士。因为微笑是最有吸引力、最有价值的东西。营业员、公关人员和文秘工作者的微笑，能使顾客产生宾至如归的亲切感。例如，美国的希尔顿酒店从1919年创办后，由1家扩展到80万家，成为全球规模最大的酒店之一。其成功的秘诀之一就在于服务人员"微笑"的影响力。这家酒店的老董事长有句名言："今天，你对顾客微笑了吗？"

（4）微笑是良好愿望的表达。在解决双方利害冲突的谈判中，以微笑作为辅助手段，可以显示出你的诚心诚意的态度，冲突和矛盾就可能缓和，甚至最终得到解决。即使一时解决不了，只要协商是在微笑中结束，就说明谈判之门尚未关闭。

11.2.3　影响人际关系发展的因素

影响人际关系发展的因素很多，最主要的有以下7个方面：

（1）邻近性。它是指人与人之间由于居处相邻，或者是由于工作和活动等空间距离上的邻近，彼此之间可以增加相互吸引，有助于建立与促进相互之间人际关系的发展。例如，在我们的实际生活中，人们往往都会感到同在一个地区居住、同在一个学校学习、同在一个单位工作的人，就容易相互认识和了解，感情上也容易接近。这就是所谓的邻近性。

空间距离的邻近性之所以对人际交往和人际关系产生重大影响，其原因是多方面的：第一，接近能够增加熟悉感，而相互熟悉了解是建立密切关系的前提。第二，接近可以使彼此之间有更多时间来探讨某些常见的问题，从而寻找到共同的语言、兴趣和观念等。第三，物理距离上彼此比较接近的人，比那些离我们很远的人更可接近。也就是说，彼此之间距离上的接近，可以使人消除羞怯感，具有安全感。同时，从周围的人那里获得信息比较容易和方便，容易沟通。第四，邻近性容易使人彼此达成认知上的一致。

　　然而，邻近性对人际吸引的作用是有条件的。距离相近也并不是越近越好，有时候由于众多因素的影响，距离相近也可能会产生消极的作用。例如，虽然地域相近，朝夕相处，但利益各不相同，情绪各异，即使是邻居，也可能会发生摩擦和冲突。

小思考11-1

　　有关调查发现，在谈恋爱的大学生中，60%以上是老乡关系。这说明了什么问题？

小思考11-1

分析提示

　　（2）交往频率。它是指人们相互接触的次数的多少。一般来说，交往的频率越高，越容易形成密切的关系。因为交往频率的高低，对交往双方是否产生共同经验、共同思想，以及相互之间的了解程度和情感体验的深度等，都会产生直接影响。在现实生活中，两个人从不相识到相识再到关系密切，交往的频率往往是一个重要的条件。"亲戚越走越亲"就是这个道理。

　　（3）相似性。根据社会心理学的有关研究，交往双方如果有较多类似的地方，那么相互之间的吸引就容易产生，也就会促进其人际关系的发展。相似性指交往双方在年龄、性别、职业、观点、态度、行为以及民族、文化等方面具有共同的特点。

　　我们每个人都喜欢与自己相似的人的原因是多方面的，日本心理学家古钿和孝认为有3个因素：第一，一般情况下人们都希望自己在态度上与大多数人保持一致，从而使内心获得一种稳定的感觉。第二，交往的相似性，是使我们的预期目标得以实现的关键。因为在一个与自己相似或类似的团体中活动，阻力比较小，活动容易进行。第三，类似的东西常被作为一个同一体而感知，从而使自己与其他类似的人组成一个团体。

　　（4）互补行为。在现实生活中我们可以观察到，不仅特征相似的人会相互吸引，而且彼此之间存在着较大差异的人也能够建立密切的关系，如脾气暴躁的人和脾气温和的人，主动型和被动型的人都可以成为好朋友。这表明人不仅有认同的倾向，也有从对方获得自己所缺乏的东西的需要，这就是互补性。具体来说，互补性就是指在需要、兴趣、气质、性格等方面存在差异的人，可以在活动中相互吸引。它是以双方都得到满足为前提的，正是有了互补性，社会生活才更加丰富，充满着生机。

　　有一位心理学家在研究中发现，在25对结婚有一定年限的夫妻中，夫妻之间需求的互补性是婚姻关系得以持久的基础。另一位心理学家在对已建立恋爱关系的大学生的调查中也发现，对短期的伴侣来说，推动吸引的动力主要是相似的价值观，而驱使长期伴侣发展的动力，则主要是需要的互补。因而在有关的心理学文献中，心理学家曾经提出这样的一些评论：在选择爱情对象时，会出现互为补充的对立气质的相互吸引，恬静型的人缺乏积极性和主动性，因此活泼型的人会对她（他）产生吸引力；与此相反，活泼型的人需要一些抑制，而恬静型的人经常会给予他（她）这种影响，从而达到心理上的平衡。

（5）容貌与仪表。在人际交往之初，人们易为对方的容貌、仪表所吸引，在其他条件大致相同的情况下，漂亮的人更易被人喜欢，更容易促进其人际关系的发展。我们知道以貌取人是一种偏见，也都认为人不可貌相，但实际上，人们还是在不知不觉中受到它的影响。

容貌漂亮者在社交情境中占上风，容易引起异性的注意和喜爱，交际较广而容易成功。容貌漂亮的人也比较容易说服和影响他人。研究表明，从表面上看，男性比女性更为重视对方的容貌，而实际上女性比男性对容貌更为看重。正是基于这个原因，女性比男性更注意自己的容貌。

为什么漂亮的人易受人们的喜欢？根据社会心理学中的有关研究，至少有以下四个原因：①舆论宣传的影响。由于电影、电视等宣传的影响，使人们形成只有漂亮的人才值得爱的偏见或成见。②同漂亮的人在一起，容易得到他人的好的评价。③认为漂亮的人还附带有其他方面好的属性。④对漂亮的人看着比较顺眼，给人以愉悦的感觉。将以上四点归纳起来，可概括为两个方面的原因：一是容貌的晕轮效应，即认为容貌漂亮的人同时具有其他良好的特征；二是漂亮的散逸效应，它是指一个人让别人看到他和一个漂亮的人在一起时，能够提高他的形象。

但是，有关的研究表明，绝不能夸大容貌与仪表的作用。一般来说，在人际交往之初，容貌的作用较大，但随着相互认识的加深，容貌与仪表的作用则不断降低。

小思考 11-2

好印象，总是从"头"开始。要想在社交中给对方留下好印象，就要用心打理自己的头发，别让你的发型给对方留下"老土"的印象。对吗？

小思考 11-2

分析提示

（6）能力与吸引力。毫无疑问，我们的容貌与仪表，能够对我们的人际交往和人际关系的发展起到一定的促进作用。同时，在我们的容貌和仪表之外，我们的一些内在品质，比如我们的能力或智慧等，也会在我们的人际交往和人际关系发展中，起到积极的促进作用。

即使从日常生活的观点来看，那些有才能、有智慧、有所成就的人，要比那些没有才能、无智慧、无成就的人更有吸引力。因而，在有关的社会心理学研究中，人们发现，与能力有关的智慧，在实际的人际交往和人际关系发展的过程中，所起到的作用和吸引力的强度，甚至比容貌和仪表更为强烈。

（7）人格品性和吸引力。若做更为内在的分析，那么一个人的品性将在其人际交往和人际关系的发展中，起到非常重要的作用。根据社会心理学家的建议，要想维持和提高自己的持久吸引力，培养自己的良好品性是一个非常重要的条件。俗话说"君子之交淡如水"，人与人之间的吸引，归根到底取决于一个人的优良品性，它是一个基础，没有这个基础，不可能建立起真正的朋友关系，而只能是"酒肉朋友"。所以在结交朋友时，人们都会十分看重对方的品性。表11-2是一份我们所整理的人际吸引效应品性表，希望能够给大家一些参考，加深对品性在人际交往和人际关系中所起作用的理解。

表11-2　　　　　　　　　　　　　　　人际吸引效应品性表

最值得喜欢的	优点与缺点参半的	最不值得喜欢的
真诚	固执	作风不好
诚实	循规蹈矩	不友好
理解	大胆	敌意
忠诚	谨慎	多嘴多舌
真实	理想化	自私
信得过	容易激动	眼光短浅
理智	文静	粗鲁
可靠	好冲动	自高自大
有理想	好斗	贪婪
可信赖	猜不透	不友善
热情	好动感情	信不过
友善	害羞	恶毒
友好	天真	讨厌
快乐	闲不住	虚伪
不自私	空想家	嫉妒
幽默	追求物质享受	冷酷
负责任	反叛	邪恶
开朗	孤独	自以为是
信任别人	依赖性	说谎
体贴	腼腆	不真诚

案例窗11-6　　　　　　　　　　不在失意的人面前谈论你的得意

聪明的人会将自己的得意放在心里，而不是挂在嘴上，更不会把它当作炫耀的资本。

当你和朋友交谈时，最好多谈他关心和得意的事，这样可以赢得对方的好感和认同，从而加深你们之间的感情。

有一个人在刚调到市人事局的那段日子里，在同事中几乎连一个朋友也没有，他自己也搞不清是什么原因。

原来，这个人认为自己正春风得意，对自己的机遇和才能满意得不得了，几乎每天都使劲向同事们炫耀他在工作中的成绩，炫耀每天有多少人找他请求帮忙……同事们听了之后不仅没有人分享他的"得意"，还极不高兴。后来，是他当了多年领导的老父亲一语点破，他才意识到自己的症结到底在哪里。以后，每当他有时间与同事们闲聊的时候，他总是让对方把自己的得意炫耀出来，与其分享，久而久之，很多同事都成了他的好朋友。

生活中，与人相处，一定要谨记——不要在失意者面前谈论你的得意。

资料来源　郑秀. 人际交往心理学［M］. 长春：吉林文史出版社，2018.

案例窗11-6

案例点评

小知识 11-7　　　　　　　　　　　　　　**受人欢迎的秘诀**

（1）要具有透视别人优点和缺点的眼光。（2）对别人的长处不要吝于夸奖。（3）记住没有一个人是一无是处的。（4）不要嫌弃任何人。（5）先表示你对别人的信赖，才能得到别人的信赖。（6）要热爱别人，要尊重别人。（7）要能愉快地跟别人相处。（8）要像爱自己一样去爱别人。（9）要有服务的热忱。（10）要有"今天见到你，真是太高兴了"这种心理。（11）你必须先表露对别人的深切关怀，然后才能得到别人的关怀。（12）要找出彼此无法沟通的原因，并努力消除这个障碍。（13）要用积极的寒暄，来表达你的关心，传达你内心诚挚的友善。

小知识 11-8　　　　　　　　　　**阻碍人际吸引的个人性格特征**

社会心理学家指出，有些个人性格特征会阻碍人与人之间的吸引，不利于促进人们的团结与协作，例如：

（1）不尊重别人的人格，对他人缺乏感情，不关心他人的悲欢情绪，甚至把别人作为自己使唤的工具，这种性格会阻碍人际吸引。

（2）以自我为中心的人，只关心自己的利益和兴趣，忽视他人的处境和利益。这种人只能与人建立一般的人际关系，缺乏吸引力。

（3）对人不真诚，只关心自己，不顾别人的利益和需要，采取一切手段处处想获得自己的利益和好处，并以此为前提和他人交往，就会破坏人际关系，缺乏吸引力。

（4）过分服从并取悦别人的人，过分惧怕权威而又不关心他的部下的人，都会破坏人际关系，也毫无吸引力可言。

（5）过分依赖他人而又丧失自尊心的人，缺少吸引力。

（6）妒忌心强的人，缺少吸引力。

资料来源　高树平. 管理心理学［M］. 北京：科学出版社，2005.

11.3　公共关系网络

公共关系网络是组织交往和沟通的渠道，也是组织的依托。本节仅就公共关系网络的定义、功能、开发和利用等进行讨论，旨在为组织建立和开发公共关系网络提供必要的理论指导。

11.3.1　公共关系网络概述

1）公共关系网络的定义

公共关系网络是特定社会中出现的社会关系网络。具体而言，公共关系网络是现代商品社会中，组织与组织、组织与社会、组织与公众之间相互竞争、相互促进，又互利互惠、加强合作，而建立起来的新型社会关系网络。这是一种人与人之间互惠作用、沟通交往的良性社会关系网。

2）公共关系网络的特征

公共关系网络是在现代商品社会中形成的，具有与现代社会密切相关的如下特征：

（1）公共关系网络是一种法治化的网络。现代社会是一个法治化的社会，在这个社会中，一切社会关系都必须遵从法律制度的要求，符合法律制度管理的规律和特点，都是法治关系，当然，公共关系网络也不例外。

公共关系网络表现的形态主要是法律关系。公共关系网络不再是依据"文件""计划"而运转的网络，而是依据"合同""协议"运转的网络。因而，组织的负责人是法人代表，组织聘有常年法律顾问、律师，可见，这种网络是以法律的形式存在的。

（2）公共关系网络是一张纵横交错的网络。社会关系网从方向上讲，表现为两种形态：一种是以纵向联系为主的形态。社会联系主要表现为纵向，如隶属、上下、行政关系等。这种关系网络在政府部门、某些事业单位或其他组织中仍发挥重要作用。

另一种是以横向联系为主的形态。现代商品社会改变了过去社会联系的形态，政府、主管部门不再对企业进行直接管理。组织必须在商品社会中，在商业大海里游泳，自己寻找产供销、科技、金融、人才等方面的朋友、伙伴、同路人，用横向联系去编织自己的公共关系网络。

（3）公共关系网络是一张互利互惠的关系网络。公共关系网络是一种给公众与企业双方都带来经济利益与社会利益的关系网络，如果它不能给双方带来互利互惠，促进双方共同发展，那么这种关系网络也不会建立和维持。这就要求组织树立"分利则兴，并利则亡"的新型观念和经营思想。

（4）公共关系网络是一张相互信任的关系网络。公共关系网络是否牢固和发展，除了利益外，核心的问题是是否"讲信誉""守合同"。因为，真正的公共关系活动和网络负有一定的社会责任，把公众和其他组织看作朋友，朋友交往的基础是信任。

公共关系网络除了以上特点外，还具有时代性、可变性等特征，这里就不叙述了。

3）公共关系网络的存在形式

公共关系网络有两种不同的存在形式：①不固定的公共关系网络。这主要指短时间的合作和交流，如联谊会、庆典、周年纪念、剪彩活动等。②较固定的公共关系网络。这主要指较长时间的使用和交流，如协作网络，建立企业集团、经济联合体、行业协会等。

4）公共关系网络的功能

（1）捕捉信息的渠道。当今世界是信息社会，信息已成为重要的战略资源。正因为如此，当今社会，每个组织都在千方百计地、尽可能多地搜集信息。

信息的来源可以分为直接来源和间接来源两种。直接来源是指公共关系网络内的信息来源；间接来源是指公共关系网络外的信息来源，即借用其他系统的信息作为公共关系网络的信息来源。

公共关系网络信息的直接来源有三大类：第一类信息来自组织对公众或其他组织的调查、采访、记录、拍摄、录制等；第二类信息来自国内外政府、政党、社团、个人发布的公报、报告、文件、图表、统计数字、录音、影视等；第三类来自信息库、数据库等。

公共关系网络信息的间接来源也很广泛。部分有社会影响的经济、教育、科技、文艺、娱乐等信息都可以作为公共关系网络的信息。

信息是一种宝贵财富，组织凭借公共关系网络可以交换、取得更多的信息。无论是直接的还是间接的信息，只要入网，组织就可以立刻捕捉到。

（2）树立声誉的窗口。组织的良好形象与声誉，离不开传播系统，离不开公共关系网络的推荐、认可，因为一个组织良好形象与声誉的形成有一个过程，首先在组织内部公众中树立良好形象与声誉；其次在组织外部公众中树立良好形象与声誉。在这个过程中，公共关系网络就成了宣传组织的窗口。这个窗口对于统一内部公众的看法，说服和争取社会公众，都将起到特殊的作用。

（3）壮大组织活力的后盾。组织间的交往、合作，是公共关系网络的组成部分。它有利于双方取长补短，各自发挥优势。一个组织可以把这种网络作为发展、壮大组织的后盾。许多成功的企业家就懂得这点，他们摒弃了过去那种"小而全""大而全"的观念，充分发挥自己的优势，尽量利用公共关系网络和社会力量来做后盾。这样，他们始终处在发挥优势、加强联系、丢掉包袱、轻装前进的主动局面中。

总之，公共关系网络是组织之间交往联系的沟通渠道。

11.3.2 公共关系网络形态

现代社会不同于以往的社会。现代社会显著的特点是：它是一个具有多重属性的社会，是一个商业社会、一个传播社会、一个竞争社会、一个合作社会、一个科技社会、一个国际社会。这些错综复杂的关系彼此制约、影响，最后形成了当今社会的公共关系网络。社会的各种属性在这张网络中表现，社会组织在这张网络中生存、发展。公共关系网络具体形态主要包括：

1）科技公共关系网络

现代社会是一个科技社会，科学技术渗透到各个领域，科学技术制约着各种因素的发展，组织的竞争，归根到底是科技的竞争，是人才的竞争。那么，现代社会的科技有什么特点呢？现代社会的科技是一种社会化的高科技。

这种科技的产生、发展本身就形成了科技公共关系网络。这张网络由人、财、物、信息等系统组成。从所需人力看，这种科技需要成千上万人的合作，有的项目还需要几代人的努力。一些项目把各国、各民族、各地区的科学工作者紧密联系在一起，科技组织、会议、活动遍及世界各地。从物质条件看，这种科技需要大量、贵重的仪器设备，这些仪器设备的生产、使用涉及许多厂家和科研单位，甚至与世界各地联网。只有信息联网，信息网络国际化，才能瞭望科技的前沿阵地，才能捕捉最新信息、情报和动态。

2）生产、流通的公共关系网络

现代社会的生产是社会化大生产，它的产品要进入市场，通过市场实现价值。它的特点是商业化、高科技、竞争和国际化。

（1）原材料供应网络遍及各地。现代生产的原材料遍及各地，有的来自世界各个角落。如日本有的钢铁厂所用的焦煤和铁矿砂都来自外国。又如现在美国制造一架波音飞机，需要120多种新材料、140多种新工艺、400多套零部件。这些材料、工艺和零部件有的就来自其他国家，其中还包括中国。总之，现代生产已建立起强有力的原材料供应、加工、运输和交换网络。

（2）现代生产、交换已建立起应用科技网络。如前所述，现代生产是科技竞争的生产，科技在生产、交换过程中被广泛采用。为了在激烈的竞争中立于不败之地，企业在各种新专利采用，新科技运用，新生产线的设计、引进，以及新产品研制等上都注入了大量的资金，投入了大量的人力、物力等，并形成了一整套网络。这张网络是现代生产、交换的后盾，而这个后盾又建立在"科技群落""科技硅谷"的基础上。

（3）现代生产有巨大的流通网络。现代生产已建立起以集散地、大市场、代理商、批发商等为骨干的流通销售网络。

总之，现代商业生产和交换把整个社会都织成了一张公共关系网络，无一组织在网络外。

3）现代媒介组成了强大的通信网络

现代科技的发展促进了媒介的革命，这种革命产生了信息技术。信息技术的发展，除了用电子计算机来处理和贮存大量的信息外，还需要有通信网络。这就是依赖光纤通信和卫星通信技术来建立综合业务的信息网络，它既能传输声音，又能传输数据、图像等。这就是说，现代社会信息传播和交流主要依靠通信网络来实现，所以人们把通信网络视为现代化社会最基础的通信结构和最基本的通信设施之一。许多发达国家都十分重视通信网络的投资和建设。

通信网络的不断开通，是当代社会中的一件大事，它不仅解决了各国的通信问题，而且增强了通信的机动性、可靠性和快速性，对促进信息交流和经济发展具有重要的意义。许多国家、组织都利用这张网络来宣传自己，提高自己的知名度和美誉度；同时，利用它来做广告，宣传产品，推销产品，并且用它来搜集信息、情报，了解动态。可见，我们已经生活在通信网络中。

4）国际公共关系网络

当今世界，绝大多数国家实行对外开放政策，政治、经济、外交、科技、体育、文化、宗教等的交流日益频繁。这些交流、交往，增进了了解，促进了合作，促成了国际公共关系网络的形成。

11.3.3　公共关系网络的开发和利用

每个组织都得益于所建立的公共关系网络，但是每个组织从网络上获益的大小完全不同，这种区别的关键在于对公共关系网络的开发与利用。所谓开发，就是立足竞争，开展合作，互利、互惠，主动地寻求、开拓、创造、增强、占领、渗透各个领域，开发密集式、整体式和多角化的公共关系的经营网络。所谓利用，就是充分发挥公共关系网络的功能，利用它来捕捉信息，树立声誉，作为壮大自己活力的后盾，充分利用社会力量来办好自己的企业。

1）开发密集式的销售网络

当一个企业刚立住脚，或产品销路不畅时，公关人员、销售人员首先应考虑开发销售网络的可能性，并利用密集式的销售网络打开销售局面。

（1）开发市场，占领市场。开发市场主要是要寻找可供发掘新市场和新顾客的机会。占领市场主要是开展"销售攻势"，在市场立住脚。

（2）用新产品占领已有的市场。开发新产品，并用新产品占领已有的市场有以下作用：①增加销售额。运用新技术生产系列新产品，满足顾客多种购买需求，这样就扩大了销售量。②满足公众不断变化、不断提高的消费需求。公众的消费需求在不断提高，如果一个企业的产品总是老面孔，他们就会转向其他产品。③树立组织具有生命力的形象。

（3）开展进攻性的促销活动。在市场竞争激烈、产品滞销时所采用的销售办法，主要有以下几种形式：赠样品，免费使用，折扣销售，猜奖，会员制度等。这些做法使组织与消费者建立起密集式的沟通渠道，从而打开销售局面。

2）建立整体式协作网络

一个组织如果开发的密集式销售网络不太畅通，可考虑与有关组织建立整体式的协作网络。所谓整体式协作网络，是指与自己有关的原料、技术的输入和产品输出中的销售渠道组织，建立一系列的协作网络，如产供销、生产、科技、资金、人才等协作网络。这是一种全方位的、整体式的协作网络，其开发的方式有以下三种：

（1）向前整合。当企业的产品销路看好时，企业可与自己产品的批发商、零售商合作，对其进行投资、资助或收购。通过合作，一方面可以扩大、巩固这些批发商和零售商；另一方面可从这种协作网络中获得一定的利润或其他经济利益，实现互惠互利。

（2）向后整合。生产企业与原料供给单位组成联合体，由生产企业向原料供给单位投资，促其发展，进而使自己的产品因有稳定的原料来源而增强竞争力。

（3）平行整合。这是企业开发和利用相关的生产协作网络，使自己与相关的协作单位同时发展和获利。平行整合是关系较为固定的公共关系网络的合作，合作的方式很多，有场地、厂房合作使用，有配件加工、承包，也有同类厂矿、企业的相互合作等。其目的是通过帮助协作单位的办法来发展本厂的生产能力，提高自己的影响力。

3）建立多角化的经营网络

多角化的经营网络是一种进退自如、不拘一格的公共关系网络。其方式有多种，这里举两种：①扩大经营，跨入一个与现在的产品通道或生产技术毫无关系的新行业，与其他跨行跨业的企业合作，开发与原产品完全不同的新产品，如原来是制药厂，现在开辟装潢业务等。②向生产的深度进军，增加企业实力。如通过合作与联合，解决场地、厂房不足，劳力不足，资金不足，技术力量不足等困难，以扩大本企业的生产能力，向生产的深度、广度进军。

4）公共关系网络开发和利用的原则

为保证公共关系网络的开发和利用的有效性，应遵循下列基本原则：

（1）强者追逐多角化，弱者编制密集网络。一般来说，如果一个企业已经在某个行业中拥有相当的市场占有率，就应该向多角化经营进军，就应追求多角化的经营方式；如果市场占有率还小，就应追求密集式营销方式，如采用发动销售攻势、降价、优惠或优质服务等形式开发市场、占领市场。

（2）新者密与整，老者多角化。如果一个企业的产品是新上市的，或者这个企业经营的项目是新兴的，尚处在成长之中，那么对企业来说，最主要的是立住脚，攻进市场，守住自己的市场，并力争在社会公共关系网络上有一席之地。为此，它就应追求密集式的销售网络与整体式的企业联合。如果一个企业经营的项目已经趋向成熟，经营经验比较丰富，人员较多，社会公共关系网络也比较广，那么可以追求多角化经营，充分利用自己已有的人力、物力、技术、资金的优势向各个领域去编织自己新产品的生产、销售网络。这样，既可以减少产品单一的经营风险，又可以挖掘企业的潜力，同时可以在竞争激烈的市场中找到新的方向与目标。

（3）前后潜力大，追求整体式。如果一个企业的原料供应市场很有潜力，就应追求整体式的协作网络，以便降低产品的成本。

综上所述，公共关系网络是与消费者公众及相关组织之间进行合作与交往渠道的网络，是由销售网络、协作网络以及经营网络等多种形式组成的，是一个组织机构与外界联系的全部渠道的整合。一个组织要生存发展，必须建立与充分开发公共关系网络，并凭借这张网络扩大对外界的影响，特别是树立声誉与形象，壮大组织的力量，所以每个组织都应不断开发和利用公共关系网络。

知识掌握

1.结合实际谈谈，加强人际交往对开展公关工作有何意义。

2.如何理解人际交往的功能？

3.人际交往的技巧有哪些？

4.成功交往的心理基础是什么？

5.认识人际关系的行为模式有何意义？

6.公关人员如何处理好领导、同事和公众的关系？

7.结合实际分析受人欢迎的技巧有哪些。

8.影响人际关系的因素有哪些？

9.公关网络的形态和功能有哪些？

知识掌握11-1

答案提示

知识应用

案例分析1　　　　　　　　卡耐基让邮局职员高兴起来

卡耐基在纽约的一家邮局寄挂号信，发现那位管挂号信的职员对自己的工作很不耐烦。于是他暗暗地对自己说："卡耐基，你要使这位仁兄高兴起来，要他马上喜欢你。"同时，他提醒自己：要他马上喜欢我，必须说些关于他的好听的话，而他有什么值得我欣赏的呢？非常幸运，卡耐基很快就找到了。

在邮局职员称卡耐基的信件时，卡耐基看着他，很诚恳地对他说："你的头发太漂亮了。"这位职员抬起头来，有点惊讶，脸上露出了无法掩饰的微笑。他谦虚地说："哪里，不如从前了。"卡耐基对他说："这是真的，简直像是年轻人的头发一样！"他高兴极了。于是，他们愉快地谈了起来。当卡耐基离开时，他对卡耐基说的最后一句话是："许多人都问我究竟用了什么秘方，其实它是天生的。"卡耐基想：这位朋友当天走起路来一定是飘飘欲仙的。晚上他一定会跟太太详细地叙说这件事，还会对着镜子仔细端详一番。

资料来源　郑秀.人际交往心理学［M］.长春：吉林文史出版社，2018.

问题：（1）卡耐基的赞美妙在何处？

（2）这个案例对开展公关工作有何启发？

案例分析2   孟尝君的"狡兔三窟"

战国时代，齐国孟尝君门下有个食客叫冯谖。一次，冯谖帮孟尝君去薛地收债，临走之前，孟尝君对他说："收回来的钱，你看我家缺什么就买什么吧？"冯谖到了薛地之后，和欠债的人对过了债券，便自作主张说："这些债孟尝君不要你们还了，把债券都烧掉吧。"债户们非常高兴，都很感激孟尝君。冯谖回来后回复孟尝君："我看你家里缺少'义'，所以我给你买回了'义'。"孟尝君当时很不高兴。

事过一年，齐王免去孟尝君的官，孟尝君只得回到薛地，却没料到薛地百姓一齐来到路上迎接他。孟尝君幡然醒悟，对冯谖说："你给我买的'义'，我今天看到了。"冯谖说："兔有三窟，你才有一窟，我再为你准备两窟吧。"于是，冯谖前往梁国游说梁惠王，说天下闻名的孟尝君已被齐王免官，各诸侯都在争相求聘，梁国如能得到孟尝君必能富强起来。梁王立即派人携重金邀请孟尝君去当宰相。齐王得知，又急忙重新起用孟尝君。

问题：（1）从公关角度看，这里的"义"是指什么？

（2）这个案例对开展公关工作有何启发？

分析提示：案例中的食客（谋士）冯谖为孟尝君建立了良好的社会关系网络，树立起孟尝君的美名。他实际上就是一个很好的公关人员。

实践训练

1.礼节训练：

（1）找机会用录音机录下一段自己与别人通电话的过程，或确定一个题目，如"请你到我家里来做客"。同学之间模拟怎样电话邀请，之后，反复听录音，并请人挑毛病，是否有失礼或不当的地方。

（2）运用所掌握的礼仪用语，给自己最崇敬的师长写一封信，肯定会为其带去无限的欣慰。马上就动手吧！如果可能，信写好之后，念给周围人听听，请大家评价一下。

（3）尝试在一周内，记住你新认识的人的姓名，并说出其性格特点。可以自己规定一个人数，如10人、20人等，并在生活中有意识地去寻找、去接触，有机会向同学们或朋友们谈谈体会。

2.交往观察训练：

（1）将参加的人分成若干小组（8人左右）。

（2）准备一些纸和笔。

（3）组织者向参加者宣布训练目的、方法及主要观察的内容。如每人须选中3位对象，主要观察他（她）的身材、面貌、衣着、发型、饰品及打扮等。

（4）将观察的结果写在一张纸上，要写出其姓名。例如，我看到……我感觉到……

心理小测验

一、社会交往类型测验

请根据自己的实际情况，对其中每个问题做出回答，符合的，把该问题后面的"是"圈起来；不符合的，则把"否"圈起来。

1. 我碰到熟人主动打招呼。　　　　　　　　　　　　　　　　是　否
2. 我常主动写信给友人表示思念。　　　　　　　　　　　　　是　否
3. 我旅行时常与不相识的人闲谈。　　　　　　　　　　　　　是　否
4. 有朋友来访我从内心感到高兴。　　　　　　　　　　　　　是　否
5. 没有人引见，我很少主动与陌生人谈话。　　　　　　　　　是　否
6. 我喜欢在群体中发表自己的见解。　　　　　　　　　　　　是　否
7. 我同情弱者。　　　　　　　　　　　　　　　　　　　　　是　否
8. 我喜欢给别人出主意。　　　　　　　　　　　　　　　　　是　否
9. 我做事喜欢有人陪伴。　　　　　　　　　　　　　　　　　是　否
10. 我容易被朋友所说服。　　　　　　　　　　　　　　　　　是　否
11. 我很注意自己的仪表。　　　　　　　　　　　　　　　　　是　否
12. 约会迟到，我会感到不安。　　　　　　　　　　　　　　　是　否
13. 我很少与异性交往。　　　　　　　　　　　　　　　　　　是　否
14. 我到朋友家做客从不感到不自在。　　　　　　　　　　　　是　否
15. 与朋友一起乘公共汽车，我不在乎谁买票。　　　　　　　　是　否
16. 我给朋友写信时，常诉说自己最近的烦恼。　　　　　　　　是　否
17. 我常能交上新的知心朋友。　　　　　　　　　　　　　　　是　否
18. 我喜欢与有独到之处的人交友。　　　　　　　　　　　　　是　否
19. 我觉得随便暴露自己内心世界是危险的事情。　　　　　　　是　否
20. 我发表意见很慎重。　　　　　　　　　　　　　　　　　　是　否

记分方法：

除第5、10、14、15、19、20题答"否"的计1分外，其余均为答"是"的计1分。

评价方法：

在以上社会交往类型测验题中，1～5题测量的是交往主动性水平，得分高则说明交往偏于主动型，得分低则说明交往偏于被动型。6～10题测量的是交往支配性水平，得分高表明交往偏于领袖型，得分低则表明交往偏于依从型。11～15题测量的是交往规范性程度，得分高意味着交往讲究严谨，得分低则意味着交往较为随便。16～20题属于交往开放性测量题目，得分高表明交往偏于开放型，而得分低则意味着交往偏于闭锁型。如果得分不是偏向最高分和最低分两个极端，而是处于中等水平，则表明被测验者交往倾向不明显，属于中间综合型的交往者。

二、人际关系状况测验

请你根据自己的实际情况，对其中的每个问题做出回答，符合的，把该问题后面的"是"圈起来；不符合的，把"否"圈起来。

1.你平时是否关心自己的人缘？　　　　　　　　　　　　　　　　　是　否

2.在食堂里你一般都是独自吃饭吗？　　　　　　　　　　　　　　　是　否

3.和一大群人在一起时，你是否会产生孤独感或失落感？　　　　　　是　否

4.你是不是常不经同意就使用他人的东西？　　　　　　　　　　　　是　否

5.当一件事没做好时，你是否会埋怨合作者？　　　　　　　　　　　是　否

6.当你的朋友有困难时，你是否时常发现他们不打算来求助你？　　　是　否

7.朋友们跟你开玩笑过了头，你会不会板起面孔，甚至反目？　　　　是　否

8.在公共场合，你有把鞋子脱掉的习惯吗？　　　　　　　　　　　　是　否

9.你认为在任何场合下都应该不隐瞒自己的观点吗？　　　　　　　　是　否

10.当你的同事、同学或朋友取得进步或成功时，你是否真的为他们高兴？　是　否

11.你喜欢拿别人开玩笑吗？　　　　　　　　　　　　　　　　　　　是　否

12.和与自己兴趣、爱好不相同的人相处在一起时，你也不会感到兴味索然、无话可谈吗？　　　　　　　　　　　　　　　　　　　　　　　　　　　是　否

13.当你住在楼上时，你会往楼下倒水或丢纸屑吗？　　　　　　　　　是　否

14.你经常指出别人的不足，要求他们去改进吗？　　　　　　　　　　是　否

15.当别人在融洽地交谈时，你会贸然地打断他们吗？　　　　　　　　是　否

16.你是否关心和常谈论别人的私事？　　　　　　　　　　　　　　　是　否

17.你善于和老年人谈他们关心的问题吗？　　　　　　　　　　　　　是　否

18.你讲话时常出现一些不文明的口头语吗？　　　　　　　　　　　　是　否

19.你是否时常会做出一些言而无信的事？　　　　　　　　　　　　　是　否

20.有人与你交谈或对你讲一些事情时，你是否时常觉得很难聚精会神地听下去？　　　　　　　　　　　　　　　　　　　　　　　　　　　　　　是　否

21.当你处于一个新的集体时，你会觉得交新朋友是一件容易的事吗？　是　否

22.你是一个愿意慷慨地招待同伴的人吗？　　　　　　　　　　　　　是　否

23.你会向别人吐露自己的抱负、挫折以及个人的种种事情吗？　　　　是　否

24.告诉别人一件事情时，你是否试图把事情的细节都交代得很清楚？　是　否

25.遇到不顺心的事，你会精神沮丧、意志消沉，或把气出在家里人、朋友、同事身上吗？　　　　　　　　　　　　　　　　　　　　　　　　　　　　是　否

26.你是否经常不假思索就随便发表意见？　　　　　　　　　　　　　是　否

27.你是否注意到赴约前不吃大葱、大蒜，以及防止身带酒气？　　　　是　否

28.你是否经常发牢骚？　　　　　　　　　　　　　　　　　　　　　是　否

29.在公共场合，你会很随便地喊别人的绰号吗？　　　　　　　　　　是　否

30.你关心报纸、电视等信息渠道中的社会新闻吗？　　　　　　　　　是　否

31.当你发觉自己无意中做错了事或损害了别人，你是否会很快地承认错误或做出道歉？　　　　　　　　　　　　　　　　　　　　　　　　　　　　是　否

32.有闲暇时，你是否喜欢跟人聊聊天？　　　　　　　　　　　　　　是　否

33.你跟别人约会时，是否常让别人等你？　　　　　　　　　　　　　是　否

34.你是否有时会与别人谈论一些自己感兴趣而他们不感兴趣的话题？　是　否

35.你有逗乐儿童的小手法吗？   是　否
36.你平时告诫自己不要说虚情假意的话吗？   是　否

计分与评价：

下列各题答"是"的计1分：1、10、12、17、21、22、23、27、30、31、32、35、36。

下列各题答"否"的计1分：2、3、4、5、6、7、8、9、11、13、14、15、16、18、19、20、24、25、26、28、29、33、34。

评价表：

总分	人际关系状况
30分以上	很好
25～29分	较好
19～24分	一般
15～18分	较差
14分以下	很差

第12章
公关人员的心理素质

【学习目标】

在学习完本章之后，你应该能够：
- 了解公关人员角色的相关概念；
- 明确公关人员应该具备的良好个性品质；
- 熟知公关人员的职业道德、从业条件和公关人员的选拔方式与原则；
- 掌握从各方面提高公关人员职业心理素质的方法和技巧。

化干戈为玉帛

一天上午最佳服务员吕兰所在的商厦进了一批上海大钟，顾客特别多。尽管吕兰再三解释保证供应，顾客仍然向前拥挤。忽然，有一个青年火冒三丈地说："卖货的，你瞎眼啦，没见站了半天了？"这位青年的突然举动，使在场的顾客都吃了一惊。这些顾客觉得这位青年太没礼貌，营业员决不会和他善罢甘休。吕兰当时被这句话噎得两眼噙着泪花，真想回敬几句，但还是克制住自己，向这个青年说："对不起，让您久等了，待我把前面两位同志要的钟包好，就给您拿。"青年见她没还嘴，而且对他以礼相待，也觉得自己骂人太不应该，便向她赔礼说："对不起，刚才我是准备和你吵架的，结果你倒向我道歉，这真使我不好意思。"这一场可能爆发的吵架就这样平息了，化干戈为玉帛，这也使这位青年和在场的顾客深受感动。

这一案例说明：在现实生活中，我们常常碰到一些确实不讲道理的顾客（公众）。作为公关人员，是得理不饶人、讨个说法，还是控制情绪、化干戈为玉帛？这个案例给了我们明确的回答。面对这样一个特殊的场面，对公关人员的心理素质是个极大的考验。可见，作为公关人员，不仅要具有过硬的公关技巧，还要有良好的心理素质。

12.1 公关的职业特征和角色意识

12.1.1 公关的职业特征

公关职业是专门提供公共关系方面的劳务而获取报酬的职业，是商品经济社会中的一种重要职业。其职能是协调社会组织或机构（特别是企业）同公众的关系，提高社会组织或机构的知名度、美誉度，以促进其完善和发展。公关的职业特征可概括为以下几方面：

（1）人本性。与人打交道是公关职业最突出的特点。人就是关乎公共关系这棵大树生死存亡命运的"本"。公关职业中的"人"有两种类型：一类是同一组织中的"人"，也就是内部公众；另一类是组织外的"人"，称作外部公众。公关职业以"内求团结、外求发展"作为基本点，也就是说，与内部公众要团结一致，齐心协力共创组织大业；与外部公众要愉快交往，以此促进组织事业的发展。这一提法是对公关职业"以人为本"特征的最好诠释。

（2）外向性。公关职业必须放置于外部环境中才能焕发生机活力，任何一项公关活动各个环节的工作都不可能脱离外界的直接或间接参与而独立进行。一方面，要广泛地与人交往，特别是与外界公众交往，要有外交家的品质；另一方面，公关职业的工作内容、程序，甚至工作地点与方式等，都呈现出明显的开放性和外向性特征。

（3）依附性。与其他职业不同的是，公关职业没有自己固定的服务对象，必须依附于一定的组织机构才能发挥其自身的职能作用。在工作实施之前，公关机构首先要对所服务组织的性质、生产经营活动、各部门情况及组织的服务对象等方面有较为全面的认知，才能保证具体工作方案的可行性。

12.1.2　公关人员的角色定位与角色意识

公关人员也称公关员，是指专门从事组织机构公众信息传播、关系协调与形象管理事务的调查、咨询、策划和实施的人员。21世纪以来，随着全球经济、文化等各方面发展的需要，公关行业的规模逐渐扩大，从业人员的数量随之不断增长，尤其在中国这样的发展中国家，公关事业的发展更是突飞猛进。与此同时，公关人员角色也应社会要求及公关职业的不断规范化悄悄发生着改变。

1）公关人员的角色定位

每一个个体因社会关系的多样性而同时担任多个社会角色，公关人员的角色简言之便是从事公关职业的工作人员。每个社会机构的公关部门都是组织管理团队中不可缺少的组成元素，承担着沟通上下内外的特殊责任。经过公关职业的长期发展，公关人员这一角色的内涵也随之形成了较为完善的复合性定位。在同一公关机构中，公关人员的身份并不是单一的，既是决策者、传播者，又是服务者。

（1）决策者。这主要是针对公关工作本身来说的，决策者角色说明了公关人员在本部门工作中独有的权威性。当机构出现与公关相关的问题时，作为专门从业人员的公关工作者，担负起在工作中界定问题、策划开展活动项目并实施项目等主要任务。

（2）传播者。大多数公关人员都是从传媒等行业进入公关领域的，拥有传播学、新闻学等知识和技能。公关工作中涉及大量新闻发布、特稿报道、演讲、媒体联络等内容，因此写作、编辑等文字功夫与协调能力是不可或缺的。

①为机构代言。当机构中理念、文化、业绩等相关信息需要公之于众时，公关人员将着手组织及发布，担当起机构代言人身份。他们拥有对此类问题的解释权，当公众或媒体产生疑问或异议时，公关人员必须进行针对性解释。为机构代言需要做到两个方面：一是代言信息需通过精心设计使之更加科学合理；二是代言方式要讲究技巧，选择适当场合，采用吸引公众接受的形式。例如，某国产汽车在车展现场安排了露天文艺表演，场面热闹，引起了人们对车展的兴趣。②反馈公众信息。公关人员的传播行为绝不是单向的，他们在代表机构讲话的同时，应注意与公众的良性互动，特别是深入了解公众的心理需求：当公众方面的需求表现出某些变化趋势时，公关人员不应无动于衷或自行其是，而应及时反馈变化，并提供可行方案或计划，促进机构与公众的双向交流，使机构所要发布的信息更加深入人心，提高机构决策的质量。

（3）服务者。服务者的角色主要是就公关人员的协调作用而言的。公关人员是组织决策的服务者，更是公众的服务者。

第一，公众服务者。公关人员通过服务不断清除机构同各类公众之间关系的障碍，从而保持相互交往渠道的畅通。其目标是为管理层和各类公众提供有效信息，帮助他们做出与自身利益有关的重大决定。当公众与机构产生矛盾时，公关人员通过建立讨论日程、重新审视事实、制订行动计划等一系列工作，协调二者的相互关系，成为联系机构和公众关系的纽带。

第二，决策服务者。当组织一线管理者制定决策时，往往会邀请公关人员加入，公关人员对机构的工作有较全面的了解和掌握，并擅长长远、全局的思维方式，无疑是机构决策的最佳服务者之一。从这个意义上来说，公关人员不仅是本机构工作的决策者，还是整个组织的决策参与者。公关人员的服务显示了他们专业的公关技能和工作价值，对一线管理问题的解决起到了重要的参谋作用。

小思考 12-1

小思考 12-1

有些人认为，组织完全没有必要依靠甚至设立专门的公关部门。宣传策划工作可以委托广告公司，出现危机可以临时召集管理人员做决策，公关人员是个可有可无的角色。这种看法对不对？

分析提示

2）公关人员的角色意识

要想最大限度地认同自身角色，首先应树立正确的角色意识。公关人员特有的角色意识即公关意识，公关意识就是公关主体主动开展公关活动的意识，是现代化经营管理和行政管理的思想、观念和原则，是公关实践在人们思维中的反映，是由感性认识上升而来的理性认识。公关人员应有的角色意识共有七个方面：

（1）形象意识。公关人员是组织的"代言人"，其外在表现所代表的不仅是个人形象，而是更多地关系到整个组织的形象。公关人员对这一点要有充分清醒的认识，时刻为组织着想，并用实际行动努力塑造组织的良好形象。

（2）服务意识。服务公众是公关人员的基本工作职能，不管是现实公关活动中所需面对的公众还是"潜在公众"，都要引起公关人员足够的重视，并竭诚为其提供服务。公关人员的服务意识要贯穿于公关工作的全过程，不允许有丝毫的懈怠。

（3）沟通意识。良好形象和优质服务的提供离不开组织与外界的主动沟通和交流。在沟通意识的主导下，公关人员搭建起对外开放的信息平台。从公众方面来说，公关人员能够及时把握公众的需求动态，并调整公关活动方案；从组织方面来说，公关人员向外宣传自身的产品、服务等能够让公众对组织多一些了解，无形中扩大组织的知名度。

（4）危机意识。这是一种对组织发展的忧患意识，公关危机的发生具有很多偶然性因素，有些是由于组织自身服务或经营不善引起的，有些则是由于公众的需求得不到满足而发生的，这些都属于常规性的公关危机；而那些因为公众误解或他人蓄意制造事端引发的危机却是防不胜防的。如果公关人员具备较强的危机意识，为以防万一提前做好工作预防危机或危机出现时立即有所行动将其消灭于萌芽之中以迅速化解危机，那么在危机面前组织会变被动为主动，大大减少不必要的损失，危机若处理巧妙还可为组织发展带来契机。

（5）互利意识。公关活动中利益的获得不应是单方面的，而应是以互惠互利作为前提条件。组织通过产品、服务等给予公众利益的同时使组织自身获得了利益。这种利益有时并不是金钱利益。事实证明公众的良好印象是组织最大的无形资产，并在不久的将来会以双倍或多倍利益体现出来。

（6）创新意识。公关职业特别讲究创新性，因为公关人员的创新意识可以使工作内容和方式与众不同，从而取得事半功倍的卓越成效。缺乏创新的公关活动往往不能吸引公众的注意，可能收效甚微或徒劳无功。

（7）长远意识。公关人员要有立足长远的思想意识，公关工作对组织形象的塑造作用并不是一蹴而就的，公关活动的策划与实施要有长远的计划和打算，所以对待工作要有恒心和耐心，千万不能急于求成、不顾大局。

12.2 公关人员的职业心理素质

12.2.1 公关人员的个性品质

1）公关人员个性概述

公关职业中人际关系的复杂性与情感化，对公关从业人员的个性品质提出了更高的要求。所谓个性，是指一个人的基本精神面貌，是表现在一个人身上的那些经常的、稳定的、本质的心理特征的总和。完善的个性是公关人员在人际交往中特别是与公众的交往中获取认可、促使工作顺利进行的关键所在。如某公关活动中，有侃侃而谈者，也有木讷少言者；有热情开朗者，也有看上去冷淡高傲者。这种种特征是不同个性的表现，具体表现为气质、性格、能力三个方面。

（1）从气质角度看，一般认为多血质和胆汁质的人比较适合做一些要求迅速、灵活反应的工作，黏液质、抑郁质的人比较适合做一些要求细致的工作。公关工作既需要反应灵敏又需要细致耐心，显然四种气质类型的人都可从事公关工作。但由于公关工作的外向性特征，一般认为多血质的人更适合从事。其他气质类型的人也可通过个人主观意志进行控制，有意培养自己适合公关职业需要的气质类型。

（2）从性格角度看，瑞士著名的心理分析学家荣格（Carl G.Jung）提出，人的性格可以分为两大类——外向型和内向型。外向型的人心理活动倾向于外部，比如活泼开朗、情绪外现、乐于与他人交往；内向型的人习惯于将心理活动隐藏于内心，如少言寡语、不善与人交谈、喜好安静等。鉴于公关工作的职业特点，公关人员应有的性格总体上应偏于外向，但要有镇定自若、善于克制等内向型特点。

（3）从能力角度看，公关人员应该多才多艺，特别要具备以下能力：①组织能力。公关人员的主要工作内容之一就是策划与举办各种公关活动，如新闻发布会、商品展览会以及各种庆典和纪念活动等，因此公关人员必须具有较强的组织能力。②交际能力。从某种意义上来说，每一位公关人员都应同时是一个交际专家，因为公关职业是与公众直接交往的一种职业，良好的社交能力是公关人员的必备能力。③表达能力。公关人员的表达能力包括书面表达即写作能力、口头表达能力两个方面。公关人员经常要撰写各种公关文书，如日常事务文书、新闻稿、演讲稿等，扎实的写作功底有助于此类工作的完成。④观察能力。公关人员担负着比较特殊的工作，不仅接触面广泛，而且要随时发现工作中的问题，及时向领导或有关部门进行信息反馈，因此公关人员必须具备良好的观察能力。⑤创新能力。公关人员的创新能力主要体现在开创新的工作局面、新的工作方法，提出新的见解，拟订新的工作方案等活动中。⑥信息认知能力。这主要是指公关人员对信息的收集和处理能力。当今社会已进入信息时代，公关人员每天都接触到大量信息，这就要求其发挥职业敏感性，及时主动地收集和处理信息，做到信息灵通。

案例窗 12-1　　　　　　　　　　　　希拉里扭转颓势获青睐

　　2002年，希拉里宣布要竞选纽约州参议员，人们对她并不看好，她的批评者称她永远不可能获得胜利。一方面因为纽约不是希拉里的地盘，她的对手是强大的地头蛇；另一方面在纽约人眼里希拉里是企图利用参议员竞选作为向上发展的跳板。然而一年以后，纽约人的态度来了个180度的大转弯，她的支持率逐渐超过了50%，甚至连对希拉里骂得最凶的《纽约时报》也开始将她形容为"具有非凡潜力的天才"。

　　之所以取得这样斐然的成就，与希拉里在她的公关班子指导下的个人公关行为不无关系：在竞选前的最后几个月中，除了最基本的利用一切有关系的媒体做宣传攻势外，希拉里还身着入时的纽约风格职业女装，加入一个意裔美国人的游行队伍，她的自信自然流露；她与人们热烈握手，感谢他们的支持。此外，她上黑人的教堂高唱灵歌、在波兰人的节日上大跳土风舞、去给波多黎各人的节日庆典捧场等，争取拉拢更多的选票。一位纽约选民甚至说："我不在乎她从哪里来，她现在住在这里，她是我们可能得到的最佳人选。我的票投给她。"希拉里在民意调查中已经保持了一直领先的优势。

案例窗 12-1

案例点评

　　资料来源　何春晖. 中外公关案例宝典［M］. 杭州：浙江大学出版社，2003.

　　2）公关人员的良好个性品质

　　尽管人的个性各不相同，但从事同一行业有很多必备的具有共同性的个性品质。具体来说，公关人员的良好个性主要体现在六个方面：

　　（1）热情友善。这是公关人员与外界交往的第一要义，公关人员不仅要对工作更要对工作中的"人"充满热情，因为亲和力是迅速缩短与公众距离、走向成功公关的神奇力量。优秀的公关人员总是亲切友好、平易近人的，并因此广结人缘。俄罗斯总统普京之所以在本国人民心目中有着举足轻重的地位，备受尊敬，很大程度上得力于他的平民意识和行为。他在公共场合总是自然地与大众融为一体。在俄罗斯的一次传统集会上，普京不仅热情参与，还脱掉上衣，将头埋进牛奶里，叼出硬币，并露出难得的笑容。相反，一个表情冷漠、别人难以接近的公关人员，必将会被公众冷落，无疑加大其工作难度。

　　（2）宽容大度。宽容是一种美德，对公关人员来说尤其如此。宽容的含义表现为与他人发生冲突时言谈举止不尖酸刻薄，多为他人着想，必要时"退一步"，避免尴尬局面，并乐于帮助他人，为他人提供服务。成功的公关人员往往没有太强的自我意识，而是默默无闻地甘当幕后工作者，自愿提供优质服务促成他人的成功、促成机构的强大振兴。

　　（3）充满自信。公关人员的自信不但是自身事业不断进步的基石，也代表着整个机构在公众中的形象。当公关工作中出现难以解决的问题而陷于困境时，公关人员应当相信自己的能力，坚持自己的正确观点，切不可人云亦云，要运用智慧使困难迎刃而解。但自信不可盲目，无理由、无根据地相信自己等于自负，自信应以自己对事情的深度了解、周密思考为前提。公关人员必须利用各种机会和条件充实发展自己的才智，并善于汲取前人经验，从而形成自身独到的见解，这样才能拥有真正意义上的自信。

（4）积极主动。优秀的公关人员具有很强的个人主动性，他们通常在形势变得无法控制之前，就立即采取行动挽回局面，而不会因为消极等待而贻误时机。这就要求公关人员具有喜爱追根究底的探索精神，对事物具有好奇心，善于学习。对工作业务所涉及的知识如产品、服务、客户等，发挥主动钻研的精神，积极参与其中，为机构发展出谋划策。

（5）灵活机变。灵活机变是公关人员思维灵敏、反应迅捷的外在表现。因循守旧、为常规所拘圉是无法胜任公关工作的。个性的灵活机变得益于观察力、注意力和创新能力的培养。观察力是人们有意识地对事物进行知觉感受的能力，是人们认识事物的必要前提；注意力是人们有意注意的能力，是一个人按照预定的目标在指定时间内把心理活动指向集中于某一事物的能力。在公关活动中，敏锐的观察力和对错综复杂细节的高度集中的注意力，有助于公关人员洞察事态，对正在进行的工作或将要采取的行动做出出色的决断。

（6）意志坚定果断。意志是人们自觉地确定目标，并根据确定的目标来支配、调节自己的行动，克服各种困难，实现预定目标的心理过程。这里是指意志的坚定性和果断性。意志的坚定性通常体现在遇到困难和挫折时能够百折不挠，勇敢面对和奋力拼搏。但对于公关人员来说，意志的坚定性有着更深层次的含义：由于工作的特殊性，公关人员在工作中更易接触到诸如金钱名利的诱惑，这时如稍不留神就可能走向歧途，公关人员必须凭借坚定的意志力坚守原则，不为不正当的利益所动。意志的果断性是指善于当机立断，迅速及时做出决定的能力。但果断与鲁莽截然不同，果断与客观思考、审时度势、冷静自若是密不可分的，表现为公关人员在参与决策时的魄力。

小思考 12-2

小思考 12-2

某公司招聘一公关文秘人员，设定的应聘条件是：能熟练操作办公应用软件；英语水平达到国家四级以上；具有良好的沟通能力。请问：具备这些条件就会成为一名称职的公关文秘工作者吗？

分析提示

12.2.2　公关人员的情绪控制

情绪是当我们生理或精神上受到外来刺激时所引起的心理反应，如喜、怒、哀、乐等，心境、激情、应激是三种较为典型的情绪状态。

公关活动是一个不断解决矛盾的过程，在这一过程中，时有不可预测的情况发生，公关人员能否调节控制好自己的情绪、保持稳定的情绪状态，往往决定着工作的成功与否。情绪自控能力是公关人员心理素质的衡量标准之一，是公关人员健全人格的主导因素之一。

1）保持良好心境

心境是人的情绪中一种比较持久的、微弱的、影响人的整个精神活动的状态，它的形成主要取决于人的主观意识，如同处困境，心境的良好与否使人的行动表现出极大的反差：积极的心境使人坦然乐观、迎头向上，而消极的心境使人不思进取甚至一蹶不振。

（1）工作热情。公关工作的繁杂性需要公关人员支付超负荷的精力。如果公关人员缺乏对工作的热情和参与意识，一味抱怨、厌烦，那么好的心境就无从谈起，无法调动、发挥其应有的智力水平，工作效率必然随之下降，难以保证工作的正常进行。

（2）自我调适。即使在正常的情况下，一段时期内人们的情绪也有高峰和低谷，况且每个人都身兼多种社会角色、身处多种社会客观环境，这就使得人们的情绪有时会有较大波动。此时及时地自我调适是保持平和心境的良方。如某公关人员可能因意外而不能及时到达重要工作地点，心中焦虑异常，若不能及时调解，必导致焦虑扩大化，焦虑的情绪会被不知不觉带入工作中，形成工作不顺利、焦虑的恶性循环，可能整整一天或几天情绪难有起色。而如果立即平复情绪，将焦虑抛之脑后，把注意力迅速转移到工作中，则工作心境仍能一如既往。

2）用理智控制激情

激情是一种由某些重大或意外事情所引起的一种强烈的、爆发式的、短暂的情绪状态。其特点为：①表现极端，如狂喜、暴怒、惊惧等；②难以自控；③不顾及行为后果与外部影响。

（1）情绪自控意识。公关人员正确的情绪自控意识的建立源于对公关人员和对公关工作的正确认识。公众是公关人员面对的主要客体，也是公关人员的主要服务对象。待人接物是公关工作的一项重要职责。在与形形色色的人交往过程中，难免出现摩擦与冲突，有时还会遭受攻击与诽谤。对此，公关人员应以"一切有利于工作"为宗旨，意识到这是工作中时常会面临的问题，头脑发热、鲁莽行动只能火上浇油却于事无补，只有充分考虑到不分对象、不顾场合的任意发泄情绪可能带来的严重后果，做到自我控制、理智待人、从容处世才是解决问题的最佳途径。

（2）移情宣泄。移情宣泄即换位思考，是指设身处地地理解对方的心情，站在他人角度，感受他人的思想情绪，并且能用他人的思想方法进行思考的能力，是公关人员有效控制消极激情的能力之一。要做好公关工作，必须理解公众，善于从公众的角度着想。当公众做出某些于你不利的意外之举时，切忌采取针锋相对的冲动过激行为，先冷静下来站在对方的立场上对自身行为和他人行为做出评价，才有利于客观处理矛盾。当然，"移情"只是为了摆脱偏见，控制激情，并不等同于无条件的退步和谦让，移情宣泄应建立在坚持正确原则的基础上才能行之有效。

案例窗 12-2　　　　　　　　　世界第一差

一天，某家宾馆来了几位特别挑剔的日本客人，他们无论是对宾馆的客房设备，还是对餐厅的饭菜质量，都加以抱怨。他们在宾馆居住的几天里，几乎每天都要打电话给宾馆的公关部，反映各种各样的问题。开始，宾馆公关部的接待人员，还能够对他们反映的问题做出回答和解释，并如实汇报。可是，客人以后接二连三的电话，以及毫不客气的指责，终于使这位公关部的接待员耐不住性子了。当这几位日本客人就要离开酒店回国时，他们照样打了一个电话给公关部大加批评："我们这几天要求您解决的问题，您一件都没办成，真是太让人遗憾了！"听了这话，那位公关人员立刻反唇相讥："你们以后再来中国，就请去别的宾馆体验一下吧！"于是，一场舌战在电话里爆发了。

案例窗 12-2

案例点评

当那些日本客人离开酒店时，客房服务员在房间里发现了一张字条，上面用英语写着："世界第一差。"这位公关人员错在什么地方？遇到如此挑剔的客人应该怎样做？

资料来源 国英. 公共关系与现代礼仪案例 [M]. 北京：机械工业出版社，2004.

3）提高应激能力

"应激"一词源于英文"stress"，原意为"紧张、压力"，应激学说是由加拿大病理学专家汉斯·塞里在1936年首先提出的。从心理学角度讲，应激是有机体在外界或内部的各种异常刺激下由于客观要求和应付能力不平衡所产生的一种适应环境的紧张反应状态。处在应激状态的人的交感神经系统呈现较高的兴奋度，机体的心率、血压、肌肉紧张程度等都会发生显著改变，从而引起情绪的高度应激化。

（1）公关人员的应激能力。由于应激能力的不同，导致了人们在意外情况下表现的差异性：①思维混乱，惊慌失措，无所适从；②处变不惊，急中生智，行为果敢。在现实公关活动中，公关人员较强的应激能力是对付"公关危机"的良方，往往能使机构转危为安，反之则可能使一个庞大的机构毁于一旦。著名心理学家莫尼克·坎托（Monique Canto）认为，绝大多数成功的公关行政主管都是处于紧张状态的人，尽管这一点甚至对于他们自己来说也并不总是那么明显。他们往往越是处在受攻击的时候，越是状态最佳。

（2）心理防卫反应。人处在应激状态下，常常会自觉或不自觉地使用一些心理上的措施或机制来减轻烦恼，使个体较易接受困难或挫折，以维持心理平衡和稳定，心理学上称之为心理防卫反应。其具体方式有：积极心理防卫，如抵消、升华、幽默等；消极心理防卫，如否认、转移、幻想等。

适当的心理防卫可以帮助缓解由于追求目标过高而产生的失望和不满，使自己更加成熟。但是，公关人员在学会合理运用积极心理防卫的同时，要有意识地减少心理防卫行为。心理学研究表明：个体对自我的认识越接近本身的实际情况，产生心理防卫的可能性就越小，社会适应能力也就越强，因此正确认识自我是减少心理防卫行为的前提。

此外，公关人员尤其应该注意避免防卫过度。过度心理防卫者总是十分敏感，时时提防别人的言行，并容易因此而自卑或痛苦，这对于正常的人际交往极为不利。防止防卫过度的可行方法有确立适合自己的目标、正确对待挫折、与他人友好相处等。

12.3 公关人员的选拔和心理素质培养

12.3.1 公关人员的选拔

近年来，公关职业成为社会不可或缺的职业，优秀的公关人才供不应求，公关人员的选拔受到社会的广泛关注。

1）选拔公关人员的标准与条件

（1）公关职业道德。任何一种职业都有自己的道德准则，职业道德意味着一种社会责任和义务。著名公关专家弗兰克·杰弗金斯指出："职业道德就是良好的经济理论。"可见公关职业道德在公关实践中的重要地位。公关人员应有的道德品质具体表现为以下三点：

第一，讲究诚信。诚信即诚实守信，要求公关人员实事求是，说实话、办实事，不欺瞒公众。这是公关职业的道德基础。言而有信即讲信用，对公众的承诺与实际行动一致。不讲诚信是公关工作的大忌，为了眼前蝇头小利而置诚信于不顾是为人所不齿的不道德行为，如果因此失去了公众的信任，必然会招致整个组织信誉的丧失。

第二，维护公益。公关人员是公众的服务员，任何情况下都应牢记将公众的利益放在首位，树立一切服务于公众的意识。公关人员为本组织谋求利益无可厚非，但应以不损害公众的利益为基本前提。公关活动中，公关人员要运用智谋取得公众、组织、个人利益的共赢，如由于某些不可避免的因素使三方利益发生矛盾，首先要保证公众利益，其次是组织利益，最后才是个人利益。这也是一种大公无私的高尚境界。

第三，一视同仁。在与公众的交往中，公关人员千万不要被庸俗的势利观念所羁绊，不能因为对方位高权重就阿谀逢迎，对方是平头百姓就爱答不理，而应端正心态，对所有组织与个人都要公平对待，一视同仁。如一位顾客买了一台太阳能热水器，保修期内热水器出现了故障，但电器公司售后服务不佳，热水器被送往公司一个月未见回音，顾客询问时，公关人员态度傲慢，一拖再拖，引起了顾客的强烈不满。三个月后顾客仍未得到任何正面回答，无奈之下向消协投诉，这家公司先是找借口逃避责任，后来态度又转为强硬。顾客于是通过网络鸣屈喊冤，使该公司形象大打折扣，最后虽然该公司以维护名誉权为由起诉了顾客并获赔，但消费者对公司的恶劣印象难以磨灭了。

（2）公关职业技能。它包括公关人员工作所需的专业知识和操作技能。①公关人员的专业知识结构。按照国际和中国对公关职业资格考核的规定，结合公关职业特点，公关人员的专业知识结构主要包括两大部分：第一部分是公关学科知识，又分为公关原理知识，公关实务知识；第二部分是与公关相关的其他学科知识，如新闻学、广告学、管理学、市场学、行为学、心理学、社会学、哲学等。②专业操作技能。公关人员需要熟练掌握两类操作技能：一类是电脑文字操作等办公自动化基本工作技能；一类是公关专业操作技能，包括采访、摄影摄像、录音、广告设计、美工、市场调查等，这些技能不要求全部精通，但应在基本熟悉的前提下至少有一两项过硬的技能，这样工作时才可与其他工作人员分工合作，使机构正常运转。

2）选拔公关人员的原则

选拔公关人员应该遵循以下原则，达到选拔的最优化：

（1）广泛招才。这是指公关人才的选拔不应囿于狭小的范围。某些单位按固有习惯在内部选择或提拔人才，有时即使本机构内部人员达不到新的岗位要求也降低标准勉强任用，这种做法显然难以挑选到高水平的公关人才。因此必须勇于打破陈规，改革人才选拔机制，在全社会范围内广泛招揽人才，尽量拓展选择空间。这对机构的目前需要来说，可以挑选到优秀人才；从机构的长远发展来看，外部人才还可以不断为其注入新的活力。

（2）公平选才。在广招人才的基础上，还要谨守公平选拔的原则。目前，有些组织机构的某些管理层人员喜欢任用与自己关系较亲近的熟人，这种现象对于人才的选择是极为不利的，容易造成优秀人才找不到发挥才能的合适岗位，而许多才智平平的熟人又无所作为。在公关人员的选拔中，应摒弃任人唯亲。为实现这一目标，选拔中要争取做到"四化"：考核方法多样化；考核测评内容、考官安排等事前保密化；评分方式、考核结果等透明化；同一职位所考核的项目统一化。

（3）竞争择才。这里的竞争包括两方面：一是参选公关人员之间的竞争。作为用人单位，在选拔时需要创设一定的竞争环境、营造良好的竞选氛围，使优秀人才通过竞争方式脱颖而出。这种竞争可以鼓励有志于从事公关工作的人员加倍努力，提高自身素质。二是选拔者之间的竞争。因为人才与用人单位之间的选择是双向的，有时为了争取能力较突出的公关人才，选拔者之间会展开竞争。这对于用人单位设法提升其综合实力，以增强对人才的吸引力也起到了一定的促进作用。

（4）德才兼顾。品德与才能兼备的人员是所有工作的理想选拔对象，公关人才的选拔更应重视这一原则。尽管市场经济环境下各组织都非常关心知识与才能所带来的经济收益，然而从业人员的诚信水平仍然被置于首位，且越来越受到重视，这一现象反映了人才选拔的愈益明显的文明化倾向。为开展公关工作的便利性起见，公关人员被赋予了一定的实权，如果缺少"德"的自觉约束力，有些人员可能很难抵制名利的诱惑，滥用权力甚至出卖权力，对组织弃之不顾，后果将不堪设想。因此，选拔公关人员必须坚持"德"字为先、德才兼顾。对"德"的考察容易带有较大的主观性，最好按照一定的标准将"德"进行量化，并选取适当的考核方式，达到对备选人员道德水平的客观评价。纸笔诚信测试就是当下较为通用的品德测试方式之一。

3）选拔公关人员的方式

公关人员的选拔方式较多，如考试、推举、招聘等都是较为常用的方法。经过大量实践证明，以招聘为主渠道结合其他方法进行选拔更为科学，这也是在当前公关人员选拔中应用最广的一种方式。根据有关专家多年的研究，公关人员招聘时所用的考评方法主要有：

（1）公关员职业资格鉴定。公关员持证上岗成为今后国家就业制度的基本要求。公关员职业资格是劳动者求职和任职的资格凭证，是用人单位招聘、录用劳动者的主要依据，该证书实行国际双边和多边互认。

"公关员国家职业资格鉴定考试"由人力资源和社会保障部组织进行，每年两次，分别于5月和11月举行，共设5个等级，分别为初级公关员（国家职业资格五级）、中级公关员（国家职业资格四级）、高级公关员（国家职业资格三级）、公关师（国家职业资格二级）和高级公关师（国家职业资格一级）。鉴定方式分为理论知识（含职业道德）考试和技能操作考核两种。理论知识考试采用闭卷笔试方式，技能操作考核因考试级别不同而有所区别：初级公关员、中级公关员和高级公关员采用闭卷技能笔试方式；公关师、高级公关师采用现场实际操作方式。理论知识考试和技能操作考核均采用百分制，60分以上者为合格。

（2）结构化面试。通过公关人员资格考试只是进入公关行业的前提条件，俗称"敲门砖"，而要从事某具体公关岗位的工作还必须通过面试这一关。结构化面试是效果比较好的一种面试方法。

结构化面试也叫标准化面试，是目前平均效度（测验的有效性）最高的面试形式之

一．要求面试前根据岗位职责需要制定一定的评价指标，对测评试题、评分标准与方法、时间安排、考官构成、实施程序、分数统计等问题和环节按结构化要求进行规范设计。

结构化面试融传统经验型面试与标准化测验之长，主要表现出以下优点：①方式合理。结构化面试打破了经验型面试中仅仅让应试者陈述过去经历的做法，进一步要求应试者提供有关过去行为的专门例证，了解行为发生的前因后果与社会背景，使评价依据的事实更为客观。②程序规范。由于所有的面试环节事前都已经结构化，所以面试严格遵守既定程序进行，一切操作都变得相当规范。例如，结构化面试要求对同类应试者用同样的试题进行面试，面试前考官名单严格保密，面试时必须要现场独立打分等，使面试做到了真正意义上的公平公正。③问题巧妙。结构化面试所选用的问题一般没有太大难度，相当一部分是应试者较为熟悉的内容，因此每个人都可以自由发挥，但回答的深度和广度又各不相同，以此来考察其全面素质。

（3）情景面试。它是相对于常规面试来说的新型面试。由于情景面试的效果较好，被称作"选拔人才的秘籍"。这种面试方法打破了"一问一答"的常规方式，代之以通过应试者在小组讨论、角色扮演、案例分析等情景的表现考察其才能。

《世界商业评论》认为："情景面试应用于人才选拔，是基于美国心理学家勒温（Lewin）的著名公式：$B=f（P×E）$。"公式中的 B（behavior）即人的行为，P（personality）是指人的个性，E（environment）表示环境，也就是说，在情景面试中应试者的表现是由他们的自身素质和当时面对的情景共同决定的。

案例窗 12-3　　　　　　　　　　　　　　**真诚与成功**

现任公关经理的小唐自认为是个很幸运的女孩。她告诉我，她的第一份工作就是靠两个字找到的。

到了面试那天，她刚从所谓"乡下大学"毕业，穿着土土的她提早到了面试地点。那是一栋摩天大楼，光门面就使她战战兢兢，当时正是大家急着上班打卡的时间，进电梯时，急着上班的男男女女挤进狭小的电梯里。她正要挤进剩下的最后一个空间时，发现后面有位穿着夹克的老先生，看来也是急着要上班打卡的模样。

小唐知道，很多公司只要迟到一分钟，就会扣薪水，这位老先生如果没有赶上电梯，被扣了薪水，恐怕不太好吧！反正自己也不怎么急，于是把空位挪出来，说："您请。"

只付出了"等下一班电梯、多等了几十秒"的代价，让她意外地击败了不少来自名牌大学的人，在这家大型广告公司找到工作。

因为那位老先生正是该公司的董事长，其年纪虽然挺大，却亲自审核新进人员。"您请"两个字，使她不需鼓吹自己的能力，就顺遂心愿地找到了好工作。

她自己也很用心，几年来不断晋升，现已是一位颇得信任的中级主管。办理大型商业活动时，她也不会像某些身着名牌、花枝招展的公关人员那样，只懂得招呼名人，她的笑容不会因为来人的衣着华丽与否有深浅之分，也不会忽略每一个需要她服务的人。

资料来源　京闻. 职场修身指南［J］. 中国集体经济，2004（11）. 有改动.

案例窗 12-3

案例点评

12.3.2　公关人员的心理素质培养

目前社会相关机构对公关人员的培训逐步趋于专业化，旨在提高公关队伍的整体职业素质，促进机构公关活动的成效。这种培养既包括知识结构与能力结构的培养，也包括心理素质的培养，后者除接受专门培训外，主要依靠公关人员的自觉有意识的行动。

1）心理素质训练

公关人员的心理素质训练方法是在长期工作及训练的实践中，根据普通社会心理训练法，综合公关职业的特点形成的，主要以德国心理学家马·佛尔维格的"社会心理训练策略"及西方盛行的"敏感性培训法"为依据。

（1）角色扮演法。这种心理素质训练方法是指受训公关人员在没有提前演练的情况下，扮演现实工作中的某个角色（如客户、媒体记者等），并以这种身份处理工作中经常遇见的问题。其目的在于使受训公关人员通过亲身体验其他社会角色的心理感受，增强移情力，并有助于避免对自我的过分关注，克服羞怯心理，提高人际交往能力。

（2）演讲训练法。演讲可以体现出一个人的思想深度、知识水平，而这些素质正是公关工作的基本要求。通过各种形式的演讲训练（如关于公关职业、公关组织与管理、人际沟通等的专题演讲，处理公关问题时面对公众或媒体的模拟性演讲，对组织形象的宣传劝说性演讲等）来培养公关人员灵活运用知识的能力和表达能力，全面提高公关人员的素质。

（3）案例分析法。训练时，指导者针对某一特定问题设定一个典型案例，并提供案例的详细真实背景，要求公关人员围绕主题进行全面分析，锻炼他们解决问题的能力。公关人员之间的相互探讨与合作还能使每个成员从中受益，提高将来工作实践中接受暗示和进行决策的能力。

（4）头脑风暴法。这是美国创造学家 A.F.奥斯本首先提出的一种心理素质训练方法。受训者通过会议形式，对所给定的议题在毫无制约的情况下展开自由讨论。无拘无束的发言可以最大限度地激发公关人员的创造性思维能力、迅速反应能力，而集体参与又能增强其团队合作能力。

（5）实验室训练法。这是把公关人员随机分成小组，然后进行短则几天长则几周的心理素质训练，训练没有任何指定的主题或角色。由于置身于一个无规定目的的陌生情境中，公关人员往往会焦虑无措，开始设法互相认识，并自觉要求建立较规范的组织，提出和讨论某些问题，加深彼此的了解。这种训练是公关人员在完全主动的状况下，观察和分析其他成员的表现，从中认知他人、反观自身，加强或改正自我行为和观点，以达到正确的自我认知。

2）心理素质的自我培养

公关人员心理素质的提高并非仅限于对外界训练的接受，更多取决于公关人员自身的重视程度和主观努力。

早在1948年，世界卫生组织（WHO）成立时，就对健康下了这样一个定义："健康是指人的身体、精神、社会生活的完美状态，而不仅仅是没有疾病和虚弱的状态。"说明了精神即心理健康对人类健康的重要意义。心理健康指的是对于客观环境及相互关系的高效而愉快的适应状态，主要包括正常的智力、稳定的情绪、高尚的情感、坚强的意志、良好的性格及和谐的人际关系等。

近年来，世界卫生组织又提出了人类心理健康的一些具体衡量标准，可概括为"三良好"：①良好的个性人格。情绪稳定，性格温和；意志坚强，感情丰富；胸怀坦荡，豁达乐观。②良好的处世能力。观察问题客观现实，具有较好的自控能力，能适应复杂的社会环境。③良好的人际关系。助人为乐，与人为善，对人际关系充满热情。

一个健康的公关人员应该在保证较高职业心理素质的基础上，注重保持心理健康，提高心理健康水平，尤其是克服公关工作中可能出现的心理障碍，以防其对工作的不良影响。

（1）克服羞怯心理。任何一项公关活动都要与外界发生联系，因羞怯而害怕对外交往就缺少了从事这项工作最起码的条件。就算其知识技能水平再高、素质再好，也将会受到较大限制。羞怯是一种常见的心理问题，其生理表现为脸红、说话语无伦次、举止慌乱等。羞怯有先天和后天之分。先天羞怯是受遗传影响的内向性格所致。后天羞怯则是由生长发育时期的生活环境与心理等复杂原因引起的：一种是与自卑有关，担心自己太差而被人轻视，做事畏首畏尾、患得患失；另一种是在遭受了多次挫折或较大挫折后不敢再轻易尝试而产生的。羞怯心理久而久之会导致性格软弱、消极被动，甚至孤僻、漠然、自我封闭。因此公关人员一旦意识到自己有类似问题，应设法及时调解。克服羞怯心理需要做到两点：①打消思想顾虑。人无完人，每个人都有缺点，都会犯错误，没有人会特别留意你的过失，因此不必过于关注自己。②大胆参加社交活动，这对于克服任何类型的羞怯都是一种最好的途径。经常置身于各种公开场合中，会使社会交往成为生活中一件习以为常的事情，并可从中学到交往方式和技巧，建立自信心，羞怯心理也会不治自愈。

（2）克服猜忌心理。猜忌是由于过分多疑而产生的凭主观臆测和想象来推知他人的心理。对待问题持有一定的疑问态度是正常现象，但如果不加控制，就可能造成猜忌心理，产生诸多危害。

猜忌心理总是与偏执心理联系在一起的，即不论事实如何，都将所有的推理依据固定为"我所认为的'真相'"，而这些"真相"则来源于一些"蛛丝马迹""捕风捉影"或完全无中生有。所以猜忌心理使人难以与他人友好相处，具有猜忌心理的人常常会曲解他人善意或无意的言语行动，正常的人际关系因此而难以为继。例如，有一位领导在就职大会上发言时发现一名员工很不专心，不停地向他抛白眼，这位领导是通过"关系"调到这家公司的，之前就担心有知情者对他不服。看到这种情况，不由得心生疑虑，会后越想越生气，认为这个人可能是他以后的"绊脚石"，于是暗地查问这名员工的姓名，借故把他开除了。后来无意中听到其他员工对话，才知道那名员工患有较严重的斜视。

猜忌心理实际是一种极端不信任心理，无端猜忌会破坏公关人员的情绪，加大公关人员同公众的心理距离，加剧同公众的心理冲突。所以，消除公关人员的猜忌心理势在必行。首先要打开心灵，撤除一些不必要的心理防线。即使公众身上确有一些不利于交往的瑕疵，也要一分为二地客观认识，不但不能因猜忌而使关系裂痕扩大化，还应设法用心打动对方，化敌为友。对公关人员来说，只有理智地信任他人，才能广交天下友，拥有公关事业所需的足够多的"人脉"。

（3）克服嫉妒心理。嫉妒心理是指得知他人具备比自己更强的才能、更高的地位，或者得到了自己想要的人或物时所产生的愤怒、怨恨、别扭等复杂心理。嫉妒心理一般产生在条件相当的人之间，并常伴有不恰当的发泄行为。具有嫉妒心理的人心胸狭隘，无法容忍对方超过自己，极尽所能地扰乱别人的工作和生活，破坏别人拥有的幸福，企图用这种方式使自己的心理获得平衡。

公关人员社交面较广，更容易接触到与自己主观条件相当但境遇优于自己的人，两相比较之下，如果不注意调和心理，很可能由羡慕生嫉妒，将自己的劣势与命运的不公转移到对他人的嫉妒上，或消极怠工、不安心工作；或为对方的发展设置障碍；更有不择手段者通过制造谣言等毁坏对方的名声。这样的公关人员必将害人害己，为公关行业和社会公众所唾弃。

预防嫉妒心理的方式有：①心态平和。从根本上认识到人无完人，而自己不可能处处优于别人，同样，别人也有不及自己的短处。当然，这并不等于不思进取，要想在某方面超过别人，唯有奋起直追，正大光明地取胜。②胸襟宽广。自己在某些地方处于劣势时，不要把他人的成功等同于自己的失败，尝试去赞赏对方的成就，并从中发现自己的不足，而不是斤斤计较于个人的得失，看不到他人对社会的贡献。而当自己成为他人的嫉妒对象时，不要陷入与嫉妒者针锋相对的抗争，也不要慌忙躲避，这样只会助长对方的嫉妒气焰。正确的做法是我行我素、坦然待之，必要时还可以自己的短处示人，平衡对方的心理，主动帮助对方，用坦诚的实际行动彻底打消其嫉妒心理。③自我充实。一个忙于事业的人，根本无暇与别人比长较短，所以确立更多、更长远的生活工作目标并不断努力是摆脱嫉妒心理的方法之一。

3）逆商管理

20世纪90年代，美国学者保罗·史托兹最早提出了"逆商"（AQ）这一概念，逆商即逆境商数，又叫挫折商数，是身处逆境或面对挫折时，不同的人做出不同反应的能力。

（1）逆商概念。逆商由四个部分组成：控制力（control）、原因与责任感（origin & ownership）、影响力（reach）、持久性（endurance）。①控制力。这是人们对周围环境的控制能力，控制力强的人可以改变逆境。②原因与责任感。这是指人们遭遇逆境的原因既有个人的主观原因，也有环境、机遇等外部客观原因。逆商越高，越能清楚地认识到挫折产生的原因，责任感也越强，能够与团队成员同心同德克服困难。③影响力。高逆商者会将逆境的负面影响力降至最小，不使挫折波及其他无关方面。④持久性。挫折感在人们心里持续的时间越长，问题就越不易得到解决。高逆商的人会尽量使自己不受逆境的影响，而只关注现在的努力。

（2）明确逆境的两面性。人生总是不可避免地要经历若干逆境，表面看来逆境是人们前进的"绊脚石"，可能使近在咫尺的胜利毁于一旦。但如果能够恰如其分地利用逆境，则会有很多意外的收获，这时逆境就转换成为具有积极作用的铺路石。

（3）提高逆商的方法。公关危机是公关人员最常面临的逆境，公关人员的逆商直接决定着危机的处理情况，关系到组织的成败得失。提高逆商是公关人员走向成功的必由之路。

提高逆商的方法有很多，关键是从心理上入手。①坚定信念，知难而上。在逆境中要始终抱有坚定的信念、坚强的意志，将挫折化为奋进的动力。放弃或逃避是致使低逆商者一事无成的主要原因。②充满自信，乐观向上。自信与乐观是战胜挫折的有力武器，自信的人在潜意识里常常把自己看作能力较强的人，这就使他有足够的勇气和胆量接受逆境挑战，对前途充满乐观。相反，缺乏自信就会因悲观绝望而驻足不前。③转移注意，锐意进取。如果长期将注意力集中于逆境的打击，就会滋生恐惧心理，沉溺于失败不能自拔。逆境既已出现且不可挽回时，过度地关心只会徒增压力，这时不妨将注意力转移到目前必须进行的工作中，选择别的方式实现人生的目标和价值。

小知识 12-1　　　　　　　　　　　逆境时，你如何反应？

一个女儿对父亲抱怨她的生活，抱怨事事都那么艰难，她不知该如何应付生活，想要自暴自弃了。

她的父亲是位厨师，他把她带进厨房。他往第一只锅里放些胡萝卜，第二只锅里放入一个鸡蛋，最后一只锅里放入碾成粉状的咖啡豆，他将它们浸入开水中煮，一句话也没说。

女儿咂咂嘴，不耐烦地等待着，纳闷父亲在做什么。大约20分钟后，他把火闭了，把胡萝卜捞出来放入一个碗内，把鸡蛋捞出来放入另一个碗内，然后把咖啡舀到一个杯子里。做完这些后，他才转过身问女儿："亲爱的，你看见什么了？""胡萝卜、鸡蛋、咖啡。"她回答。

他让女儿靠近些并让她用手摸摸胡萝卜。她摸了摸，注意到它们变软了。父亲又让女儿拿出鸡蛋并打破它。将蛋壳剥开后，她看到的是个煮熟的鸡蛋。最后，他让她啜饮咖啡。品尝到香浓的咖啡，女儿笑了。她问道："父亲，这意味着什么？"

父亲解释说，这3样东西面临同样的逆境——煮沸的开水，但其反应各不相同。胡萝卜入锅之前是强壮的、结实的、毫不示弱，但进入开水后，它变软了、变弱了。鸡蛋原来是易碎的，薄薄的外壳保护着它呈液体的内脏，但是经开水一煮，它的内脏变硬了。而粉状咖啡豆则很独特，进入沸水后，反而改变了水。"哪个是你呢？"他问女儿，"当逆境找上来时，你该如何反应？你是胡萝卜，是鸡蛋，还是咖啡豆？"

资料来源　鲁安. 态度决定一切［J］. 世界中学生文摘，2004（2）. 有改动.

知识掌握

1.公关人员所应具备的角色意识有哪些？

2.情绪的含义是什么？怎样控制自己的不良情绪？

3.选拔公关人员时所用的考评方法有哪些？

4.公关人员应该具有什么样的个性品质？

知识掌握12-1

答案提示

知识应用

案例分析 1

某厂公关部，上午，公关人员正在忙碌，有的在看材料，有的在写计划。这时，有一个妇女突然推开公关部的门，怒气冲冲地叫道："你们厂的产品这样差！我只用了一次，这东西就坏了，我要退货！"

问题：假如你是公关人员，你该怎么办？

分析提示：善于控制自己的情绪，具备良好的心理素质是公关人员的职业要求。

案例分析 2

某商场，一位老大爷在货架上挑选了一支牙膏，插入自己的口袋，然后在超市里兜了一圈，没有付款就走出门去。

问题：假如你是公关人员，发现这个问题你该怎么做？

分析提示：公关人员遇到突发问题，要讲究方法和策略，既能解决问题，又不让人尴尬。

实践训练

1.情绪表达和了解的训练（6～8人为一组，小组训练）：

（1）准备一些小卡片，每张上面写有一种情绪，如喜悦、悲哀、恐惧、愤怒、惊奇、烦躁、忧虑、郁闷等。

（2）组织一个6～8人的训练小组，训练前将卡片发给每个成员，每人1～2张。要求每个人都要将自己的卡片收好，不能让别人看到。

（3）先让一个人将自己卡片上所写的情绪表达出来，同时要求其他成员进行仔细观察，看这个人表达的是什么情绪，并把观察结果写在一张纸上。小组成员不得相互讨论。按照这样的程序，每个成员都要轮流做一次。

（4）评分：观察正确或基本接近（如激动和兴奋）得1分，不正确得0分；表达准确（或接近）得1分，不准确得0分。若是6人的小组，能够准确表达自己的情绪（通过别人的观察得知），满分应为5分，能够准确识别他人的情绪，满分也是5分。通过评分就可了解自己在表达和了解情绪方面的水平。

（5）每人如此轮流一遍，以了解自己是否能恰如其分地表达情绪和了解别人的情绪。

2.情绪控制的训练（放松训练）：

在具体进行放松练习前，应注意以下事项：选择一个光线柔和、安静无干扰的房间，尽量减少分心刺激；选择最舒适的坐姿，最好是坐在单人沙发或带扶手的椅子上；衣服要宽松，摘下眼镜、手表及饰物；在练习中集中注意肌肉紧松的感觉。下面教你一个全身放松的训练方法：

预备动作：用舌尖顶住上腭，用鼻深吸一口气，憋气，然后用口慢慢地呼出气……如此反复。

正式操作：肌肉放松的部位是从下到上，即脚趾、小腿、大腿、臀部、腹部、胸部、肩、颈、臂、手、舌、嘴、眼、额。操作要领是紧张时吸气，放松时呼气，各10次。

（1）脚趾用力向下弯曲（屈趾）——放松；脚趾用力向上跷（跷趾）——放松。肌肉紧张时嘴里默念数字1～10，大约持续10秒钟，放松时也是如此，下同。

（2）小腿绷紧——放松。

（3）大腿用力收紧——放松。

（4）臀部上提——放松。

（5）尽可能地收腹——放松；绷紧并挺腹——放松。

（6）收胸——放松；挺胸——放松。

（7）耸肩向后——放松；提肩向前——放松。

（8）脖子尽量向下压——放松；脖子尽量向后仰——放松；脖子尽量向左转——放松；脖子尽量向右转——放松。

（9）手臂向里屈——放松；手臂向外绷紧——放松。

（10）手指向里弯（握拳）——放松；手指向外绷紧——放松。

（11）舌头用力抵住上腭——放松；舌头用力抵住下腭——放松。

（12）尽力张大嘴巴——放松；闭口咬紧牙关——放松。

（13）睁大眼睛——放松；紧闭眼睛——放松。

（14）眉头紧皱——放松。

最后用双手搓脸，达到全身放松的目的。

可别小看这种练习，当你熟练掌握之后，就可以在短短几分钟内使自己紧张不安的情绪放松下来。

如长期坚持这种放松训练，不仅能解除紧张情绪，还可使你头脑清醒，提高记忆能力，有助于学习和工作。

心理小测验

一、公关人员素质测评问卷

下列问题，每小题答案为"是"，计1分；答案为"否"，计0分。满分为100分。

A

1.是否大学毕业？

2.是否经过公关学方面的专门学习和训练？

3.是否掌握经济学方面的基本知识？

4.是否掌握社会学方面的基本知识？

5.是否掌握管理学方面的基本知识？

6.是否掌握市场营销学方面的基本知识？

7.是否了解财务、会计方面的基本知识？

8.是否受过哲学和逻辑学方面的思维训练？

9.是否了解传播学？

10.是否掌握心理学的基本知识？

11.是否掌握舆论调查与民意测验的方法？

B

12.是否能够独立撰写各类新闻稿件？

13.是否掌握摄影技术？

14.是否掌握美工技术？

15.是否掌握演讲技术？

16.是否有较好的演讲口才？

17.是否了解广告技术？

18.是否掌握中英文电脑打字技术？

19.是否能够运用计算机技术进行信息传播？

20.是否懂得各种印刷规则？

21.是否掌握公关礼仪？

C

22.是否心情愉悦、平易近人？

23.待人接物是否从容不迫、落落大方？

24.是否能来往于大庭广众之下而不畏惧？

25.是否乐观？

26.是否有耐性？

27.是否坦诚？

28.是否有决心和毅力面对困境与挫折？

29.做事是否有计划？

30.是否健谈？

31.仪表是否动人？

D

32.为人是否公道正派？

33.说话办事是否诚实可靠？

34.是否有明辨是非的能力？

35.做工作是否有良好的责任感和道德感？

36.是否能以大众的利益为重？

37.是否相信人性本善说？

38.是否对他人有信任感？

39.是否关心他人并深得同事的信赖？

40.是否能遵守诺言？

41.是否有严谨的行为？

42.是否有高尚的情操？

E

43.是否有新闻工作的经验？

44.是否有与新闻界打交道的经验？

45.是否有广告、推销方面的经验？

46.是否有人事管理方面的经验？

47.是否有社会交际或社会活动方面的经验？

48.是否有从事过舆论调查和民意测验？

49.是否有谈判方面的经验？

50.是否有教师的工作经验？

51.是否有财会部门的工作经验？

F

52.阅历是否广泛？

53.是否了解世界各国的风俗习惯？

54.是否了解我国各地不同的风俗习惯？

55.是否了解我国各民族的特点？

56.是否了解各宗教信仰的特点？

57.是否能与各种类型的人打交道？

G

58.是否在不同的环境中都能发现问题？

59.是否善于思考、善于分析？

60.对问题的反应是否敏捷？

61.观察问题是否细心？

62.分析问题是否深刻？

63.遇事是否能冷静？

64.是否有综合客观分析问题的能力？

H

65.是否有战略眼光，能制定长期的公关规划？

66.是否能为长期规划的实现做好充分准备？

67.是否能做好每一件小事？

I

68.是否有幽默感？

69.谈吐是否能吸引人？

70.谈吐是否轻松？

71.是否有通过言语摆脱僵化局面的能力？

72.通过言语是否能化解各种矛盾？

J

73.是否有进取精神？

74.是否有奉献精神？

75.是否有感染别人的能力？

K

76.对人对事是否有好奇心并保持浓厚兴趣？

77.是否善于观察他人的言行？

78.是否能当一个好听众，欣赏别人的谈话？

79.是否善于处理尴尬的局面？

80.写作行文是否流畅？

81.每天是否抽空读书看报？

82.做事是否富于想象力和创造力？

L

（一）组织能力

83.是否有制订计划、方案的能力？

84.是否能合理地分授职权？

85.是否善于发现别人身上的长处？

86.是否能用人所长、调动部属的积极性？

87.是否善于协调不同性格的人一道工作？

88.是否能较好地理解上级意图及接受指示？

89.是否能创造轻松愉快的工作气氛？

90.是否有能力主持各种会议？

（二）交际能力

91.是否能与各种不同性格的人打交道？

（三）适应能力

92.是否能适应不同的环境？

93.是否能和自己意见不一致的人共事？

（四）表达能力

94.对问题的描述是否全面、准确？

95.阐述问题是否口齿伶俐？

96.是否能准确地使用"动作语言"和"体态语言"？

（五）辨析能力

97.是否能总体估量组织内部和组织外部的各种关系？

98.对不同意见是否有分析概括能力？

（六）应变能力

99.是否有应付各种偶发事件的能力？

M

100.是否能尽快恳切地承认自己的错误并坦诚地接受惩罚？

其中，A为知识，B为技术，C为性格，D为品德，E为经验，F为阅历，G为思维，H为胆识，I为谈吐，J为精神，K为智慧，L为能力，M为其他。

对以上问题的回答，59分以下者，一般不适合从事公关工作；60～70分为及格，还须设法消除自己的弱点，才有可能从事公关工作；71～80分，可以从事公关工作；81～90分可以成为合格的公关工作者；91分以上者有望在公关方面取得优异的成绩。需要说明的是，此问卷只适用于检测通才式的公关人员，不适用于检测专才式的公关人员。

二、情绪小测验

1.如果要你选择，你更愿意：

A.和许多人一道工作，亲密接触　　　B.和一些人一起工作

C.独自工作

2.当为了解闷而读书时，你喜欢：

A.选择真实的书，如史书、秘闻、传记及纪实文学

B.纪实加虚构的读物，如历史小说或带有社会背景细节的小说

C.最喜欢幻想读物，如浪漫的或荒诞的小说

3.你对恐怖影片反应如何？

A.不能忍受　　　　　　　　　　　　B.害怕

C.很喜欢

4.哪种情况最符合你？

A.对他人的事很少关心　　　　　　　B.对熟人的生活关心

C.对别人的生活细节很有兴趣，而且爱听新闻

5.在你去外地时，你会：

A.为亲戚们的平安感到高兴　　　　　B.陶醉于自然风光

C.希望去更多的地方

6.你看电影时，是否常会哭或觉得要哭？

A.经常　　　　　　　　　　　　　　B.有时

C.从不

7.你遇到朋友时，通常是：

A.点头问好　　　　　　　　　　　　B.微笑，握手问候

C.拥抱他们

8.如果在车上有个烦人的陌生人要你听他讲自己的经历，你会怎样？

A.显出你颇有同感　　　　　　　　　B.真的很感兴趣

C.打断他，看你自己的书

9.你是否想过给报纸的专栏投稿？

A.绝对不想　　　　　　　　　　　　B.有可能想

C.想过

10.在一次工作会见中，你被问及私人问题，你会怎样？

A.感到不情愿和气愤，拒绝回答

B.平静地说出你认为适当的话

C.虽然不快，但还是回答

11.你在咖啡店里要了杯咖啡，这时你发现邻座有一位姑娘在哭泣，你会怎样？

A.想说些安慰的话，但羞于启齿

B.问她一下，你是否能帮到她

C.移开你的座位

12.你在一对夫妇家参加了聚餐之后，那一对和你很好的夫妻激烈地吵了起来，你会怎样？

A.觉得不快，但无能为力　　　　　　B.赶快离开

C.尽力为他们排解

13.你在什么时候送朋友礼物？

A.仅仅在圣诞节和生日

B.全凭感情，只要你感到他们特别亲切就送

C.在你觉得愧疚时或忽视了他们时

14.某个你刚认识的人对你说了些恭维的话，你会怎样？

A.感到窘迫　　　　　　　　　　　B.谨慎地观察他或她

C.非常喜欢听，并开始喜欢他或她

15.如果你因为在家里不顺心而带着不快的情绪去上班，你会：

A.继续不快，并显露出来　　　　　　B.工作起来，把烦恼丢在一边

C.尽力想理智些，可是忍不住发脾气

16.你生活里的一个重要关系破裂了，你会：

A.感到伤心，但尽可能正常地继续你的生活

B.至少短时间内感到痛心

C.耸耸肩摆脱忧郁之情

17.你家里闯进一只迷路的小猫，你会：

A.收养并照顾它　　　　　　　　　B.扔出去

C.想给它找个主人，找不到时，便把它无痛苦地弄死

18.你是：

A.无情地将信或旧纪念品丢掉，甚至在你刚收到它们时

B.将它们保存多年　　　　　　　　C.每两年清理一次这些东西

19.你是否因为内疚或后悔而痛苦？

A.是的，甚至为了很久以前的事　　　B.偶尔是这样

C.不，从来不后悔

20.当你必须同一个显然很羞怯或紧张的人谈话时，你会：

A.感到不安，多少也受到他的影响　　B.觉得有意思，并且逗他讲话

C.稍微有点生气

21.你在什么时候喜欢孩子们？

A.在他们小的时候，而且有点可怜巴巴　B.在他们长大了的时候

C.在他们能与你谈话，并且形成了自己的个性时

22.你的朋友或者配偶抱怨你花在工作上的时间太多了，你会怎样？

A.解释说这是为了你们的共同利益，然后仍像以前那样去做

B.试着把时间更多地花在家庭上

C.对两方面要求感到矛盾，试图使两方面都令人满意

23.在看完一次特别好的演出之后，你会：

A.用力鼓掌　　　　　　　　　　　　B.勉强鼓掌

C.加入鼓掌，可是觉得很不自在

24.当你拿到一份母校出的刊物时，你会：

A.扔掉之前通读一遍　　　　　　　　B.仔细阅读，并保存起来

C.还没看完就丢进垃圾桶

25.你在马路对面碰到一个熟人，你会：

A.走开　　　　　　　　　　　　　　B.穿过马路和他问好

C.招手，如果没有反应，便走开

26.你听人说一位朋友误解了你的行为，并且在生你的气，你会怎样？

A.尽快和他联系，做出解释　　　　　B.让他自己清醒过来

C.等待一个比较自然的时机与他联系，但对误解的事不说什么

27.你怎样处理不喜欢的礼物？

A.马上扔掉　　　　　　　　　　　　B.热情地保存起来

C.把它们藏起来，仅仅是赠送者来的时候才摆出来

28.你对示威游行、爱国主义活动、宗教仪式的态度如何？

A.冷淡　　　　　　　　　　　　　　B.感动地流泪

C.使你窘迫

29.你有没有毫无理由地觉得害怕？

A.经常　　　　　　　B.偶尔　　　　　　　C.从不

30.下列哪种情况最与你相符？

A.我十分留心自己的感情

B.我总是凭感情办事

C.感情没什么要紧，结局才是重要的

评分标准：

题号	A	B	C	题号	A	B	C
1	3	2	1	16	2	3	1
2	1	2	3	17	3	1	2
3	1	3	2	18	1	3	2
4	1	2	3	19	3	2	1
5	1	3	2	20	2	3	1
6	3	2	1	21	3	1	2
7	1	2	3	22	1	3	2
8	2	3	1	23	3	1	2
9	1	2	3	24	2	3	1
10	3	1	2	25	1	3	2
11	2	3	1	26	3	1	2
12	2	1	3	27	1	3	2
13	1	3	2	28	1	3	2
14	2	1	3	29	3	2	1
15	3	1	2	30	2	3	1

结果：

30～50分：理智型。特点是冷静而有克制力，情绪非常稳定，善于用理智支配一切，感情适度。

51～69分：平衡型。特点是情绪水平一般，有时会感情用事，有时也会克制自己，一般情况下能够得体处理各种事件。

70～90分：情绪型。特点是重感情，热情而朝气，善解人意，好强，为人随和，行为易受情绪左右。

模拟考试卷（1）

模拟考试卷（2）

主要参考文献

［1］朱吉玉，汤飚. 现代企业管理［M］. 合肥：中国科学技术大学出版社，2013.

［2］张克非. 公共关系学［M］. 3版. 北京：高等教育出版社，2014.

［3］朱吉玉. 消费心理学［M］. 合肥：中国科学技术大学出版社，2014.

［4］李道平. 公共关系学［M］. 5版. 北京：经济科学出版社，2014.

［5］刘宝. 消费者行为学［M］. 2版. 北京：高等教育出版社，2015.

［6］朱吉玉. 管理心理学［M］. 4版. 大连：东北财经大学出版社，2017.

［7］陆季春，田玉军. 公共关系实务教程［M］. 北京：经济科学出版社，2008.

［8］曾琳智. 新编公共关系学［M］. 上海：上海财经大学出版社，2005.

［9］徐子健. 组织行为学［M］. 北京：对外经济贸易大学出版社，2005.

［10］石兴国，安文，姜磊. 组织行为学［M］. 北京：电子工业出版社，2005.

［11］方光罗，朱吉玉. 消费心理学基础［M］. 北京：中国财政经济出版社，2005.

［12］周彬琳. 实用口才艺术［M］. 5版. 大连：东北财经大学出版社，2016.

［13］张云. 公关心理学教程［M］. 北京：首都经济贸易大学出版社，2006.

［14］石森. 管理心理学［M］. 北京：机械工业出版社，2005.

［15］国英. 公共关系与现代礼仪［M］. 北京：机械工业出版社，2004.

［16］赵中利. 现代秘书心理学［M］. 北京：高等教育出版社，2004.

［17］彭彦琴，江波. 公关心理与实务［M］. 广州：暨南大学出版社，2002.

［18］刘亚臣，冯明凯. 现代管理心理学教程［M］. 沈阳：东北大学出版社，2002.

［19］卡耐基. 成功交际法则［M］. 鄢爱华，张弘，译. 呼和浩特：远方出版社，2003.

［20］张力行. 公关心理学［M］. 2版. 成都：四川大学出版社，2004.

［21］李谦. 现代沟通学［M］. 3版. 北京：经济科学出版社，2009.

［22］梁敬贤. 公共关系［M］. 北京：机械工业出版社，2002.

［23］何伟祥. 公共关系原理与实务［M］. 4版. 大连：东北财经大学出版社，2013.

［24］况志华，徐沛林. 管理心理学［M］. 南京：南京师范大学出版社，2001.

［25］贺淑曼，聂振伟，金树湘，等. 人际交往与人才发展［M］. 北京：世界图书出版公司，1999.

［26］程曼丽. 公关心理学［M］. 北京：线装书局，2001.

［27］申荷永. 社会心理学［M］. 广州：暨南大学出版社，2001.

［28］梁执群. 社交心理学［M］. 北京：中国城市出版社，2000.

［29］单凤儒. 营销心理学［M］. 北京：高等教育出版社，2003.

［30］谭昆智. 公关原理与案例剖析［M］. 2版. 北京：清华大学出版社，2015.

［31］吴少华. 公共关系理论与实务［M］. 北京：人民邮电出版社，2015.

［32］中国公共关系协会，华中科技大学新闻与信息传播学院. 中国公共关系年度报告（2014）［M］. 武汉：华中科技大学出版社，2015.

［33］郑秀. 人际交往心理学［M］. 长春：吉林文史出版社，2018.

［34］赵轶. 公共关系实务［M］. 2版. 北京：人民邮电出版社，2017.

［35］胡秀花. 公共关系理论与实务［M］. 成都：西南财经大学出版社，2008.

［36］陈百君，张岩松. 公共关系学［M］. 2版. 北京：经济管理出版社，2010.

［37］陈红. 管理心理学［M］. 上海：华东师范大学出版社，2014.